秋田県の教員採用試験過去問シリーズ ❸

2025年度版

秋田県の国語科

過去問

協同教育研究会 編

協同出版

本書には，秋田県の教員採用試験の過去問題を収録しています。各問題ごとに，以下のように5段階表記で，難易度，頻出度を示しています。

難　易　度

非常に難しい　☆☆☆☆☆
やや難しい　☆☆☆☆
普通の難易度　☆☆☆
やや易しい　☆☆
非常に易しい　☆

頻　出　度

◎　ほとんど出題されない
◎◎　あまり出題されない
◎◎◎　普通の頻出度
◎◎◎◎　よく出題される
◎◎◎◎◎　非常によく出題される

※本書の過去問題における資料，法令文等の取り扱いについて

本書の過去問題で使用されている資料や法令文の表記や基準は，出題された当時の内容に準拠しているため，解答・解説も当時のものを使用しています。ご了承ください。

はじめに～「過去問」シリーズ利用に際して～

教育を取り巻く環境は変化しつつあり、日本の公教育そのものも、教員免許更新制の廃止やＧＩＧＡスクール構想の実現などの改革が進められています。また、現行の学習指導要領では「主体的・対話的で深い学び」を実現するため、指導方法や指導体制の工夫改善により、「個に応じた指導」の充実を図るとともに、コンピュータや情報通信ネットワーク等の情報手段を活用するために必要な環境を整えることが示されています。

一方で、いじめや体罰、不登校、暴力行為など、教育現場の問題もあいかわらず取り沙汰されており、教員に求められるスキルは、今後さらに高いものになっていくことが予想されます。

本書の基本構成としては、出題傾向と対策、過去5年間の出題傾向分析表、過去問題、解答および解説を掲載しています。各自治体や教科によって掲載年数をはじめ、「チェックテスト」や「問題演習」を掲載するなど、内容が異なります。

また原則的には一般受験を対象としております。特別選考等については対応していない場合があります。なお、実際に配布された問題の順番や構成を、編集の都合上、変更している場合があります。あらかじめご了承ください。

最後に、この「過去問」シリーズは、「参考書」シリーズとの併用を前提に編集されております。参考書で要点整理を行い、過去問で実力試しを行う、セットでの活用をおすすめいたします。

みなさまが、この書籍を徹底的に活用し、教員採用試験の合格を勝ち取って、教壇に立っていただければ、それはわたくしたちにとって最上の喜びです。

協同教育研究会

CONTENTS

第１部

秋田県の
国語科
出題傾向分析

秋田県の国語科　傾向と対策

出題分野は現代文(評論・小説)、古典(古文・漢文)、国語常識であり、学習指導要領・学習指導法については、各大問内の小問で問われている。中高別問題であり、出題形式は共に記述式中心である。

国語常識については、中学校では①漢字の読み書き　②陰暦と二十四節気の空欄補充　③文法　④学習指導要領などが問われている。高等学校では①部首　②季語　③ことわざ　④古典・近代文学史が問われている。難易度は共に標準。

まずは過去問で出題されたものを確実に押さえ、出題傾向を把握しその上で、周辺の知識も含めて、体系的に理解をしておくことが大切である。

評論については、中学校は永田和宏『知の体力』からの出題。①漢字の書き取りと読み　②口語文法(品詞名)③段落の役割　④理由・内容説明(四問)　⑤第三学年「C読むこと」(1)ウの学習指導法などが問われている。難易度は標準。高等学校は岩内章太郎『〈普遍性〉をつくる哲学』からの出題。①漢字の書き取り　②内容説明(三問)　③理由説明(二問)などが問われている。難易度は標準以上。

評論は、論理的文章である。まず語句の解釈、次に文のつながり、段落相互の関係を捉え、文章全体の論理構成を把握することが大切である。中心部分・付加部分を理解し、要旨を把握して主題にせまることが大切である。

小説については、中学校は澤田瞳子『鴻雁北』からの出題。①漢字の読み書き　②口語文法(動詞の音便)　③傍線部の説明　④傍線部の描写と心情説明(二問)　⑤第二学年「C読むこと」(1)イの学習指導法などが問われている。高等学校は浅田次郎『鉄道員』からの出題。①漢字の読み書き　②傍線部の内容　③傍線部の心情説明(三問)　④

「文学国語」の「読むこと」の学習活動などが問われている。難易度は共に標準。
小説は評論と異なり、非論理的で情緒的である。そのため、登場人物の言動の変化、場面の変化を、記述をもとに追うことが大切である。どのような変化が見られるのか、またその変化の原因は何であるのかを、根拠を挙げながら判断する。表現と内容は不可分であることを意識しつつ、本文から離れることなく問いに答えることが必要となる。

古文については、中学校は『十訓抄』からの出題。①単語の違いの文法的説明　②傍線部の説明(三問)　③傍線部の口語訳　④第三学年の「知識及び技能」の学習指導法が問われている。高等学校は『讃岐典侍日記』からの出題。①主語の選択　②傍線部の意味　③心情説明　④傍線部の口語訳　⑤登場人物の悩みなどが問われている。難易度は中学校・高等学校ともに標準以上。

古文では、基礎的な知識から、内容把握・理由把握・和歌の修辞・和歌解釈まで幅広く問われている。まずは、歴史的仮名遣い、古語の意味、文法、敬語などの基礎的な知識を確実に押さえておくことが大切である。その応用によって、内容把握・理由把握が可能になる。また、和歌の解釈に関しては、文脈の中で捉えることが大切である。和歌が詠まれた背景を押さえることで、意味を捉えることが可能になる。

漢文については、中学校は『孔子家語』からの出題。①漢字の読み・意味　②訓点　③傍線部の説明(三問)などが問われている。難易度は標準。高等学校は『孟子』からの出題。①漢字の読み　②書き下し文と口語訳　③傍線部の口語訳　④傍線部の説明(三問)　⑤返り点などが問われている。難易度は標準。

漢文の学習でも、古文の学習と同じく、基礎的な知識を確実に身に付けておくことが重要となる。漢字の読み・意味、句形、訓点、書き下し文などの知識は必須である。秋田県の中高の古文・漢文ともに全文を口語訳できるくらいの能力を必要とする。傍線部の理由・説明・解釈は全文読解できることが前提に問われている。基礎的知識だけでなく、その応用力が問われている。このことを踏まえて学習に励むことが大切である。

改訂された学習指導要領は、これからの社会を生きぬき未来を開拓する力「生きる力」の知的側面の「確かな学力」を身につけることを目標としている。この学習指導要領・学習指導法に関する問いについては、学習指導要領を理解していることが設問の前提となっている。そのため、中学校では改訂の趣旨を踏まえ、全体を体系的に捉えた上で、教科目標・学年目標を踏まえて、学年ごと、領域ごとの指導事項の内容を正しく理解し整理しておくこと。学習指導法の問いでは、中高ともに学習指導要領を踏まえ、科目や学年の目標と目標に準拠した指導が要求されている。

秋田県の全体的な傾向として、要求される記述量が多い。基礎知識の徹底的習得を図り、過去問の傾向を分析し、その傾向に応じて学習計画を立て、日々実践して合格を期すことを勧める。

過去5年間の出題傾向分析

◎：中学　○：高校

分類	主な出題事項	2020年度	2021年度	2022年度	2023年度	2024年度
現代文	評論・論説	▲◎　○	▲◎　○	▲◎　○	▲◎　▲○	▲◎　○
	小説	▲◎　▲○	▲◎　▲○	▲◎　▲○	▲◎　▲○	▲◎　▲○
	随筆					
	韻文（詩・俳句・短歌）					
	近代・文学史					
古文	物語	▲◎　○	○		○	
	説話		▲◎		▲◎	▲◎
	随筆					
	日記			▲○		○
	和歌・俳句					
	俳論・紀行文					
	歌論			◎		
	能楽論					
	古典文学史					
漢文	思想・政治	▲◎　○			▲○	◎　○
	漢詩文		▲○	▲◎		
	漢詩			▲◎		
	歴史				◎	
	説話			○		
	中国古典文学史					
	学習指導要領					
	学習指導法					
	その他	◎　○	◎　○	◎　○	◎　○	◎

▲は，学習指導要領・学習指導法に関する設問。
〈備考欄〉「その他」は，漢字の読み書き，四字熟語，文法，文学史・外来語，学習指導要領や学習指導法に関する問題。

第2部

秋田県の
教員採用試験
実施問題

二〇二四年度 実施問題

【中学校】

【一】次の問一～問六に答えよ。

問一　次の漢字の読み方を平仮名で書け。

①　邂逅　②　軋轢　③　熾烈　④　倣う

問二　次の片仮名部分を漢字で書け。

①　不正をボクメツする。

②　出来事のガイリャクを説明する。

③　取引相手とセッショウを重ねる。

④　アキラめずに取り組む。

問三　次の片仮名部分を漢字で書け。また、この故事成語の意味を書け。

カンタン相照らす

問四　陰暦と二十四節気についてまとめた次の表のAに当てはまる語を漢字で書け。

春					
睦月		A		弥生	
立春	雨水	啓蟄	春分	清明	穀雨

問五　次は、生徒が書いた文章の中の一文である。この文における文法上の問題点を、具体的に説明せよ。

　私の将来の夢は、科学技術の発展に貢献できる仕事に就きたいので、現在、数学や理科の学習に懸命に取り組んでいる。

問六　「中学校学習指導要領(平成二十九年三月告示)」に関する次の(1)〜(3)の問いについて、「中学校学習指導要領解説国語編(平成二十九年七月文部科学省)」を踏まえて答えよ。

(1)　第二学年〔思考力、判断力、表現力等〕「A話すこと・聞くこと」(1)ウ「資料や機器を用いるなどして、自分の考えが分かりやすく伝わるように表現を工夫すること」について指導する際、用いる資料や機器を生徒がどのような観点で検討できるようにすることが重要か、書け。

(2)　第三学年〔知識及び技能〕(2)イ「情報の信頼性の確かめ方を理解し使うこと」について、〔思考力、判断力、表現力等〕「C読むこと」(1)イ「文章を批判的に読みながら、文章に表れているものの見方や考え方について考えること」との関連を図り、説明的な文章を教材として指導する際、どのような学習活動を設定することが考えられるか、書け。

(3)　「第3　指導計画の作成と内容の取扱い」の1の(1)には、主体的・対話的で深い学びの実現に向けた授業改善に関する配慮事項が示されている。次の空欄（ａ）～（ｃ）に当てはまる適切な語を書け。

> 単元など内容や時間の（ａ）を見通して、その中で育む資質・能力の育成に向けて、生徒の主体的・対話的で深い学びの実現を図るようにすること。その際、言葉による見方・考え方を働かせ、（ｂ）を通して、言葉の（ｃ）や使い方などを理解し自分の思いや考えを深める学習の充実を図ること。

（☆☆☆◎◎◎）

【二】次の文章を読んで、以下の問一～問七に答えよ。

> 中原有安《なかはらのありやす》は二条帝に仕える楽人である。有安は、帝の琵琶の師として招聘すべく、都の東北・大原に隠棲する桂流琵琶の達人・尾張尼《おわりのあま》の元へ足繁く通うものの、けんもほろろに断られるばかりで半年近くも翻意させられずにいる。
> ある日、尾張尼は、*治部卿《じぶきょう》が自らを桂流の名手と偽り、時の中納言・平清盛の息女の師となったことを知る。楽が立身出世の手段とされたことを知った尾張尼は、有安を伴って清盛の御所に赴き、桂流の正統な後継者である自分を息女の師とするよう、清盛へ進言した。

「せっかく訪ねて来てくれたのに、すまぬがな。わしは正直、娘の琵琶の師の腕などどうでもよい。治部卿に断りを入れるのも面倒ゆえ、尾張どのはおとなしく帰ってくれまいか」

さすがに思いがけなかったのか、尾張尼が目をしばたたく。清盛は①大きなため息を一つつき、「そりゃあ、管絃がうまいに越したことはないがな」と続けた。

「人の良し悪しが美醜で定まるわけではない如く、人の器もまた芸の上手下手で決まりはすまい。有体《ありてい》に申して、わしはやれ管絃だ詩歌だと体裁ばかり繕う公卿がたの暮らしが、どうにもよくわからぬのだ」

篝火に誘われた羽虫が既にA迷い込んだのか、夜気をつんざいて馬が嘶《いなな》いた。その方角に素早く目を走らせてから、「わしは武士だ」と清盛は続けた。

「納言として政に加わってはおるが、この身は所詮、成り上がりもの。体裁をそれらしゅうB繕ったとて、他の公卿方の如く風雅ばかり愛でる気にはならぬ。治部卿なる女が楽の下手であっても、それゆえ誰が娘の師に文句をつけようとも別にどうでもよいわい。周囲の者どもはそういうわけにはいかぬと申して、あれこれしつこく押し付けて来るがな」

「清盛さまは公卿になられるおつもりではないのですか」

ついロを挟んだ有安に、「無論、出世は目論《もくろ》むがな。さりとて公卿になりきる気はないな」と清盛は打てば響く速さで応じた。

「形ばかり変えたとて、平家は武士をやめられはせぬ。そんな輩が他人の真似事ばかりするのは、大げさに言えば道に背いた行いだろうよ。②人には本来、生きるべき道があるはずだ」

治部卿にまつわる文句に頓着せぬとの言葉は、安堵すべきものだったはずだ。しかしそのaセツナ、有安は己の胸にぽっかりと暗い穴が空いた気がした。

平清盛は混乱著しき世の中で立身した、乱世の覇者。だがb殿上人として帝・上皇双方から秋波を送られながらも、清盛は自らの本質を忘れてはいない。それに引き比べ、同様にcフチン著しき宮城で楽人となった自分はどうだ。華やかな宮城での栄達に汲々とし、遂には*基通《もとみち》などに付け込まれる隙を作っている。

父の仕える主の邸宅で、初めて管絃の音を洩れ聞いた幼い日が、不意に胸に蘇った。自分はいつしか栄達を目指すあまり、自らの道を見失っていたのではないか。いつぞや、*尾張尼の問いに即答できなかった己の姿が、悔いと共にありありと思い出された。

「では清盛さまは、治部卿がひどい楽器を奏しても怒らないんだね」

「ああ。怒る気にはならぬな。そんなd些事は、どうでもよい」

清盛は胡坐《あぐら》をかいた両膝を打って立ち上がった。壁際に伸びあがった影のせいか、小柄なはずのその姿は雲を突くほど巨大と映った。

「聞きたいのは、それだけか。ならばそろそろわしは戻らせてもらうぞ。武家の棟梁と納言の職を併せ持つのは忙しくてな」

止める間もなく身を翻した清盛が、どすどすと音を立てて渡殿を去る。そのあわただしい背中を有安は凝然と見つめた。

名利や血脈が重んじられる、古き内裏。きっと清盛はこれからも、そんな宮城を易々と踏みつけ、変えていくのだろう。いやもしかしたら都を、この国をすら、あの男は大きく変えるのかもしれない。

内裏の因習に捕らわれず、自ら己の道を切り開く逞しさ。その*倜儻《てきとう》なる生き様が、ひどく眩しかった。

(それにひきかえわたしは――)

「やれやれ。結局、あたしは誰にも琵琶を教えずに済むのかい」

尾張尼が痩せた両手を天に突き上げ、ううんと背を反らす。尾張尼さま、と考えるよりも先に、有安は呼びかけていた。

「そんなことを仰らずに、よろしければわたくしに琵琶をお授けくだされ。少なくとも治部卿さまよりは上手《うも》うございますぞ」

「おふざけじゃないよ。あたしの琵琶はあたしだけのものさ。楽の何たるかも知らぬあんた如きに、教えてなるものか」

険しく眉をしかめたその表情は、大原で幾度となく見かけたそれとまったく変わらない。それが今の有安には、ひどく嬉しかった。

「さように仰せられますが、では尾張尼さまは楽の神髄をご存知でいらっしゃるのですか」

尾張尼は虚を突かれた顔で押し黙った。唇を強く引き結び、しばらくの間、空を仰いでいたが、やがて大きく一つ息を吐いた。

「恋、だね」

は、と問い返した有安を、尾張尼はぎろりと睨んだ。

「勘違いするんじゃないよ。花鳥風月を恋い、異国を恋い、友を恋う。かような思いが楽を生み、人々に奏でさせるのさ。天を動かし地を感ぜしむ楽は、生きる人間の念そのものとも言えるんじゃないかい」

③こちらの言葉を封じるようにまくしたてる尾張尼の④顔がわずかに赤らんでいるのは、果たして気のせいだろうか。唇を緩めた有安に、「なにがおかしい」と尾張尼は声を尖らせた。

「いいえ、なにもおかしくはございません。まことに仰せの通りかと」

「帝にしてもあんたにしても、美しきものを激しく恋う思いがなけりゃ、楽は上達しないよ。出世のためとか父親に勝つためなんぞと思うておる奴には、伝をする気にはなれないね」

翻せばそれは、有安が本気で音楽を究めんとすれば、尾張尼は応じてくれるとの意だろうか。

有安同様、内裏に身を置きながらも、清盛は冬が去れば北に飛び行く雁の如く、己の居場所を忘れない。その結果もたらされるものがあの眩《まばゆ》さだとすれば、同様に世の混沌の中で這い上がった自分もまた、生きる場所は己の本当の道たる楽のただなかにしかないはずだ。

この混沌たる世で信じられるのは、古《いにしえ》よりの習わしでも決まり事でもない。ならばひと時、あの内裏に羽を休めた自分もまた、⑤北を指して飛び去らねばならぬ。そんな気がした。

（澤田　瞳子『鴻雁北』による）

[注]

＊治部卿…尾張尼の従妹。琵琶の腕は優れていないが、自らを桂流の名手と売り込み、清盛の息女に接近した

＊基通……尾張尼の元夫。有安の弱みに付け込み、有安に金を無心している

＊問い……かつて尾張尼に投げ掛けられた、「あんたにとって音楽とはなんだい」という問い

＊倜儻……独立していて拘束されないこと

問一　本文中のb、dの漢字は平仮名に、a、cの片仮名部分は漢字に、それぞれ直して書け。

a　セツナ　b　殿上人　c　フチン　d　些事

問二　A　迷い込んだ　と　B　繕った　について、それぞれの動詞に含まれる音便の種類を書け。

問三　①大きなため息を一つつき　について、この描写から清盛のどのような心情が読み取れるか、説明せよ。

問四　②人には本来、生きるべき道がある　について、清盛は自らの生きるべき道をどのように捉えているか、説明せよ。

問五　③こちらの言葉を封じるようにまくしたてる　④顔がわずかに赤らんでいる　とあるが、これらの描写から読み取れる尾張尼の人物像について、説明せよ。
問六　⑤北を指して飛び去らねばならぬ　とはどういうことか。比喩表現の内容を明らかにしながら説明せよ。
問七　この文章を教材として、「中学校学習指導要領解説国語編(平成二十九年七月文部科学省)」を踏まえ、第二学年の〔思考力、判断力、表現力等〕「C読むこと」(1)イ「目的に応じて複数の情報を整理しながら適切な情報を得たり、登場人物の言動の意味などについて考えたりして、内容を解釈すること」について指導する際に、どのような学習活動を設定するか、具体的に書け。

(☆☆☆◎◎◎)

【三】次の文章を読んで、以下の問一～問八に答えよ。なお、設問の都合により、本文には段落番号を付記している。

1　ある感動を表現するとき、たとえば「good!」一語で済ませてしまうのではなく、そこにニュアンスの異なったさまざまな表現があること自体が、文化なのである。「旨い」にしても、「おいしい」「まろやかだ」「コクがある」「とろけるようだ」などなど、どのように「旨い」かを表わすために、私たちの先人はさまざまに表現を工夫してきた。それが文化であり、民族のA豊かさである。

2　いつも、もってまわった高級な表現を使えというのではまったくないが、必要に応じて、自分自身が持ったはずの〈感じ〉を自分自身の言葉で表現する、そんな機会は、人生において必ず訪れるはずである。そんなときのために、私たちは普段は使わなくともさまざまな語彙を用意しているのである。語彙は自然に増えるものではなく、読書をはじめとするさまざまな経験のなかでaツチカわれていくものである。すでに*大野晋氏の言葉を紹介したように、ひょっとしたら一生に一度しか使わないかもしれないけれど、それをbカクゴで一つの語彙を自分のなかに溜め込んでおくことが、生活の豊かさでもあるはずなのだ。

3 すべてが「ヤバイ」という符牒で済んでしまう世界は、便利で効率がいいかもしれないが、その便利さに慣れていってしまうことは、実はきわめて薄い文化的c土壌のうえに種々の種を蒔くことに等しいのであるかもしれない。

4 「ヤバイ」は多くの形容詞の凝縮体であると考えることができる。「ヤバイ」一語で済ませるのではなく、それを自分の側からもっと細かいニュアンスを含めた表現によって深めたいという話をしてきた。

5 しかし、先にあげたさまざまの状態や感情を表わす言葉は、それでも一般的な、最大公約数的な意味を担った形容詞なのである。必ずしも、その人独自の表現というわけではなく、誰にも通用する表現法であることからは、「ヤバイ」とそんなに違ったものではないという反論も可能である。

6 話が飛躍するようだが、近代の歌人に島木赤彦がいる。彼はアララギ派の歌人であり、アララギは①「写生」をその作歌理念に掲げていた。なぜ写生が必要なのか。赤彦は『歌道小見』という入門書の中で、「悲しいと言えば甲にも通じ乙にも通じます。しかし、決して甲の特殊な悲しみをも、乙の特殊な悲しみをも現しません。歌に写生の必要なのは、ここから生じて来ます」と述べる。

7 短歌は、自分がどのように感じたのかを表現する詩形式である。歌を作りはじめたばかりの人の歌には、悲しい、嬉しいと形容詞で、自分の気持ちを表わそうとするものが圧倒的に多い。作者は「悲しい」と言うことで、自分の感情を表現できたように思うのであるが、②これでは作者が「どのように」悲しい、うれしいと思ったのかがB一向に伝わってこない。赤彦の言う作者の「特殊な」悲しみが伝わることがない。形容詞も一種の出来合いの符牒なのである。

8 斎藤茂吉は島木赤彦と同時期に「アララギ」を率いた近代短歌の巨匠であるが、彼に、母の死を詠んだ一連がある。歌集『赤光』中の「死にたまふ母」一連である。

死に近き母に添寝のしんしんと遠田のかはづ天に聞ゆる
のど赤き玄鳥《つばくらめ》ふたつ屋梁《はり》にゐて足乳根の母は死にたまふなり

9 誰もが知っている歌であろう。一首目は「死に近き母」をはるばる陸奥《みちのく》の実家に見舞い、添い寝をしている場面である。普段は気にもならない蛙の声が天にも届くかと思われるほどに聞こえてくる。決して騒がしい声ではなく、しんしんと天にも地にも沁みいるような声である。一首が言っているのはそれだけのこと、まことに単純な事実だけを詠っている。二首目も、母がもう死のうとしている枕元、ふと見上げると喉の赤い燕が二羽、梁に留まっていた。ただそれだけである。

10 ここには「悲しい」とか「寂しい」とか、そのような茂吉の心情を表わす言葉は何一つ使われていないことに注意して欲しい。にもかかわらず、私たちはそのような形容詞で表わされる以上の、茂吉の深い内面の悲しみを感受することができる。考えてみれば③不思議な精神作用である。文章の上では何も言われていない作者の感情を、読者はほとんど何の無理もなく感受することができているのである。

11 もしこれらの歌のなかに、茂吉の感情として「悲し」「寂し」などの形容詞が入っていたとするならば、一般的な感情としては理解できるが、それだけではけっしてその時の茂吉の悲しさ、寂しさを表現したものにはならないだろう。悲しい、寂しいという最大公約数的な感情の表現でしかないからである。「決して甲の特殊な悲しみをも、乙の特殊な悲しみをも現しません」と赤彦の言う通りである。

12 短歌では、作者のもっとも言いたいことは敢えて言わないで、その言いたいことをこそ読者に感じ取ってもらう。単純化して言えば、短詩型文学の本質がここにあると私は思っている。

13 これはかなり高度な感情の伝達に関する例であるが、私たちは自分の思い、感じたこと、思想などを表現するのに、できるだけ④〈出来あいの言葉〉を使わずに、自分の言葉によって、自分の思いを、人に伝える。この大切さをもう一度確認しておきたいものだと思う。

（永田　和宏『知の体力』による）

〔注〕

＊大野晋氏の言葉…大野晋著『日本語練習帳』からの引用のこと。語彙を蓄えることの重要性について述べている。

問一　本文中のa、bの片仮名部分は漢字に、cの漢字は平仮名に、それぞれ直して書け。

a　ツチカわれ　b　カクゴ　c　土壌

問二　A　豊かさ　B　一向に　の品詞名をそれぞれ書け。

問三　6段落の本文中における役割について、説明せよ。

問四　①「写生」とは、ここではどういうことか、説明せよ。

問五　②「特殊な」悲しみ　について、本文の内容を踏まえて説明せよ。

問六　③不思議な精神作用　とはどういうものか、説明せよ。

問七　④〈出来あいの言葉〉を使わずに、自分の言葉によって、自分の思いを、人に伝える　ことを筆者が大切であると考える理由を説明せよ。

問八　この文章を教材として、「中学校学習指導要領解説国語編（平成二十九年七月文部科学省）」を踏まえ、第三学年の〔思考力、判断力、表現力等〕「C読むこと」(1)ウ「文章の構成や論理の展開、表現の仕方について評価すること」について指導する際に、どのような学習活動を設定するか、具体的に書け。

(☆☆☆◎◎◎)

【四】次の文章を読んで、以下の問一～問六に答えよ。

二条よりは南、京極よりは東は、*菅三位の亭なり。三位失せてのち、年ごろ経て、月の明き夜、*さるべき人々、旧き跡をしのびて、かしこに集まりて、月を見てあそぶことありけり。終りがたに、ある人、

月はのぼる百尺《ひゃくせき》の楼

と誦しけるaに、人々、音《こゑ》を加へて、たびたびになるに、あばれたる中門の、かくれなる蓬の中に、老いたる尼の、よにあやしげなるが、露にそぼちつつ、夜もすがら居りけるが、「今夜の御遊び、いといとめでたくて、涙もとまり侍らぬに、この詩こそ、及ばぬ耳にも①僻事《ひがこと》を詠じおはしますかな、と聞き侍れ」といふ。

②人々笑ひて、「興ある尼かな。いづくのわろきぞ」といへば、「*さらなり。さぞおぼすらむ。されど思ひ給ふるは、月はなじかは楼にはのぼるべき。『月にはのぼる』とぞ故三位殿は詠じ給ひし。おのれは*御物張りにて、③おのづから承りしなり」といひければ、恥ぢて、みな立ちbにけり。

これは、すすみて人を侮るにはあらねども、思はぬほかのことなり。これらまでも心すべきにや。「④藪に剛の者」といへる児、女子がたとへ、旨をたがへざりけり。

(『十訓抄』による)

［注］
＊菅三位…菅原文時。平安中期の学者。道真の孫
＊さるべき…しかるべき。『今昔物語集』では「文章を好む輩」とある
＊さらなり…その通りです
＊物張り…洗い張り、裁縫などの雑用に従事した召使い

問一　a に と b に の違いを、文法的に説明せよ。
問二　①僻事を詠じおはしますかな　とあるが、尼が指摘した内容を説明せよ。
問三　②人々笑ひて、「興ある尼かな。いづくのわろきぞ」　とあるが、人々がこのような言動をとった理由を説明せよ。
問四　③おのづから承りしなり　について、敬意の対象が明確になるように、言葉を補って、口語訳を書け。
問五　④「藪に剛の者」　とあるが、本文から得られる教訓を、このことわざの意味を踏まえて説明せよ。
問六　この文章を教材として、「中学校学習指導要領解説国語編(平成二十九年七月文部科学省)」を踏まえ、第三学年の〔知識及び技能〕(3)イ「長く親しまれている言葉や古典の一節を引用するなどして使うこと」について指導する際に、どのような学習活動を設定するか、具体的に書け。

(☆☆☆◎◎◎)

【五】次の漢文を読んで、以下の問一～問六に答えよ。なお、本文には新字体を用いた漢字と、設問の都合により訓点を省いた部分がある。

*斉人攻ムレ*魯ヲ。道*由リス二*單《ぜん》父《ほ》。單父之老請ヒテ曰ク、麦[a]已ニ熟セリ矣。今斉寇《こう》至ル。①不レ及バ三人人自ラ収ムル二其ノ麦ヲ一。請フ放チテレ民ヲ出ダシ、皆穫ラバ二*傅《ふ》郭《くわく》之麦ヲ一、可ク二以テ益スレ糧ヲ一、且ツ不トレ資セ二於寇ニ一。三タビ請フ。而レドモ*宓《ふく》子《し》不レ聴《ゆる》サ。[b]俄ニシテ而斉寇逮《およ》ブ二于麦ニ一。*季《き》孫《そん》聞キレ之ヲ、怒リテ使メテ三人ヲシテ以テ譲《せ》メ二宓子ヲ一、曰ク、民ハ寒キニ耕シ、熱キニ*芸《くさぎり》、曾《すなわ》チ不レ得レ食ヲ。②豈不レ哀シカラ哉。不レバ知ラ猶ホ可ナリ。以テ告グル者アルニ、而子不レ聴サ。[c]非ト三所二以ニ為ニスルレ民ノ。宓子*蹙《しゅく》然トシテ曰ク、今茲《ことし》無クンバレ麦、明年可シレ[d]樹ウ。若シ使メバ二不ル耕サ者ヲシテ穫ラ一、③是使民楽有寇。且ツ得ルモ二單父一歳之麦ヲ一、於テ魯ニ不レ加ヘレ強キヲ。喪フモレ之ヲ不レ加ヘレ弱キヲ。若シ使メバ三民ヲシテ有ラ二自ラ取ル之心一、其ノ[e]創必ズ数世不トレ息マ。季孫聞キテレ之ヲ、赧《たん》然トシテ而愧《は》ヂテ、曰ク、地若シ可クンバレ入ル、④吾豈忍ビンレ見ルニ二宓子ヲ一哉ト。

（『孔子家語』による）

［注］

＊斉……春秋時代の国　＊魯……春秋時代の国　＊由……通過すること

＊單父…魯の村の名前　＊傅郭…郊外　＊宓子…孔子の弟子で單父の長官

＊季孫…魯の君主桓公の子孫　＊芸……除草すること　＊蹙然…顔をしかめて憂うさま

＊赧然…赤面するさま

問一　a 已　c 非　の本文中における読みを、送り仮名が必要な場合には送り仮名を添えて、それぞれ平仮名(現代仮名遣い)で書け。

問二　b 俄　d 樹　e 創　の本文中における意味をそれぞれ書け。

問三　①不及人人自収其麦　とあるが、このような事態になったのはなぜか、説明せよ。

問四　②豈不哀哉　とあるが、季孫が單父の民のどのような状況を捉えて述べたものか説明せよ。

問五　③是使民楽有寇　について、次の書き下し文となるように、以下の白文に訓点を施せ。

(書き下し文)是れ民をして寇有るを楽しましむ

是　使　民　楽　有　寇

問六　④吾豈忍見宓子哉　とあるが、季孫がこのようなことを述べたのはなぜか。宓子の下した判断を踏まえて説明せよ。

(☆☆☆☆◎◎◎)

【高等学校】

【一】次の文章を読んで、問一から問六に答えよ。

自由の意識は、自由が成熟していく社会の内側で、行き場のない不安やaショウソウ感に変質している。もちろん、このことは自由な社会に生きていることを傍証してもいる。社会の成員である限り、一定の自由が保障されるのは当然で、この権利は不当に侵害されてはならない。こうした共通感覚を多くの人が持つにちがいない。私たちは、万人に自由が保障されていない社会で差別や暴力が横行したこと、そして、人類が身命を賭して自由を手に入れたことを知っているし、民主主義と資本主義という巨大なシステムを支えてきたのが、自由の自覚とその普遍的展開であったことも疑えない。

しかし、そうであるからこそ、人間は自由であることに疲労を覚えてもいる。一九四一年の時点で、エーリッヒ・フロムは、つぎのことを予言していた。

他人や自然との原初的な一体性からぬけでるという意味で、人間が自由となればなるほど、そしてまたかれがますます「個人」となればなるほど、人間に残された道は、愛や生産的な仕事の自発性のなかで外界と結ばれるか、でなければ、自由や個人的自我の統一性を破壊するような絆によって一種の安定感を求めるか、どちらかだということである。（フロム　一九六五、二十九頁）

自由が展開するにつれて、人はますます個人として生きていかざるをえなくなり、愛や仕事によって外界と結ばれるか、あるいは、自由を破壊する安定感、すなわち、全体へのbジュウゾクという安心感を求めることになる。フロムは自由の進展の裏側にある心的機制を描いてみせたのだ。

　フロムの二者択一はさまざまに言い換えられるだろう。自由への欲望を持つ自我に明確な形を与えることで自我を安定させるのか、反対に、自我をより大きな全体性へと融解させることで安心感を獲得するのか。〈私〉の自己同一性と自己価値について他者からの承認を獲得するのか、それとも、大きな物語と一体化しつつ全体性の一部として生きるのか。一言でいえば、①自由を享受できる人間と、自由を持て余す人間が出てくる、ということである。

　私たちは、どういうわけか、自由な社会で自由を享受することに疲れ始めている。不自由は苦しいが、自由も苦しい。自由でありたいのだが、自由すぎるのも辛いのだ。このことの原因を具体的に描写してみよう。

　まず、自由と自己実現。自由に生きることは、自分の人生を自分で決めて生きていくことを意味する。ところが、そこで選択した生き方の責任は自分にしかないのだから、たとえ不幸な人生になったとしても、それは自らの能力や努力が不足しているせいだ、ということになる。

　世界にはアクティヴに行動する有能な人びとがいるだろう。彼らはcタイダを撥ね退《の》けて、自己実現を追い求める。主任の次は課長、課長の次は部長、部長の次は役員。自らに与えられた自由を行使することで、可能な限りその能力を拡張していき、自由を自己実現の糧にしていける人たちである。

　メディアやSNSを通じて、一生懸命頑張っている人、充実した生を送っている人、新しい分野で成功した人の情報はつねに入ってくる。情報が全体化することで、「地元で一番」では満足できなくなり、インターネットでdケンサクすれば、自分と同じ年齢なのにすごい人がいくらでも見つかる時代になった。ここで、そうはなれない自分に疲れるのである。生まれたときに自由のチケットを一方的に渡してきて、それを死ぬまでに使い切ることを要求する社会が嫌になるのだ。

つぎに、②自由と多様性。自由は多様性を保障する。現代社会では感受性や考え方の違いに積極的な価値が認められており、生の内実はさまざまに形作られる。それだけではなく、誰もが自分を表現することができるように、サイバースペースでは、自己表現のためのプラットフォームが無数に整備されている。（ついでに言っておけば、「いいね！」と承認する機能もついている。）表現の自由は多様性を可視化するのである。（お洒落なインスタグラム。）

ところが、多様性が過度に強調されると、これは裏返って命法になる。あなたは自分なりの感受性や考え方を形成して、それを表現しなければならなくなるのだ。それは、多くの場合、他者との競合になるだろう。多様性は差異によって作られていくが、他者との差異を確立できない凡庸な人間は、生き方の多様性から置いてけぼりにされた気がする。世界から取り残された気がする（ＳＮＳ疲れ）。

最後に、自由と自己固有性。自由には「本当の自分」という観念がつきまとう。前提になるのは、自分が何をやりたいのかを知ることができて、意志と決断によって方向性を決められる主体的人間像である。逆に言えば、欲望の状況をうまくつかめない人間には、そもそも自由になるための根本条件が欠けている、ということにならないだろうか。

ヴィジョンのはっきりした強い憧れを持つ者にとって、自己固有性は、一つの自我理想になりうるのかもしれない。しかし、何をしたいのかがよく分からず、欲望が不活性になっている状態（＝メランコリー）にとって、自己固有性という概念は端的に重すぎる。あるいは、こうも言えるかもしれない。ポストモダン以後の時代に生まれた者にとって、「自己固有性」はすでに肌感覚に合わなくなっている、と。むしろ、平野啓一郎のいう「分人」（dividual）の方が、私たちの自己イメージにはフィットしているように思われる。「他者を必要としない『本当の自分』というのは、人間を隔離する檻である」（平野　二〇一二、九十八頁。強調は省略）。

　これらが、自由であることに疲労を覚える人間の心情である。しかしながら、私の見るところ、最も本質的な問題は、③自由の概念が相対主義に結びついていることである。自己実現、多様性、自己固有性のキーワードは、じつはそれ自体が直接、自由であることの疲労を生みはしない。自由が相対主義的に解釈されて、これを一人で処理しようとするとき、そこに義務としての自由という逆説が現われるのだ。

　というのも、そのとき自由は、生誕と同時に〈私〉に背負わされた重荷にほかならず、自由であることの責任を自分自身で引き受けるほかないからである。その結果、他者との断絶や社会からの疎外を感じる。ついでに言っておけば、私は自由に付着する相対主義のイメージを、ポストモダン思想の負の遺産と考えている。

　とはいえ、これは哲学全体の問題でもある。とりわけ、近代哲学が提起した自我のイメージを引き継いだ実存哲学は、自由であることの価値を積極的に語ってきたが、その語りは社会の一般性から離れた特別な実存意識だけを評価し、自由の資格を例外的な実存者にのみ与えてきたのではないだろうか。

　たしかに、実存と自由が結びつくのにはそれなりの理由がある。近代社会が新しく獲得した自由の精神が世界の超越項(宗教や共同体の物語)を徐々に解体し始めたとき、実存哲学は、まざに自由を起点にして、人間の生きる意味を建て直す必要に迫られたのである。さらに言えば、他者とは共有できない何かを心に抱え込んでしまうとき、〈私〉はどう生きるか(実存)が深刻な問いになるので、自由の極北が社会の一般性から外れてしまうということも、分からなくもない。

　そうして、自由は自己意識、自己価値、自己固有性の概念と重ねられることになる。超越性が失われた時代のニヒリズム(存在不安や絶望)を超克して、自己の本来的な可能性を追求するためには、主体的な意志と決断が不可欠である。自らの力によって生の意味をつかむことのできる者だけが、真に自由でありうる。実存哲学はこのように考えたのである。

しかし、④その問題点は、はっきりしている。実存哲学においては、自由な実存者以外はみな程度の劣った平々凡々たる生を送る者にすぎない。いやむしろ、初めに一般性へのeケイベツや憎悪があって、それから一般性の範疇には収まらない実存の存在論的優位が独断的に措定されている、と言った方がいいのかもしれない。

だから、ほとんどの実存哲学には、凡庸と卓越の二分法が存在している。真の実存者でありたいなら、凡庸な世界解釈をひっくり返すだけの能力を持たねばならない。すると、社会の一般性から逸脱することが、自由を享受するための条件になるだろう。こうして、⑤人間の実存は孤立した自由の表象に結びつき、自由であることが強制されるという逆説的な事態になってしまうのである。

真の自由を発揮するのか、それとも自由を飼い殺しにするのか――この二者択一は、もう時代遅れになりつつある。それどころか、自由という概念は、現代の実存意識にとってあまり中心的な役割を果たしていないようにさえ見える。自由を享受することに伴う疲労が、それほどまでに蓄積しているのかもしれない。あるいは、この社会で自由はすでに確実すぎる前提になっていて、（私には理解できない）つぎのフェイズに実存意識が進んでいるのかもしれない。

（岩内章太郎『〈普遍性〉をつくる哲学』による）

問一　a　ショウソウ　b　ジュウゾク　c　タイダ　d　ケンサク　e　ケイベツ　の傍線部を漢字に直せ。

問二　①自由を享受できる人間と、自由を持て余す人間　とあるが、それぞれどのような人間のことか、傍線部以前の部分の表現を用いて書け。

問三　②自由と多様性　とあるが、多様性を保障するはずの自由に対して疲労を覚えるのはなぜか、理由を書け。
問四　③自由の概念が相対主義に結びついている　とあるが、どういうことか、書け。
問五　④その問題点　とあるが、実存哲学の問題点とは何か、書け。
問六　⑤人間の実存は孤立した自由の表象に結びつき、自由であることが強制されるという逆説的な事態になってしまう　とあるが、そのように考えるのはなぜか、「逆説的な事態」とはどういうことかを明らかにして理由を書け。
（☆☆☆☆◎◎◎）

【二】次の文章を読んで、問一から問六に答えよ。

半世紀を鉄道員(ポッポヤ)として生きてきた佐藤乙松《おとまつ》は、北海道幌舞《ほろまい》線の廃線と同時に引退することになっていた。乙松は十七年前、生まれて二か月の娘を亡くし、一昨年には妻も亡くしていた。幌舞駅長として最後の正月を迎えていた乙松の前に、ある少女が現れた。

その日、A幌舞は時も場所もわからぬほどの吹雪になった。
古い駅舎は、音も光もない純白に埋ずもれた。
少女は決して饒舌ではなかったが、老駅長の語る思い出話を、いちいち感動をこめて聞くのだった。自分でもどうかしていると思いながら、乙松は半世紀分の愚痴やaジマンを、思いつくはしから口にした。
それらは古ぼけた制服の胸ふかく、たとえば機関車の油煙の匂いや炭ガラの手ざわりとともに、①澱《おり》のように凝り固まっている記憶だった。ひとつの出来事を語るたびに、乙松の心は確実に軽くなった。

特需景気に栄えた時代。駅舎が死体で一杯になった炭鉱事故。機動隊がやってきた労働争議。そして灯の消えるように、ひとつずつ閉められていった山。

一番つらかったことは何かと訊かれて、乙松は娘の死を語らなかった。それは私事だからだった。佐藤乙松として一番つらかったことはもちろん娘の死で、二番目は女房の死にちがいない。だがポッポヤの乙松が一番悲しい思いをしたのは、毎年の集団就職の子らを、ホームから送り出すことだった。

「——あんたより、二つ三つもちっちぇ子供らが、泣きながら村を出てくのさ。そったらとき、まさか俺が泣くわけいかんべや。気張ってけや、って子供らの肩たたいて笑わんならんのが辛くってなあ。ほいでホームの端っこに立って、汽車が見えなくなってもずっと汽笛の消えるまで敬礼しとったっけ」

そういえば、あのころ仙次*は機関士だった。集団就職の汽車は、ずっと警笛を鳴らし続けていた。

ポッポヤはどんなときだって涙のかわりに笛を吹き、げんこのかわりに旗を振り、大声でわめくかわりに、喚呼の裏声を絞らなければならないのだった。ポッポヤの苦労とはそういうものだった。

「やあや。すっかり話しこんじまって、最終の時間だべや。仕事すませたら寺まで送っていくべ。ほれ、風邪ひくからこれ着てな」

乙松は綿入れを少女の肩に掛けて事務室に下りた。外套を羽織り、帽子の顎紐をかけ、カンテラを提げて駅舎を出る。柱時計が七時を打った。

手早く雪を搔くと、乙松はプラットホームの先頭に立った。トンネルから光の輪が現れた。雪のb帳を突いてきたのは、たくましい*ＤＤ１５のラッセルだ。

空身《からみ》の気動車を牽《ひ》いて雪を噴き上げながら走ってくるラッセルの姿を見たとたん、乙松は心の底から申しわけないと思った。俺のわがままをとうとう最後まで聞いてくれたのだから、退職金も恩給も受け取るわけにはいかねえ、と思った。

右手にカンテラを上げ、左の指をまっすぐに線路に向けて、乙松は押し殺した嗚呼の声を絞った。

若い機関士と一緒に、なじみの操作員が降りてきた。

「やあ、みっちゃん。きょうは大ごとだべ。一服つけて、汁粉でも飲んでってや」

「せっかくだが、乙さん。折り返して本線のラッセルせねばならんでねえ。ちょっくら小便だけ――ああ、これ機関区のみんなから」

操作員は立派な果物籠を差し出した。

「なあんも。まだ三月《みつき》も余っとるしょや。cセンベツには早すぎるべさ」

「そうでないってば。仏壇にお供えして」

二人の乗務員は肩を揺すりながら便所へと走って行った。

ラッセルを送り出したあと、乙松は機関区からの届け物を提げて駅舎に戻った。
②そらとぼけてあんな言い方をしたけれど、それが何のための差し入れなのか、乙松にははなからわかっていた。機関区の古顔たちはユッコの命日をちゃんと覚えていてくれている。まるでタブレットの輪でも手渡すようにさりげなく供物を渡し、乙松もまた彼らの好意を黙って受け取る。
乙松は木枠の改札に立って雪の積もった駅長帽をとり、轍の音の遠ざかる雪の闇に頭を下げた。

こんな立派な籠など食いきれるわけもないから、送りがてらにこのまま円妙寺に届けて供物にすべえ、と乙松は思った。

「さあて、おねえちゃん行くべや。デゴイチのプレート持ってけ。そうそう、お人形も忘れずになあ」

そう言って湯気に曇った事務室の扉を開けたとき、乙松はぎょっと足を止めた。

いや、ちがう。だが座敷にちんまりと座った赤い綿入れ半纏の後ろ姿が、一瞬死んだ女房の背中に見えた。

「どうしたの、おじさん。はい、ごはん食べよ」

（……おっかあ）

「あれえ、こったらごちそう、あんたが作ってくれたのかい」

「勝手に冷蔵庫あけちゃったけど、ごめんね」

「なんもだ……今の間にあんたこれ、みんな作ったのかい」

小さなちゃぶ台の上には、干物と玉子焼と野菜の煮付が、二人分きちんと置かれていた。

「これ、使っていいですか」

炊きたての飯を盛りながら、少女はにっこりと笑って茶碗と箸を手に取った。

「死んだおっかあのだけど、よかったらどうぞ——いやあ、おっちゃんびっくらこいちまって、あんた料理じょうずだねえ」

「電気釜だと時間がかかるから、お釜で炊いたの。あんまりうるかさないで炊いたもんで、*めっこごはんかなあ」

「まあ、残りもんでこったらごちそう作るなんて、あんた*かまど持ちの良い子だねえ。なんだか魔法にかけられたみたいだべさ。そんじゃ、遠慮なく」

「私、鉄道の人のお嫁さんになるのが夢だから、こったらふうに手早く作れねばだめしょ」

「うん。合格だべさ」

味噌汁を口にしたとたん、乙松は愕くよりもふしぎな気持になった。死んだおっかあの味だった。

「おいしっしょ」

「え……ああ。おっちゃん、なんだか胸がいっぺえになっちまった」

「なして」

ユッコが生きていたら、母から教わった味噌汁を、こうして食わしてくれるのだろう。最終を送り出したあと、いつもこんなd夕餉が自分を待っているのだろうと、乙松は思った。

乙松は箸を置いて、膝を揃えた。

「おっちゃん、幸せだ。好き勝手なことばっかしして、あげくに子供もおっかあも死がせて。だのにみんなして、良くしてくれるしょ。ほんとに幸せ者だべさや」

「ほんとに？」

「ああ、ほんとだとも。もういつ死んだっていいぐらいだべさ」

電話が鳴った。サンダルをつっかけて乙松は事務室に下りた。

「もしもし。ああ、和尚さんかい。明けましておめでとう。おねえちゃん、すっかり引き止めちまった。いやあ、めんこい子だねえ。いま飯まで食わしてもらってるべさ」

円妙寺の和尚の電話は、帰りの遅い孫娘を気遣ってのものではなかった。とんちんかんなやりとりの後で和尚は、今年の供養はどうするのか、と言った。

電話を切ってから、③乙松は振り返ることができずに、肩を落として椅子に座った。和尚の声が耳の奥でぐるぐると回った。

(乙さん、あんたボケちまったんでないかい。良枝も誰も、帰っとりゃせんよ)

乙松は机の上のセルロイドの人形を手に取って、黄ばんだレースの洋服を指で弄んだ。

「こったらことって、あるだべかやあ……」

出札口のガラスに、うなだれる少女の姿が映っていた。

「……おめえ、なして嘘ついたの」

eコゴえた窓に、さあと音立てて雪が散った。

「おっかながるといけないって、思ったから。ごめんなさい」

「おっかないわけないでないの。どこの世の中に、自分の娘をおっかながる親がいるもんかね」

「ごめんなさい。おとうさん」

乙松は天井を見上げ、たまらずに涙をこぼした。

「おめえ、ゆうべからずっと、育ってく姿をおとうに見せてくれたってかい。夕方にゃランドセルしょって、おとうの目の前で気を付けして見せてくれたってかい。ほんで夜中にゃ、もうちょっと大きくなって、またこんどは美寄高校の制服さ着て、十七年間ずうっと育ってきたなりを、おとうに見せてくれただか」

少女の声は降り積む雪のように静かだった。

「したっておとうさん、なんもいいことなかったしょ。あたしも何ひとつ親孝行もできずに死んじゃったしょ。だから」

乙松はセルロイドのキューピーを胸に抱いた。

「思い出したんだべさ。この人形、おっかあが泣く泣くおめえの棺箱《かんばこ》に入れたもんだべ」

「うん。大事にしてたよ。おとうさん、美寄で買ってきてくれたしょ。おかあさんがレースの服あんでくれて」

「そったらこと、おめえ……おとうは、おめえが死んだときも、ホーム*の雪はねてただぞ。この机で、日報書いてただぞ。本日、異常なしって」

「そりゃおとうさん、ポッポヤだもん。仕方ないしょ。そったらこと、あたしなあんとも思ってないよ」
④乙松は椅子を回して振り向いた。ユッコは赤い綿入れの肩をすぼめて、悲しい笑い方をした。
「めし、食うべ。めし食って、風呂へえって、おとうと一緒に寝るべ。な、ユッコ」

その日の旅客日報に、乙松は「異常なし」と書いた。

夜半に雪がやむと、B幌舞のボタ山の上には銀色の満月が昇った。


（浅田次郎『鉄道員《ぽっぽや》』による）

＊仙次…乙松と同じポッポヤ。今は出世して、美寄中央駅の駅長になっている。
＊DD15のラッセル…DD15型ディーゼル機関車。除雪機関車の一種。
＊カンテラ…携帯用の石油ランプ。
＊タブレットの輪…鉄道の通票として使われた金属の丸い板のこと。鉄道の単線運転区間で、列車の安全確保上、一区間一列車を運転をするため、列車に携帯させる通票のことをタブレットという。
＊めっこごはん…芯が残っているご飯。
＊かまど持ちの良い…家計のやりくりが上手なこと。
＊雪はね…雪掻きのこと。

問一　a　ジマン　b　帳　c　センベツ　d　夕餉　e　コゴえた　の傍線部のカタカナを漢字に直し、漢字は読みを書け。
問二　①澱のように凝り固まっている記憶　とは、ここではどのようなことを表しているか、書け。

問三　②そらとぼけてあんな言い方をした　とあるが、これは乙松のどのような気持ちが表れているか、書け。

問四　③乙松は振り返ることができずに、肩を落として椅子に座った　から　④乙松は椅子を回して振り向いた　までの乙松の心情の変化について書け。

問五　A 幌舞は時も場所もわからぬほどの吹雪になった　B 幌舞のボタ山の上には銀色の満月が昇った　とあるが、それぞれの場面における表現上の効果を書け。

問六　「文学国語」の授業で、高等学校学習指導要領解説国語編(平成三十年七月文部科学省)の「読むこと」の指導事項「イ　語り手の視点や場面の設定の仕方、表現の特色について評価することを通して、内容を解釈すること」を単元の目標としてこの教材を扱うとき、どのような表現に着目して、どのような学習活動を設定していくか、具体的に書け。

(☆☆☆◎◎◎)

【三】次の文章は『讃岐典侍日記』の一部である。堀河天皇に仕えていた作者藤原長子は、堀河天皇の崩御の悲しみにくれ、ひたすら里にこもっていた。本文はそれに続く場面である。これを読んで、問一から問六に答えよ。

かくいふほどに、十月になりぬ。「*弁の三位殿より、御ふみ」といへば、取りいれて見れば、「年ごろ、宮づかへせさせたまふ御心のありがたさなど、よく I 聞きおかせたまひたりしかばにや、*院よりこそ、このうちにさやうなる人のたいせちなり。*登時《とうじ》参るべきよし、おほせごとあれば、A さるここちせさせたまへ」とある、見るにぞ、あさましく、ア ひがめかと思ふまで、あきれられける。おはしましをりよりかくは聞こえしかど、いかにも御いらへのなかりしには、さらでもとおぼしめすにや、それを、いつしかといひ顔に参らんこと、あさましき。*周防《すはう》の内侍、*後冷泉院におくれまゐらせて、*後三条院より、七月七日参るべきよし、Ⅱおほせられたりけるに、

天の川おなじ流れと聞きながらわたらんことはなほぞかなしき

とよみけんこそ、①げにとおぼゆれ。

「*故院の御かたみには　イゆかしく思ひまゐらすれど、さしいでんこと、なほあるべきしことならず。*そのかみたちいでしだに、はればれしさは思ひあつかひしかど、親たち、*三位殿などしてせられんことを、となん思ひて、いふべきことならざりしかば、心のうちばかりにこそ、*あまのかるもに思ひみだれしか。げに、これも、わが心にはまかせずともいひつべきことなれど、また、世を思ひすてつと聞かせたまはば、さまでたいせちにもおぼしめさじ」と思ひみだれて、いますこし、月ごろよりもの思ひそひぬるここちして、「いかなるついでを取りいでん。さすがに、われとそぎすてんも、昔物語にも、かやうにしたる人をば、人も②『うとましの心や』などこそいふめれ、わが心にも、げにさおぼゆることなれば、さすがにまめやかにも思ひたたず。かやうにて、心づから弱りゆけかし。さらば、ことつけても」とⅢ思ひつづけられて、日ごろふるに「御めのとち、まだ六位にて、五位にならぬかぎりは、ものⅣ参らせぬことなり。この二十三日、六日、八日ぞよき日。とく、とく」とあるふみ、たびたび見ゆれど、思ひたつべきここちもせず。

「過ぎにし年つきだに、わたくしのもの思ひののちは、人などにたちまじるべき有様にもなく、見ぐるしくやせおとろへにしかば、いかにせましとのみ、思ひあつかはれしかど、御心のなつかしさに、人たちなどの御心も、三位のさてものしたまへば、その御心にたがはじとかや、はかなきことにつけても用意せられてのみ過ぎしに、いまさらにたちいでて、見し世のやうにあらんこともかたし。*君はいはけなくおはします。さてならひ

にしものぞ、とおぼしめすこともあらじ。さらんままには、昔のみこひしくて、うち見ん人は、よしとやはあらん」など③思ひつづくるに、Bそでのひまなくぬるれば、

　かわくまもなき墨染めのたもとかなあはれ昔のかたみと思ふに

かやうにてのみ明けくるるに、かく里に心のどかなることかたく、五六日になれば、内侍のもとより、人なし、参れ、といふふみのこし、など思ひつづけられて、過ぐすほどに、御即位など、よにウののしりあひたり。

＊弁の三位…藤原光子。鳥羽天皇の乳母。
＊院…白河上皇。
＊登時参るべきよし…「即刻鳥羽天皇のもとへ出仕せよという旨の」の意。
＊周防の内侍…平仲子。後冷泉院のときに内侍となり、天皇の崩御で職を退いたが、白河天皇のときに再び内侍となり、堀河天皇、鳥羽天皇にも仕えた。
＊後冷泉院…後朱雀天皇の皇子。
＊後三条院…後朱雀天皇の皇子。後冷泉天皇の弟。
＊故院…堀河天皇を指す。

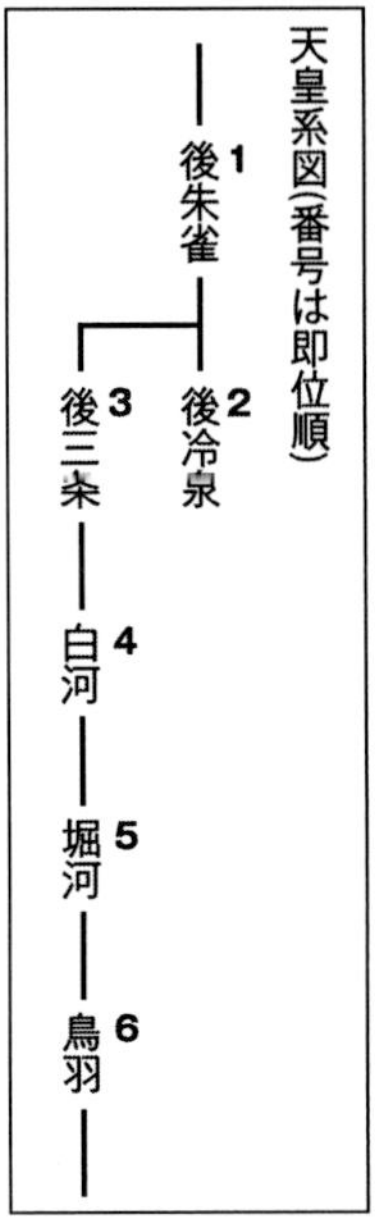

＊そのかみたちいでしだに…「その昔はじめて出仕したときでさえ」の意。
＊三位殿…藤原兼子。作者の姉で堀河天皇の乳母。
＊あまのかるも…「みだる」を導く序詞。
＊君…鳥羽天皇。当時五歳。

問一　ア　ひがめ　イ　ゆかしく　ウ　ののしり　の本文における意味を書け。
問二　Ⅰ　聞きおかせたまひたりしかば　Ⅱ　おほせられたりける　Ⅲ　思ひつづけられて　Ⅳ　参らせぬ　の主語を、次のア～クからそれぞれ一つ選び、記号で書け。
ア　作者　イ　後冷泉院　ウ　後三条院　エ　白河院　オ　堀河天皇　カ　鳥羽天皇
キ　周防の内侍　ク　乳母たち
問三　A　さるここち　B　そでのひまなくぬるれば　をわかりやすく口語訳せよ。
問四　①　げにとおぼゆれ　とはどのような心情に対する共感か、説明せよ。
問五　②『うとましの心や』　とはどのような心か、本文に即して説明せよ。
問六　③　思ひつづくるに　とあるが、作者はどのようなことを思い悩んでいるのか、本文に即して三点書け。
（☆☆☆☆◎◎◎）

【四】次の文章を読んで、問一から問六に答えよ。（本文は設問の関係から訓点を省いたところがある。また、新字体に改めたところがある。）

*逢《ほう》蒙《もう》學《ブ》二射《ヲ》於*羿《げいニ》一。*盡《シテ》二羿*之道《ヲ》一、思《ヘラク》天下惟羿《ノミ》 a 為《スト》レ愈《まさレリト》レ己《ニ》。b 於レ是殺《セリ》レ羿《ヲ》。孟子曰《ハク》、「是《レ》亦羿《モ》有《リト》レ罪焉。」

*公明儀曰《ハク》、『宜《ほとンド》 c 若レ無《キガ》レ罪焉。』曰《ハク》、薄《シト》乎云《フ》爾。①悪得レ無レ罪。②鄭《てい》人使*子《し》濯《たく》孺《じゅ》子《し》侵衛。衛使*庾《ゆ》公《こう》之《し》斯《し》追之。子濯孺子曰《ハク》、『今日我《ガ》疾作《おこル》。不レ可《カヲ》二以《テ》執《ル》一レ弓《ヲ》。吾死《ナン》矣夫《かなト》。』問《ウテ》二其《ノ》僕《ニ》一曰《ハク》、『追《フ》レ我《ヲ》者《ハ》誰《ゾ》也《ト》。』其《ノ》僕曰《ハク》、『庾公之斯也《ト》。』曰《ハク》、③『吾生《キント》矣。』其《ノ》僕曰《ハク》、『庾公之斯《ハ》、衛之善《クスル》レ射《ヲ》者也。夫子曰《ハク》、

吾生キント。何ノ謂ゾ也ト。』曰ハク、『庾公之斯ハ、學ブ二射ヲ於*尹《いん》公《こう》之《し》他《た》ニ一。尹公之他ハ、學ブ二射ヲ於我ニ一。夫ノ尹公之他ハ、端*人也。其ノ取ルコトレ友ヲ、必ズ端ナラント矣。』庾公之斯至ル。曰ハク、『夫子

d 何為レ不ルトレ執ラレ弓ヲ。』曰ハク、『今日我ガ疾作ル。不レ可カラ二以テ執ルレ弓ヲ。』曰ハク、『小人ハ學ブ二射ヲ於尹公之他ニ一。尹公之他ハ、學ブ二射ヲ於夫子ニ一。④我不レ忍ビ下以テ二夫子之道ヲ一、反ツテ害スルニ中夫子ヲ上。

e 雖レ然リト、今日之事ハ、君ノ事也。我不ト二敢ヘテ廢セ一。』抽《ぬ》キレ矢ヲ、*扣《たた》キレ輪ニ、去リ二其ノ*金ヲ一、発シテ二*乘矢ヲ一而ル後ニ反レリ。」

（『孟子』による）

＊逢蒙…人物名。
＊羿…人物名。弓の名手。
＊盡…きわめつくすこと。
＊羿之道…羿の弓術のこと。
＊公明儀…魯の国の賢人。
＊子濯孺子…人物名。
＊庾公之斯…人物名。
＊尹公之他…人物名。
＊端人…正しい人。
＊扣輪…扣は叩と同じ。車輪にたたきつけること。
＊金…やじりのこと。
＊乘矢…四本の矢をいう。

問一　a 惟　b 於是　c 若　d 何為　e 雖　の本文における読みを、送り仮名も含めて現代仮名遣いで書け。
問二　①悪得無罪　を書き下し文に改め、口語訳せよ。
問三　②鄭人使子濯孺子侵衛　を「鄭国は子濯孺子を衛国に侵攻させた」という意味になるように返り点を付けよ。（送り仮名は不要。）

鄭　人　使　子　濯　孺　子　侵　衛

問四　③吾生矣　と子濯孺子が言ったのはなぜか、説明せよ。
問五　④我不忍以夫子之道、反害夫子　について、次の問いに答えよ。
(1)　「夫子」の指す内容を明らかにして口語訳せよ。
(2)　庾公之斯は、この後、どのような行動をとったか、説明せよ。
問六　是亦羿有罪焉　と孟子が言ったのはなぜか、本文全体の内容を踏まえて説明せよ。

（☆☆☆☆◎◎◎）

【五】次の問一から問四に答えよ。

問一　次の①②の漢字の部首名を書け。

①　快　②　雄

問二　次の①②の俳句の季語と季節を書け。

①　荒海や佐渡に横たふ天の川　松尾芭蕉

②　鶯の声遠き日も暮れにけり　与謝蕪村

問三　次の①～③のことわざの意味として最も適切なものを以下の選択肢から選び、記号で書け。

①　濡れ手で粟　②　木で鼻をくくる　③　立て板に水

〈選択肢〉

ア　弁舌がすらすらとよどみないこと

イ　困ったときにはどんなものにでもすがろうとすること。

ウ　度胸があり少しのことに動じない様子。

エ　相手に対して冷淡な態度をとること。

オ　苦労をせずに利を得ること。

カ　とても利口である様子。

問四　次の①～③の説明に当てはまる作品名を以下の語群から選び、平仮名を漢字に改めて書け。

①　平安時代後期に成立した日記。物語に憧れた少女時代から老境に至るまでの約四十年の人生を回想しながら綴った自叙伝。

②　江戸時代中期に成立した本居宣長による随筆。書名は、美しく目の細かい籠の意。古典や書籍、地名、

事物などの考察や人生論などが雅文体で書かれている。

③　斎藤茂吉の第一歌集。連作「死にたまふ母」がその代表作で、激しく重厚な叙情歌の中に近代人の悲哀や寂寥が表されている。

〈語群〉

①に関する語群　かげろうにっき　さらしなにっき　とさにっき

②に関する語群　まんようこう　たまがつま　こじきでん

③に関する語群　しゃっこう　どうてい　わかなしゅう

（☆☆☆◎◎◎）

解答・解説

【中学校】

【一】問一　①　かいこう　②　あつれき　③　しれつ　④　なら(う)　問二　①　撲滅　②　概略　③　折衝　④　諦(めず)　問三　漢字…肝胆　意味…(解答例)互いに心の底まで打ち明けて親しく交わる　問四　如月　問五　(解答例)「私の～夢は」という主語の部分と「就きたい」という述語の部分の関係が整合しない。「私は～就きたい」とするか、「私の～夢は～就くことなので」とする必要がある。

問六　(1)　(解答例)資料やＩＣＴ機器を用いて自分の考えを分かりやすく伝えるために生徒が、目的や状況や相手に応じて、どのような資料や機器を選択し、どうすれば伝えたい内容を適切かつ有効に伝えられるかを考え、必要な資料や機器を検討できるようにすることが重要である。 (2) （解答例） 教材の文章について、筆者の主張と根拠の関係を確かめさせ、内容の信頼性や客観性を吟味しながら文章を読み、文章に表れているものの見方や考え方について納得できるかどうかの意見交換を行うためのグループ活動を設ける。特に根拠の確認では、第一学年・第二学年の「情報の整理」の学習を踏まえ、情報の信頼性を確かめる指導を行う。

(3) a まとまり b 言語活動 c 特徴

〈解説〉問一 常用漢字外のものが多いが、いずれも重要語。①は「めぐりあい」、②は「不和、摩擦」、③は「勢いが盛んで激しい」を意味する。 問二 「概略」の「概」を「慨」にしないこと。「折衝」の「衝」も「衡」にしないこと。 問三 「肝胆」は、「肝臓」と「胆嚢」のことで、古くは「心、心の底」のことを意味した。したがって、「肝胆相照らす」とは、「互いに心の底まで打ち明けて親しく交わるさま」を意味する。 問四 二十四節気は、太陽の黄道上の位置によって定めた陰暦上の季節区分。四季は、「睦月(一月)～弥生(三月)」を「春」、「卯月(四月)～水無月(六月)」を「夏」、「文月(七月)～長月(九月)」を「秋」、「神無月(十月)～師走(十二月)」を「冬」とする。Aは、二月を意味する語が入るので、「如月」になる。 問五 生徒の文中の「私の将来の夢は」という主語に対する述語の部分が「就きたい」になっているが、主語・述語の関係が整合しない。ここは、「私は将来(将来の夢として私は)……就きたい」とするか、「私の将来の夢は～就くことなので」とする必要がある。 問六 (1) 第二学年「A 話すこと・聞くこと」の(1)ウは、全学年を通して自分の考えが分かりやすく伝わる表現の工夫の指導事項である。第二学年では、資料や機器を用いての表現の工夫に重点を置いている。図表やグラフ、写真などの資料やタブレット端末やコンピュータのプレゼンテーションソフトなどのＩＣＴ機器を必要に応じて使用し、自分の考えを分かりやすく伝わるように表現することであるが、そのためには生徒が目的や状況、相手に応じて、資料や機器利用の適切な効果を考え、そのために必要な資料や機器を検討することが重要である。(2)論理的文章(説明的な文章)を教材としての指導では、筆者の主張をそのまま受け入れるのではなく、文章を対象化し、文章中の主張と根拠との関係が適切かつ確かなものであるかどうかの検討が必要である。第三学年の〔知識及び技能〕の「情報の確認」と「C　読むこと」の「文章を批判的に読むこと」は、論理的な文章の読解には、相互に関連し合い、説明的な文章の教材の指導には不可欠である。特に主張の根拠となる情報の信頼性は、主張の正当性を裏づけるために確認する必要がある。こうした検討を踏まえて、筆者のものの見方や考え方を把握し、納得や共感が生まれる。学習では、主体的・対話的な学びを導入し、グループによる筆者の主張についての意見交換や討議の場を設け、生徒のものの見方や考えの深化を図る指導を論じてみよう。(3)主体的・対話的な学びは、「生きる力」の知的側面の「確かな学力」育成の学びである。

【二】問一　a　刹那　b　てんじょうびと　c　浮沈　d　さじ　問二　A　撥音便　B　促音便　問三　(解答例)　娘の習いごとの琵琶の師などに関心がなく煩わしさを感じている心情。　問四　(解答例)　平家の武家に生まれた以上、武士としての生き方を全うすべきだと捉えている。　問五　(解答例)　楽に生きる強固な信念を持ち、相手に素直に本心をさらけ出す人間味のある人物。　問六　(解答例)　時機が来ると北へ飛び立つ雁のように、内裏に身を置く私も、本来の居場所である楽人として楽の神髄を究めなくてはならない、ということ。　問七　(解答例)　作品の登場人物の人物像を文中の表現を引用して解説したり、考えたことを伝え合ったりするグループ学習を行う。特に、登場人物の言葉や行動が、話の展開などにどのように関わっているかを考えさせる。また、学習の成果を発表させ、質疑応答の場を設ける。必要に応じてＩＣＴ

機器を活用し、主体的な協働の学びを行う。

〈解説〉問一　同音異義語や類似の字形と混同せず、文脈に整合する漢字を表記すること。bの「殿上」の読みに注意。　問二　A「迷い込んだ」の「込ん」は、マ行五段動詞「込む」の連用形「込み」の撥音便。B「繕った」の「繕っ」は、ワ行五段動詞「繕う」の連用形「繕い」の促音便。　問三「ため息をつく」は、心配や失望があったときに大きな息を出すこと。ここでは、尾張尼の進言を煩わしく思う清盛の気持ち、つまり娘の琵琶の習いごとの師に無関心な心情が示されている。　問四　ここまでに示された、清盛の「平家は武士をやめられはせぬ」「公卿になりきる気はない」という言葉から、武家に生まれた以上、武士として生涯を全うする心構えが示されている。　問五　③からは、琵琶という絃楽に生きる強い信念を強く主張する人物像を読み取ることができる。また④からは、恥じらいや興奮の感情を示しつつも、相手に自分の本心をさらけ出そうとする人間味あふれる純粋な性質を読み取ることができる。　問六「北を指して飛び去」るとは、前の段落に書かれているとおり「冬が去れば北に飛びゆく雁」のことを指している。つまり時期が来ると渡り鳥が自分たちの居場所に帰るさまを示している。傍線部には、そうした渡り鳥のさまを比喩として用いながら、今は内裏に身を置く有安も、時が来れば、楽の道を自分の居場所としてその神髄を究めなくてはならない、という決意が示されている。　問七　第二学年の「C　読むこと」(1)イの前半は、情報に関する指導で、説明的文章を主としているが、後半の登場人物の言動の意味・内容の解釈は、文学的な文章に関する指導である。この指導の言語活動例のイは、詩や小説などに関する指導例である。この言語活動例が示す引用して解説する学びでは、文中から引用する場合、根拠となる部分を（　　）でくくり、登場人物の言動と心情を説明させる必要がある。また、登場人物の言動の意味などを考える際は、その言動と話の展開との関わりを明確に示す指導が求められる。

【三】問一　a　培(われ)　b　覚悟　c　どじょう　問二　A　名詞　B　副詞

問三　(解答例)　6段落は、日常的表現についての議論から近代短歌の表現へと話題を転換し、別の角度から、感情表現についての議論を深める役割を果たしている。　問四　(解答例)　一般的な感情表現ではなく、眼前の特殊な事実をありのままに表現すること。　問五　(解答例)　一般的な悲しみではなく作者が個人的に体験した特有の悲しみ。　問六　(解答例)　事実描写だけで心情表現のない短歌から作者の深い心情を感受する精神作用。　問七　(解答例)　ありきたりの一般的な言葉ではなく、自分の中に溜めこんだ豊かな語彙を用いることで生活も豊かになり、自分固有の思いを人に伝えることができるから。　問八　(解答例)　他の和歌の鑑賞文や歌論を読み、この文章と比較させ、理解したことや考えたことを発表し合うグループ学習を行う。発表に対する質疑応答では要点をタブレット端末を用いて提示させ、ノート等にも記録させ、発表内容をレポートにまとめる活動を設定する。

〈解説〉問一　読みは、音訓に注意し、書き取りは、同音異義語や類似の字形と混同しないように文脈に整合する漢字を書くこと。　問二　Aは、名詞(「豊か」という形容動詞の語幹に接尾語「さ」がついて名詞化したもの)。　Bは、「ひたすらに、すべて」を意味する副詞。　問三　6段落は、それ以前の「ヤバイ」などの日常語の便利性や問題点の指摘から、一転して近代短歌の表現へと話を換え、言葉の多様な感情表現と和歌の芸術性について述べている。　問四　短歌における「写生」とは、対象の事実を凝視し、ありのままの感興を表現することである。ここでは、5段落までに示された「一般的」な表現と異なり、直後の「特殊な悲しみ」などを表すため、対象の事実を凝視し、ありのままの感興を表現することを意味する。　問五　「特殊な」とは、5段落の「一般的な、最大公約数的」な意味とは対照的に、作者特有の個人的な内容を意味する。作者個人の体験にもとづく特有の悲しみが「特殊な悲しみ」である。　問六　「不思議な精神作用」とは、前後から「心情を表わす言葉は何一つ使われていない」歌、「単純な事実だけを詠っている⑼段落)」歌なのに、そこから直前の「茂吉の深い内面の悲しみを感受する」という精神作用である。心情表現がないのに、深い心情が感じとられる点が、「不思議」なのである。　問七　「出来合いの言葉」で「自分の思い」を伝えるべきではない理由は、2段落に書かれているとおり、自分自身の感じを自分自信の言葉で表現すべきだからである。数少ない出来合いの言葉では、そのときの自分の思いを細やかに伝えることができない。したがって「さまざまな語彙」を「自分の中に溜め込のでおく」ことが、「生活の豊かさ」になり、また、自分の意志や感情を深く伝えることにもつながるのである。　問八　第三学年の「C　読むこと」のウは、第二学年のエ「文章の構成や論理の展開、表現の効果について考えること」を受け、文章の構成、論理の展開や表現効果の評価をすることを示している。例えば、斉藤茂吉の歌論と異なる耽美派の異国情緒的な美の世界を鋭敏な官能で歌にした北原白秋などのグループの歌論と比較させ、文章の構成や論理の展開が分かりやすく適切なものかどうか、読み手の共感を得るために有効かどうかを根拠に基づいて判断させる学習指導である。表現の仕方についての評価も、書き手の考えを正確に伝える上で効果的かどうかを根拠に基づいて判断させる指導であり、この指導で生徒自身が文章を書く際に役立てるようにすることが大切である。グループ学習では、「主体的・対話的な学び」による協働の学びで主体性や学びに向かう力、共助の精神を培うことを意識した取り組みが必要である。GIGAスクール構想によるICT活用も効果的に導入し、学習の充実を図ることが大切である。

【四】（解答例）問一　a　接続助詞　b　完了の助動詞「ぬ」の連用形　問二　ある人が口ずさんだ「月はのぼる」という詩の一節について、それは間違った表現であり、故三位は「月にはのぼる」と詠じていたことを尼が指摘したこと。　問三　人々は「月はのぼる百尺の楼」は、すばらしい詩の一節だと思っているのに、見るからにみすぼらしい老尼が、先ほど口ずさんだ詩が間違っていると言ったから。　問四　故三位殿が詠じておられた詩を私は召使いをしておりましたので、自然とうかがうことができました。　問五　「藪に剛の者」とは、「つまらない者の中にも優れた人物がいること」のたとえ。みすぼらしい姿の老尼が才女であったという話と対応させると、外見で人を侮ってはいけない、という教訓が得られる。　問六　我が国のことわざについてグループによる調べ学習を行い、そのことわざを引用した短文を作り、グループごとに発表する活動を設定する。また、類似の他のことわざや反対の意味のことわざ、ことわざと関係のある熟語についても同様の学習を行い、発表と意見交換の場を設ける。

〈解説〉問一　a　「に」は、過去の助動詞「けり」の連体形「ける」に付いた順接の接続助詞。　b　「に」は、「立ち」(「立つ」の連用形)に付いた完了の助動詞「ぬ」の連用形。　問二　①　「僻事を詠じおはしますかな」の「僻事」は、「事実に合わない、まちがったこと」を意味する。この尼は、主人であった故三位殿が「月にはのぼる」とうたっていたのを耳にしていた。そのため、ある人が口ずさんだ「月はのぼる」という詩の一節が間違っていることを、指摘したのである。　問三　人々が笑ったのは、詩のことなどわかるはずもないと思われる、見るからにみすぼらしい老女が、高尚な詩の一節を間違いだ、と言い切ったためである。つまり人々は、からかい半分で「詩のどこが間違っていると思うのか」知りたくなったのだと思われる。問四　「おのづから承りしなり」の「おのづから」は、「自然と」の意。「承りしなり」の「承り」は、「承る」(ラ行四段活用の動詞)の連用形で、「聞く」の謙譲語。「うかがう、拝聴する」という意味。したがって「承りしなり」は、「うかがうことができました」と訳す。「言葉を補って」とあるので、直前の「故三位殿が詠じておられた詩を私は召使いをしておりましたので」という内容を補う。　問五　「藪に剛の者」は、「あさみに鯉、藪に剛の者」(毛吹草・巻二)によることわざで、「つまらない者の中にも、優れた人物が隠れていること」をいう。みすぼらしい姿の老尼が才女であったということの話の筋に適合しており、得られる教訓としては「外見で人を侮ってはいけない」ということだと思われる。　問六　第三学年の〔知識及び技能〕(3)イの「長く親しまれている言葉」とは、「ことわざや慣用句、故事成語を含め、世に広く知られている文学的な文章や韻文等にある言葉や一節のことである」。また、「引用するなどして使うこと」とは、「その言葉や一節を基に感想文や作品を紹介する文章を書くこと、スピーチをすること、手紙を書くこと、座右の銘を書くことなど」がその内容である。この活動で、我が国の言語文化であることわざや慣用句を通じ、古典への関心を深め、これを継承し発展させようとする態度を育成することが大切である。授業では、グループによる主体的で対話による学習を設定し、古典に親しむ態度を育てる学習に取り組む姿勢をアピールし、「生きる力」の育成の決意を示す。

【五】問一　a　すでに　c　あらず(と)　問二　b　急に(突然)　d　植える　e　弊害

問三　(解答例)　ちょうど成熟した麦を収穫する時期に、斉軍が魯に攻めこんできたため。　問四　(解答例)　人々が寒い冬に耕し、暑い夏に除草して育てた麦を斉軍に奪われ、食料が得られない状況。

問五　(解答例)　是レ使ム㆓民ヲシテ楽シマ㆑有ルヲ㆑寇　問六　(解答例)　長老が村民による麦の収穫を申し出たのに、宓子がそれを許可しなかったために斉軍に麦を取られてしまったことを、李孫が責めた。しかし宓子は、麦は来年も植えられるし、麦の収穫の有無は魯国の強弱に影響がない一方で、村民に自由勝手に麦を収穫する気持を植えつけたら、その弊害は数代にわたって消えないという判断を示した。これを聞いた李孫は自分の考えの視野の狭さに気づき、それを恥じているから。　(別解)長老が村民による麦の収穫を申し出たのに、宓子がそれを許可しなかったために斉軍に麦を取られてしまった。そこで、宓子を責める李孫に対し、宓子が次のような判断を下した。「麦は来年も植えられるし、麦の収穫の有無と魯国の強弱とは関係ない。それよりも村民に自由勝手に麦を収穫する気持を植えつけたらその弊害は数代にわたって消えない。」これを聞いた李孫は自分の考えの視野の狭さを恥じたから。

〈解説〉問一　a「已」は、「すでに」と読む。音は「イ」、完了の副詞。他に、「やむ」「のみ」などがある。「巳」(シ、み)。「己」(コ、おのれ)と混同しないこと。c「非」は、「あらず」と読む。　問二　b「俄」は、「にわかに」と読む。「急に、突然」の意。d「樹」は「うう」と読む。「植える」の意。e「創」は、「きず」と読む。「弊害」の意。　問三「人々自らその麦を収むるに及ばず」とは、「人々が自分の麦を収穫する暇がありません」と訳す。直前にあるとおり、麦が熟したところに、斉軍が魯の村へ攻め入ったため、このような事態になったのである。　問四「豈不哀哉」(豈に哀しからずや)は、「どうして悲しくはないのですか、いや悲しいことです」という反語の表現。何が悲しいかといえば、直前の「民寒耕、熱芸、曾不得食」つまり、「人々が寒い季節に一生懸命耕し、暑い季節に一生懸命除草して育てた麦が、斉軍に奪われ、食料を手にすることができなくなった状況」である。　問五　送り仮名(助詞・助動詞および用言の活用語尾)に注意する。

問六「吾豈に宓子を見るに忍びんやと」は、「わたしはどうして宓子に合わせる顔があろうか、いやない」と訳す。その理由は、直前までに書かれている。斉軍の侵攻の前に村民に麦を収穫させようとする長老に許可を出さずそのために麦を斉軍に奪われたことを責める李孫に対し、宓子は次のような判断を示した。「今年は麦が取れなくても来年また植えられる。一年分の麦を収穫して魯が強くなるわけではなし、収穫を失って弱くなるわけでもない。もし村民に自分勝手に収穫する気持ちを植えつけたら、その弊害は必ずや数代にわたり消えないだろう。」李孫はこれを聞き、自分の視野の狭さに気づき、顔を赤くして恥じているのである。

【高等学校】

【二】問一　a　焦燥(焦躁)　b　従属　c　怠惰　d　検索　e　軽蔑　問二　(解答例)　自由を享受できる人間……愛や仕事によって外界と結ばれ、自由への欲望を持つ自我に明確な形を与え他者から承認されることで自我を安定させる人間。　・自由を持て余す人間……自我を大きな全体性へと融解させ、自由を破壊することで安心感を得る人間。　問三　(解答例)　多様性を保証する自由は、個々人で異なる感受性や考え方を自由に表現することを認めるが、互いの差異を競合することになった場合、他者との差異が確立されていない凡庸な人間は世界から取り残された気がするから。　問四　(解答例)　多様性を強調する自由の概念は、唯一絶対の感受性や考え方の存在を否定するとともに、多様性の中から、自分の固有性を自分一人の責任で追求する義務を負うということ。　問五　(解答例)　真に自由でありうるのは、近代社会のニヒリズムを超克し、自らの主体的な意志と決断で生の意味をつかむことのできる者だけであり、それ以外の平凡な一般人は程度が劣る人々だと否定的に捉えられてしまうということ。　問六　(解答例)　真の実存者となるためには、社会の凡庸な一般性から逸脱して、孤独な存在として自由を享受することが不可欠だが、その際、強制から解き放たれることを意味するはずの「自由」が、逆に義務として強制されるという、常識に反する逆説的状況が成立してしまうから。

〈解説〉問一　漢字の表意性に留意し、同音異義語や類似の字形と混同せず、文脈に整合する漢字を楷書で書くこと。　問二　「傍線部以前の部分の表現を用いて」という指定に注意する。まず、「自由を享受できる人間」とは、前の段落から「愛や仕事によって外界と結ばれる」人間、さらに直前から、「自由への欲望を持つ自我に明確な形を与えることで自我を安定させる」人間である。逆に「自由を持て余す人間」とは、前の段落から「自由を破壊」し、「全体への従属」を求める人間、直前から「自我をより大きな全体性へと融解させることで安心感を獲得する」人間である。　問三「自由」がもたらす「疲労」は、傍線部①の直後で「自由も苦しい～辛いのだ」と言い換えられている。こうした「疲労」のうち、傍線部の「自由と多様性」の関係に関しては、この段落と次の段落に書かれている。ここから、「多様性を保障する」はずの自由に対して「疲労(=苦痛や辛さ)を覚える」理由を考える。「多様性を保証する」自由は、直後に書かれているとおり、「感受性や考え方の違い」に価値を置くため、次の段落に書かれているとおり、互いの差異を「競合」するようになるが、「他者との差異を確立できない凡庸な人間」はそうした競合に参加できず、「世界から取り残された気がする」から、疲労(=苦痛や辛さ)を味わうと考えられる。　問四「自由の概念が相対主義と結びついている」とは、まずここまで述べられていたとおり、「自由」が多様性を強調するため、唯一絶対の感受性や考え方などないという立場をとることを意味する(「相対主義」とは「絶対」を認めない立場を意味する)。さらに、多様性を前提にするということは、傍線部の直後から次の段落にかけて書かれているとおり、「自由」の相対性(多様な生き方や考え方がある自由)のうち、自分で一つのあり方を自分自身で責任をもって引き受け、自分一人で処理する義務を負うことになることを意味する。　問五「その問題点」の「その」は、前文の「自らの力で生の意味をつかむことのできる者だけが、真に自由でありうる」を指す。つまり、超越性(宗教や共同体の物語)が失われたあとの「ニヒリズムを超克」し、「主体的な意志と決断」で生の意味をつかむ者だけが真に自由でありうる一方、直後に書かれているとおり、それ以外の平凡な一般人は程度が劣る人々だと否定的に捉えられてしまうというのが、実存哲学の問題点である。　問六　まずは、傍線部直前の内容から「真の実存者」となるためには、「凡庸な世界解釈」や「社会の一般性」から、逸脱して自由を享受する必要があり、つまり一般の人々からは孤立した状況にならざるを得ない。これが「人間の実存は孤立した自由の表象に結び」つく理由である。また、「逆説」とは一見常識に反する事態、一見矛盾して見える事態を意味するが、ここでは「自由であることが強制される」ということがそれに該当する。つまり、元来「自由」とは、束縛や強制から解き放たれることを意味するはずなのに、ここではその「自由」が、逆に義務として強制されるという一見常識に反する様相を呈しているのが、「逆説的事態」なのである。

【二】問一　a　自慢　b　とばり　c　餞別　d　ゆうげ　e　凍(えた)　問二　(解答例)　半世紀にわたる鉄道員としての生活の中で、乙松の心の奥底にさまざまな思いとともに凝り固まって残っている記憶。問三　(解答例)　操作員が差し出した果物籠が、娘のユッコの命日の供え物であることが最初から分かっていたが、素直に感謝することができず、とぼけた言い方をしたことへの気まずい心情。　問四　(解答例)　③は、娘が和尚の孫であることが偽りであり、死んだ自分の娘だと思われるが、それが信じられず、呆然としている心情だが、④は、職務に忠実な父親への真心のこもった娘の言葉に触れて、娘ときちんと向き合おうとする心情に変化している。　問五　(解答例)　A　猛吹雪で四方八方が雪に閉ざされ、時間や空間を超えた幻想的な場になっていることを効果的に表現している。　B　吹雪がおさまり、親子水入らずの穏やかな時を暗示するように、満月の光が降り注ぐ静寂に満ちた情景を効果的に表現している。　問六　(解答例)　表現の特色について評価する学習では、この教材の叙述が持つ独自性についてグループ学習を行い、特に表現の特徴に注目させ、その働きや表現された人物や情景などを的確に捉え文章に表れているものの見方や感じ方、考え方を理解する学習活動を設定する。

〈解説〉問一　書き取りは、同音(訓)異義語に注意し、文脈に整合する漢字を楷書で書き、読みは音訓に注意し、熟語は音＋音、音＋訓(重箱読み)、訓＋音(湯桶読み)、訓＋訓の読みを正しく見分けること。　問二　①「澱のように」の「澱」は、「心の奥底に沈んでたまっているもの」。直前直後の文脈から読み取れるように、半世紀にわたる鉄道員としての生活の中で、喜びや悲しみなどの感情とともに乙松の心の奥底にいつまでも残っていて、忘れることができない記憶である。　問三　②「そらとぼけ」とは、「知っているのにわざと知らないふりをすること」。乙松は、操作員の手にしている果物籠が、娘のユッコの命日の供え物であることが最初から分かっていながら、素直に感謝の気持ちを表すことができず、自分の退職の餞別には早すぎる、とわざととぼけた言い方をしたことに気まずい思いをしていると思われる。　問四　③は乙松が、和尚との対話で肩を落としたのは、駅舎にいる物静かな娘が、和尚の孫娘ではないことが明らかになり、どうやら亡くなった自分の娘であるらしいことに気づき、それが信じられず呆然としている心情、④は、亡き娘から、鉄道員としての職務を優先した父親への心のこもった言葉を耳にして、家族の一員として、娘ときちんと向き合おうとする心情へと変化している。　問五　A「時も場所もわからぬほどの吹雪」とは、時間も空間も不明確になるほどの猛吹雪の効果的な表現であるとともに、亡き娘が目の前に現れるという幻想的な状況へと導く効果的な表現となっている。　B　吹雪の後の自然を銀色に染める満月の静寂な世界を効果的に表現すると同時に、親子水入らずの穏やかな時を暗示してもいる。　問六「文学国語」は、小説、随筆、詩歌、脚本等に描かれた人物の心情や情景、表現の仕方等を読み味わい評価するとともに、それらの創作に関わる能力を育成する選択科目である。「文学国語」の「読むこと」のイは、「精査・解釈」の指導事項である。「表現の特色について評価」の「表現の特色」とは、「文章の叙述がもつ独自性」をいう。反復する言葉や特徴的な表現に着目し、その働きを的確に捉え味わうことで内容が把握できる。この学習活動では、指導事項イの指導を効果的にする働きがある「言語活動例」イを設定してみよう。この学習指導で作品の内容や形式に対する評価学習を通じ、表現の独自性(特徴)を表現された人物や情景を的確に捉え、文章に表れているものの見方や感じ方、考え方を理解させる事が大切である。

【三】問一　ア　見間違い　イ　お目にかかりたい　ウ　取りざたされる　問二Ⅰ　エ　Ⅱ　ウ　Ⅲ　ア　Ⅳ　ク　問三（解答例）Ａ　出仕する心構え。　Ｂ　かわくひまもなく涙がこぼれるので　問四（解答例）仕えていた天皇と同じ血筋の天皇にひきつづき出仕することは、亡き天皇のことを否応なく思い起こさせ、悲しみがこみ上げてくる、という心情に対する共感。　問五（解答例）自らの感情にまかせて尼になった人のあさはかな心情。　問六（解答例）作者の悩みは以下の三点。第一に「今になって出仕を求められても応じていいものか」という悩み。第二に「堀河天皇に仕えたように鳥羽天皇にお仕えできないのではないか」という悩み。第三に「昔のことに気をとられている自分が人々からよくは思われないのではないか」という悩み。

〈解説〉問一　ア「ひがめ」（僻目）は、「間違えて見ること」の意。イ「ゆかしく」は、「ゆかし」（形容詞・シク活用）の連用形で、「（心が対象物に強く引かれる感じを表す）お目にかかりたく」の意。ウ「ののしり」は、「ののしる」（ラ行四段活用）の連用形で、「世間の人がうわさする」の意。　問二　Ⅰ「聞きおかせたまひたりしかば」の「せたまひ」は、尊敬の助動詞「す」の連用形「せ」＋尊敬の補助動詞「たまふ」（ハ行四段活用）の連用形の二重敬語で、白河院が主語。Ⅱ「おほせられたりける」の「おほせられ」は「言ふ」の尊敬語（二重敬語）で、後三条院が主語。Ⅲ「思ひつづけられて」は、敬語が用いられていないので、主語は作者。Ⅳ「参らせぬ」は六位の乳母たちが主語。天皇にお食事をさしあげるのは、五位以上の女性であるため、六位の乳母たちは、それができないのである。　問三　Ａ「さるここち」の「さる」は、「出仕する」ことを指す連体詞。Ｂ「そでのひまなくぬるれば」の「そで（袖）がぬれる」は、「袖が涙で濡れること」をいう。「ひまなく」は、「（涙が乾く）ひまがないこと」。　問四　①「げに」は、「実に、ほんとうに」の意。「げにとおぼゆれ」で「いかにも、そのとおりだと思われる」の意。「天の川～」の歌への共感の言葉である。「天の川～」の歌は、周防の内侍が詠んだもので「後冷泉院と後二条院は同じ血筋とうかがってはおりますが、新しい天皇に二代にわたり出仕することは亡き天皇を思い出す原因となり一層悲しさが募ります」と解釈する。　問五　②「うとましの心や」の「うとまし」は、「いとわしい」の意。②の前の文「かやうにしたる人」とは、「みずからの感情にまかせて尼になった人」。この人を踏まえての人々の批判である。　問六　③の「思ひつづくるに」とは、作者が思いに沈むとりとめもない数々である。その内容は直前のカギカッコで囲まれた部分に示されている。その一つ目は、「一身上の悩みごとで、見苦しくやせおとろえている状況なのに、今になって出仕を求められても応じていいものか出仕するかどうか」という悩み。二つ目は「堀河天皇に仕えた『見し世』のようには、幼い鳥羽天皇へ仕えることができないだろう」という悩み。三つ目は「昔のことばかり恋しく思う自分のことを見た人々が、よくは思わないだろう」という悩みである。

【四】問一　a　ただ　b　ここにおいて　c　ごとし(と)　d　なんすれぞ　e　いえども
問二　書き下し文…悪くんぞ罪無きを得ん(や)。　口語訳…(解答例)どうして罪がないことがあろうか。いや、罪がある。　問三　鄭人使[二]子濯孺子侵[レ]衛　問四　(解答例)子濯孺子が、自分を殺すために追ってくる庾公之斯は、自分が弓術を教えた尹公之他の弟子である。そして尹公之他は心が正しい人である。その彼が弟子や友を選ぶときには、心が正しい人を選んだにちがいない。そのため、庾公之斯が病気で弓を取れない自分を殺すことはない、と考えたから。　問五　(解答例)(1)　私はあなた(子濯孺子)の弓の道で弓術を身につけた。それなのにあなたの敵となり、あなたを害することはとてもできない。(2)　君主の命令は公事であり、私事ではないため、弓を射ることを止めることはできない、と言った後、弓矢を車輪にたたきつけ、矢じりを取り去り、その矢を射ってそのまま引き返していった。　問六　(解答例)孟子が弓の名手・羿が弟子の逢蒙に殺されたのは、羿にも罪(落度)がある、と言ったのは、羿の弟子選びの罪である。孟子は、子濯孺子から弓術を学ぶ弟子に正しい人物の尹公之他を選び、彼もまた、正しい人物の庾公之斯を弟子にしたことで、殺されず命拾いをしたことを例に挙げ、その理由を公明儀に説明している。

〈解説〉問一 a 惟は、「ただ」と読む。「ただ〜だけ」の意。b 「於是」は、「ここにおいて」と読む。「そこで」の意。c 「若」は、「ごとし」と読む。「〜と同じ」の意の比況を表す。d 「何為」は、「なんすれぞ」と読む。「どうして」の意の疑問の副詞。e 「雖」は、「いえども」と読む。「けれども」の逆接の意を表す接続詞。 問二 ①「悪《ンゾ》得《ンヤ》無《キヲ》罪」の書き下し文。反語形である。②「いづクンゾ〜や」(どうして〜だろうか、いや〜である)の反語形で口語訳する。 問三 ②「使《ム》A《ヲシテ》B《セ》」(使役系)の応用である。 問四 「吾生笑」は、「(それなら)私は生きのびよう(助かるだろう)」と訳す。庾公之斯は、子濯孺子が弓術を教えた尹公之他の弟子である。尹公之他は心の正しい端人であり、友人や弟子を選ぶときにも必ず端人を選んだに違いないから、病気のため弓を執れない私を殺すことはないだろう、というのである。 問五 (1)「夫子」は、二人称で子濯孺子を指す。「夫子之道」は、「あなたの弓道」の意。「害夫子」は、「あなたに危害を加えること」、「不忍」は、「たえられない、できない」の意。 (2) ④以降の庾公之斯の行動は、「今日之事」(自分が子濯孺子を追ってきたこと)、「君事也」(公事である)、「我不敢廃」(あなたに弓を射るのをやめることはできない)と言った後、矢を抜いて車輪へたたきつけ、矢じりを取り去り、矢じりのない矢を射て、衛へ帰って行ったのである。 問六 孟子は弓道を学ぶ者(弟子)の人選は、弓道を教え習得させるにふさわしい人物であるかどうか慎重であるべきだというのである。そのため、孟子は、公明儀に子濯孺子を例にして、羿にも罪(落度)があることを説明したのである。子濯孺子は、弓術を学ぶ弟子に端人(心の正しい人物)を選んだ。その弟子(尹公之他)もまた、師である子濯孺子と同じく、弓術を学ぶ弟子に端人の庾公之斯を選んだのである。子濯孺子のまた弟子である庾公之斯は、道義を重んずる端人であるため、(逢蒙が師の羿を殺したのに対し、)子濯孺子を射殺すことができなかったのである。

【五】問一　①　りっしんべん　②　ふるとり　問二　(季語／季節の順)　①　天の川／秋　②　鶯／春
問三　①　オ　②　エ　③　ア　問四　①　更級日記　②　玉勝間　③　赤光

〈解説〉問一　部首は、字を配列するときに分類の基準となる、いくつかの漢字に共通の構成要素。問二　季語は、俳句で季節感を表現するため、句中によみこむ定められたことば。問三　ことわざは、昔から世間に言い伝えられてきた教訓・諷刺などを短く表現した文句。①「濡れ手で粟」は、(濡れた手で粟をつかむと、つかんだ量以上に粟が手にくっつくこと)から転じた言葉。昔、粟は五穀の一つ。②「木で鼻をくくる」の「くくる」は、「こする」から「くくる」の誤用が慣用化したもの。「(鼻をこするにしても、木ではしっくりいかないことから)相談や頼みごとを受けても冷淡な態度で対応すること」。類語に、「木で鼻をかむ」がある。③「立て板に水」とは、(立て板に流す水は速いことから)弁舌がさわやかでよどみないさまをいう。類語に、「戸板に豆」「竹に油」がある。　問四　①「更級日記」(一〇六〇年ごろ成立)の作者は、菅原孝標の娘。②「玉勝間」(一七九三～一八〇一年成立)。③赤光(一九一三年成立)

二〇二三年度 実施問題

【中学校】

【一】次の問一～問六に答えよ。

問一 次の漢字の読み方を平仮名で書け。

① 辻褄 ② 会得 ③ 懊悩 ④ 綻びる

問二 次の片仮名部分を漢字で書け。

① タクエツした能力。 ② 収支のキンコウを保つ。

③ 研究をショウレイする。 ④ 常識をクツガエす。

問三 次の片仮名部分を漢字で書け。また、この四字熟語の意味を書け。

無味カンソウ

問四 『論語』の内容をまとめた次の表の空欄Aに当てはまる語を書け。

語	年齢
而立	三十歳
A	四十歳
知命	五十歳

問五 次は、生徒が書いた文章の中の一文である。文の中の「すごい」について、文法上の問題点を説明せよ。

水平線に沈む夕日は、すごいきれいだった。

問六　「中学校学習指導要領(平成二十九年三月告示)」に関する次の(1)～(3)の問いについて、「中学校学習指導要領解説国語編(平成二十九年七月文部科学省)」を踏まえて答えよ。

(1)　第一学年〔思考力、判断力、表現力等〕「A話すこと・聞くこと」(1)ウ「相手の反応を踏まえながら、自分の考えが分かりやすく伝わるように表現を工夫すること。」の「相手の反応を踏まえ」とは、具体的にはどのようなことか、書け。

(2)　第二学年〔知識及び技能〕(2)イ「情報と情報との関係の様々な表し方を理解し使うこと。」について、〔思考力、判断力、表現力等〕「C読むこと」との関連を図って指導する場合、どのような学習活動を設定することが考えられるか、書け。

(3)　「第3　指導計画の作成と内容の取扱い」の2の(3)には、「第2の内容の指導に当たっては、学校図書館などを目的をもって計画的に利用しその機能の活用を図るようにすること。」とある。学校図書館の機能について説明した次の文の空欄a～cに当てはまる適切な語句を書け。

> 学校図書館は、生徒の読書活動や生徒への読書指導の場である「(　a　)」、生徒の学習活動を支援したり授業の内容を豊かにしてその理解を深めたりする「(　b　)」、生徒や教職員の情報ニーズに対応したり生徒の情報の収集・選択・活用能力を育成したりする「(　c　)」としての機能を有している。

(☆☆☆◎◎◎)

【二】次の文章を読んで、以下の問一～問七に答えよ。


匡介《きょうすけ》は、織田軍の一乗谷城攻めにより父母と妹の花代《かよ》を亡くした。天涯孤独となった幼い匡介を救い育てたのは、石垣造りを生業とする近江国穴太衆《あのう》飛田屋《とびた》の頭領、飛田源斎《げんさい》だった。

数年後、明智光秀との戦を控えた蒲生賢秀*から、緊急の依頼が源斎のもとへ舞い込む。源斎は、戦の最中であっても命懸けで石垣を築く「懸《かかり》」の号令を発する。皆が火急の支度に入る中、匡介は腰を据えたまま、うなだれていた。


「おい」

声が聞こえて、匡介は顔を上げた。

源斎がゆっくりと近づいて来る。やがて己の前までくると、源斎は見下ろしながら低く言った。

「何をしている。動け」

「嫌だ……」

匡介の返事が①あまりに意外だったので、慌ただしく動いていた職人たちもぴたっと足を止めた。

「怖いのか？」

「怖くない」

源斎の問いに、匡介は首を横に振った。

「じゃあ、何だ」

「明智は俺の両親の仇を討ってくれた恩人だ。その敵に利する石積みはしたくない」

源斎の顔に怒気が浮かぶのが解った。それでも匡介は②目を逸《そ》らさずにじっと見続ける。a剣呑な雰囲気に、*段蔵が慌てて走って来る。

「頭、少し待って下さい！　匡介も謝れ――」

源斎がすっAと手を上げて間に入ろうBとする段蔵を制した。

「穴太衆の掟《おきて》は知っているだろう」

「依頼さえあれば、それが誰であろうと石を積む。悪人であろうと……」

今、世の大半の人々は光秀こそ悪人であると思っているだろう。だが誰が何と言おうと、匡介にとっては信長が悪人。光秀はそれを倒したbエイケツである。信長の家族を守り、光秀に抗おうとする蒲生親子も、悪人の一味としか思えない。

源斎は眼光鋭く睨《にら》みつけてくる。人並みに恐れを感じて身が震えたが、匡介はそれをぐっと押し殺し、唾を飛ばしながら言い放った。

「悪人に力を貸すのは嫌だ」

「お前――」

源斎は匡介の胸倉を摑み、無理やり立ち上がらせ、思い切り頰を殴り飛ばした。尻もちをついた匡介の元に段蔵が駆け寄り、謝れと連呼するが匡介は意固地に首を振る。

「これまで何を学んできた。お前は何も解っちゃいねえ」

源斎は怒りに声を震わせた。

「悪人を助ければ、また一乗谷みたいな惨劇が起こる……そんなのに力を貸したくねえんだよ！」

「蒲生殿がそのようなことをすると……？」

源斎は静かに問いかけ、匡介は再び俯《うつむ》いた。

蒲生賢秀はc気骨のある男で、民を大切にしていると耳にする。またその子の氏郷は、父を遥かに超える大器だとも聞く。確実とはいえないが、一乗谷に信長がしたような真似をするとも思えない。

「*爺は蒲生が悪人じゃないと言いたいんだろう……」

匡介は顔を背け、指で口をさっと拭った。唇が切れて血の香りが広がったのだ。

「さあ、どうだろうな」

「え……」

思ったのと違う返答が来たので、匡介は③思わず源斎の顔を見つめた。

「蒲生殿は滅多なことはなさらねえだろうが、戦国大名である限り、時と場合によっては苛烈なこともしなくちゃならないかもな。それを悪人というならば、悪人だろうよ」

職人たちは先ほどまでと打って変わり、鳴りを潜めて源斎の言葉に耳を傾けている。

「諸籠《もろご》もりになるかもしれないな」

源斎は下唇を弾くように歯でなぞった。

諸籠りとは籠城《ろうじょう》の戦術の一つで、支城に兵を配さずに本城に全ての兵を集めること。それのみならず女子どもも含めて、領民の全てを城に入れる場合もある。

敵の焼き討ちから民を守るためでもあるが、他領に逃散させないという意図で行うこともある。仮に敵を撥ね退けたとしても、民が逃げてしまって田畑を耕す者がいなくなる恐れもあるのだ。その結果、民も含めて全滅の憂き目に遭うこともあった。

「集められた足軽だって武士じゃなく民だ。本当は戦いたくねえに決まってる。生き残って、かかあや、子を抱きしめたいはず……」

源斎は拳を強く握りしめ、小刻みに震えている。

「織田だ、明智だ、蒲生だなんて民にはどうでもいいことだ。お前はそれを一番解っているはずじゃねえのか⁉」

源斎は吼えた。それは悲痛な叫びという表現が相応《ふさわ》しい。刮《か》っと見開いた目の端に光るものすら見える。目の前に一乗谷の悲惨な光景が陽炎《かげろう》のように立ち上り、胸が締め付けられ視界がみるみる曇っていく。

「お前は何を守る」

一転、源斎は穏やかな声で囁《ささや》くように言った。それは一乗谷で出逢った時のように、四谷川の河原で石を積んでいた時のように、優しく慈愛に満ち溢れた語調である。

今、日野の民は、あの日の一乗谷の民と同じように戦々恐々としているだろう。逃げ出せる商人などはまだまし。大半が田畑を捨てれば、明日からの暮らしにもdコンキュウする百姓である。残るも、逃げるも共に死を意味する。

――花代……。

匡介の脳裏に浮かぶ花代は、いつも恐怖に顔を引き攣らせていた。滂沱たる涙に頬を濡らしていた。どうしても幸せだった頃の、笑っていたはずの顔が思い出せないのだ。

「俺は……④あの日の花代を守る」

食い縛った歯の隙間から、匡介は声を零した。

⑤源斎は無言で手を差し伸べる。優れた石積みの掌は驚くほど美しい。感覚を研ぎ澄ますため、幼い時より塩で揉んで胼胝《たこ》を作らぬようにしているのだ。

源斎は勢いよく匡介の手を摑むと、思い切り引き上げて立たせた。そして匡介の肩をぴしゃりと叩き、衆を見渡して今日一番の大音声で叫んだ。

「飛田屋が請け負ったからには誰も死なせねえ。いくぞ!」

職人たちの応という声はぴたりと揃い、壁板を震わすほど部屋中に響き渡った。

(今村《いまむら》　翔吾《しょうご》『塞王の楯』による)

[注]

＊蒲生賢秀…日野城主。近江の諸大名が次々と明智の軍門に降る中、信長の家族を保護し、日野城に籠城する

＊段蔵………石垣の材料となる大小様々の石の切り出しを担う、「山方」の小組頭

＊爺…………源斎が匡介に呼ばせている、己の呼び名

問一　本文中のa、cの漢字は平仮名に、b、dの片仮名部分は漢字に、それぞれ直して書け。

a　剣呑　b　エイケツ　c　気骨　d　コンキュウ

問二　AとBとについて、それぞれ文法的に説明せよ。

問三　①あまりに意外だったについて、一同がこのように感じた理由を説明せよ。

問四　②目を逸らさずにじっと見続けると③思わず源斎の顔を見つめたについて、それぞれの描写における、匡介の心情を説明せよ。

問五　④あの日の花代を守るとはどういうことか、説明せよ。

問六　⑤源斎は無言で手を差し伸べる。優れた石積みの掌は驚くほど美しいについて、この場面における

「手」や「掌」の描写がもたらす効果について、説明せよ。

問七　この文章を教材として、「中学校学習指導要領解説国語編(平成二十九年七月文部科学省)」を踏まえ、第二学年の〔思考力、判断力、表現力等〕「C読むこと」(1)エ「観点を明確にして文章を比較するなどし、文章の構成や論理の展開、表現の効果について考えること。」について指導する際に、どのような学習活動を設定するか、具体的に書け。

(☆☆☆◎◎◎)

【三】次の文章を読んで、以下の問一～問八に答えよ。なお、設問の都合により、本文には段落番号を付記している。

1　今、私たちは経済的な時間を生きている。そして、自分が自由に使える時間を欲しがっている。しかし、自分の時間とはいったいどういう状態のことをいうのだろう。それをどう過ごしたら、幸せな気分になれるのだろうか。

2　①どこの世界でも、人は時間に追われて生活している。私がゴリラを追って分け入ったアフリカの森でもそうだ。晩に食べる食料を集めに森へ出かけ、明後日に飲む酒を今日仕こむ。昨日農作業を手伝ってもらったので、そのお礼として明日ヤギをつぶす際に肉をとり分けて返そうとする。それは、つきつめて考えれば、人間の使う時間が必ず他者とつながっているからである。時間は自分だけでは使えAない。ともに生きている仲間の時間と速度を合わせ、どこかで重ね合わせなければならない。だから、森の外から流入する物資や人の動きに左右されてしまう。

3 ゴリラといっしょに暮らしてみて私が教わったことは、互いの存在を認め合っている時間の大切さである。野生のゴリラは長い間人間に追い立てられてきたので、私たちに強い敵意をもっている。しかし、辛抱強く接近すれば、いつかは敵意を解き、いっしょにいることを許してくれる。それは、ともにいる時間が経過するにしたがい、信頼関係が増すからである。

4 ゴリラたち自身も、信頼できる仲間といっしょに暮らすことを好む。食物や繁殖(a)相手をめぐるトラブルによって信頼が断たれ、離れていくゴリラもいるが、やがてまた別の仲間といっしょになって群れをつくる。とくに、子どもゴリラは周囲のゴリラたちを引きつける。子どもが遊びにくれば、大きなオスゴリラでも喜んで背中を貸すし、悲鳴をあげれば、すっ飛んでいって守ろうとする。ゴリラたちには、自分だけの時間がない(B)ように見える。

5 人間も実はつい最近まで、自分だけの時間にそれほど固執していなかったのではないだろうか。とりわけ、木や紙でつくられた家に住んできた日本人は、隣人の息遣いから完全に隔絶することはできず、②常にだれかと分かち合う時間のなかで暮らしてきた。それが原因で、うっとうしくなったり、ストレスを高めたりすることがあったと思う。だからこそ、戦後に高度経済成長をとげた日本人は、他人に邪魔されずに自分だけで使える時間をひたすら追い求めた。そこで、効率化や経済化の観点から時間を定義する必要が生じた。つまり、時間はコストであり、金にカンサン(b)できるという考え方である。

6 しかし、物資の流通や情報技術の高度化を通じて時間を節約した結果、せっかく得た自分だけの時間をも同じように効率化の対象にしてしまった。自分の欲求を最大限満たすために、効率的な過ごし方を考える。映画を見て、スポーツを観戦し、ショッピングを楽しんで、ぜいたくな食事をする。自分でカセ(c)いだ金で、どれだけ自分がやりたいことが可能かを考える。でも、それは③自分が節約した時間と同じ考え方なので、いつまでたっても満たされることがない。そればかりか、自分の時間が増えれば増えるほど、孤独になって時間をもてあますようになる。

7 それは、そもそも人間がひとりで時間を使うようにできていないからである。700万年の進化の過程で、人間は高い共感力を手に入れた。他者のなかに自分を見るようになり、他者の目で自分を定義するようになった。ひとりでいても、親しい仲間のことを考えるし、隣人たちの喜怒哀楽に大きく影響される。ゴリラ以上に、人間は時間を他者と重ね合わせて生きているのである。仲間に自分の時間をさしだし、仲間からも時間をもらいながら、互酬性にもとづいた暮らしを営んできたのだ。幸福は仲間とともに感じるもので、信頼は金や言葉ではなく、ともに生きた時間によって強められるものだからである。

8 世界は今、多くの敵意に満ちており、孤独な人間が増えている。それは経済的な時間概念によってつくりだされたものだ。それを社会的な時間に変えて、④いのちをつなぐ時間をとりもどすことが必要ではないだろうか。ゴリラと同じように、敵意はともにいる時間によって解消できると思うからである。

（山極《やまぎわ》　寿一《じゅいち》『ゴリラからの警告「人間社会、ここがおかしい」』による）

問一　本文中のaの漢字は平仮名に、b、cの片仮名部分は漢字に、それぞれ直して書け。

a　繁殖　b　カンサン　c　カセいだ

問二　A　ない　と　B　ない　の品詞名をそれぞれ書け。

問三　第1段落の本文中における役割を、説明せよ。

問四　①どこの世界でも、人は時間に追われて生活している　と述べている理由を、筆者の経験を踏まえて書け。

問五　②常にだれかと分かち合う時間のなかで暮らしてきた　とはどういうことか、説明せよ。

問六　③自分が節約した時間と同じ考え方　とはどのような考え方か、説明せよ。

問七　④いのちをつなぐ時間をとりもどすことが必要ではないだろうか　とあるが、なぜ筆者はそのように考えているのか、説明せよ。

問八　この文章を教材として、「中学校学習指導要領解説国語編(平成二十九年七月文部科学省)」を踏まえ、第三学年の〔思考力、判断力、表現力等〕「C読むこと」(1)エ「文章を選んで考えを広げたり深めたりして、人間、社会、自然などについて、自分の意見をもつこと。」について指導する際に、どのような学習活動を設定するか、具体的に書け。

(☆☆☆◎◎◎)

【四】　次の文章を読んで、以下の問一～問六に答えよ。

昔、鹿苑に二の鹿王あり。身の色金色なり。五百の群鹿を領ず。これ釈迦菩薩の*因行なり。また一の鹿王あり。同じく五百の群鹿を領ず。これ*提婆達多なり。国王、狩して、一日の中に多くの鹿殺し給ふ事を、菩薩の鹿王、悲しみて申さく、「小事をもて多くの鹿を失ひまします事、不便に侍り。①毎日に一の鹿を進《たてまつ》りて、供御とすべし」と申すに、「然るべし」とて、次をもて、日々に奉りけるに、*調達が鹿群の中に、孕める鹿ありて、次に当たる。子を悲しぶ心切にして、「我が身はのがるる所なくして、子は次にあらず。子を産みて後、我れを出だし給へ」と申しけれども、「②誰か命を惜しまざる。次いたら[a]ば参るべし」とて怒りければ、菩薩の鹿王に参りて、③この由を歎き申すに、哀れみて、帰し遣はして、我が身代はりて、王宮へ参りぬ。

金色の文ある鹿なれば、人皆知りて、帝王に、「鹿王こそ参りて侍れ」と申すに、「既に群鹿尽きたるにや」と仰せけれｂば、鹿王、事の子細を委《くは》しく申して云はく、「慈をもて苦を救ふ、功徳無量なり。若し人、慈なくは、虎狼と何か別ならむ」と申しければ、王驚きて、座を立ちて、偈*を説きて宣はく、「我れはこれ畜生なり。人頭鹿と名づく。④汝はこれ実に人なり。鹿頭人と名づく。慈をもて人とす。形をもて人とせず」とて、永く殺生を止どめて、鹿王を返し遣はしけり。

（『沙石集』による）

［注］

＊因行………釈迦がまだ悟りを開くための修行をしている段階

＊提婆達多…釈迦に従って出家したが、嫉妬して敵対し、三逆罪を犯して地獄に堕ちたといわれる

＊調達………提婆達多

＊偈…………韻文体の詩句

問一　ａ　ば　と　ｂ　ば　の意味の違いについて、説明せよ。

問二　①毎日に一の鹿を進りて、供御とすべし　とあるが、誰が、どのような理由で言ったのか、説明せよ。

問三　②誰か命を惜しまざる　とあるが、表現上の特徴を踏まえて口語訳せよ。

問四　③この由　とあるが、どのような内容か、説明せよ。

問五　④汝はこれ実に人なり　と国王が言った理由について、具体的に説明せよ。

問六　この文章を教材として、「中学校学習指導要領解説国語編（平成二十九年七月文部科学省）」を踏まえ、第二学年の〔知識及び技能〕(3)イ「現代語訳や語注などを手掛かりに作品を読むことを通して、古典に表

れたものの見方や考え方を知ること。」について指導する際に、どのような学習活動を設定するか、具体的に書け。

（☆☆☆◎◎◎）

【五】漢文を読んで、以下の問一～問六に答えよ。なお、本文には新字体を用いた漢字と、設問の都合により訓点を省いた部分がある。

*燕人立テテ二太子平ヲ一為スレ君ト。是ヲ為ス二昭王ト一。弔ヒレ死ヲ

問ヒレ生ヲ、卑ウシレ辞ヲ厚ウシレ*幣ヲ、以テ招ク二賢者ヲ一。問ウテ二*郭《くわく》隗《くわい》ニ一曰ク、

*斉因ツテ二*孤之国ノ乱ルルニ一而襲ウテ破ルレ燕ヲ。孤極メテ知ル燕ノ小ニシテ不ルヲレ

足ツ二以テ報ユルニ一。誠ニ得テ二賢士ヲ一、与ニ共ニシ国ヲ一、以テ a雪二先王

之恥ヲ一、孤之願ヒ也。先生視《しめせ》二①可ナル者ヲ一。得ント二身事フルレ之ニ。

隗曰ク、古之君、②有以千金使*涓人求千里

馬者。買ヒテ二死馬ノ骨ヲ五百金ニ一而返ル。③君怒ル。涓

人曰ク、死馬スラ b且買ソレ之ヲ。c況生クル者ヲ乎。馬今ニ至ラント

矣。不二シテd期年一、千里ノ馬至ル者三トイフ。今、王必ズ欲レセバ致レサント士ヲ、先ヅ④従レリ隗始メヨ。況ンヤ賢二ナル於隗一ヨリ者、e豈ニ遠二シトセン千里一ヲ哉ト。於レテ是ニ昭王為レニ隗ノ改メテ築レキ宮ヲ、師二‐事ス之ニ一。

（『十八史略』による）

＊燕…戦国時代の国　＊幣…進物
＊郭隗…燕の賢人で昭王に仕えた人物　＊孤…王侯が自分をさしていう謙称
＊斉…戦国時代の国　＊涓人…官名。雑務をする小役

問一　b 且　c 況　e 豈　の本文中における読みを、送り仮名が必要な場合には送り仮名を添えて、それぞれ平仮名（現代仮名遣い）で書け。

問二　a 雪　d 期年　の本文中における意味をそれぞれ書け。

問三　②有以千金使涓人求千里馬者　について、次の書き下し文となるように、白文に訓点を施せ。

（書き下し文）千金を以て涓人をして千里の馬を求めしめし者有り

有 以 千 金 使 涓 人 求 千 里 馬 者

問四　①可者　とあるが、どのような人物のことか、説明せよ。

問五　③君怒　とあるが、怒った理由を説明せよ。

問六　④従隗始　とあるが、この進言を昭王が受け入れ、郭隗を厚遇した理由を説明せよ。

（☆☆☆◎◎◎）

【高等学校】

【二】次の【Ⅰ】【Ⅱ】の文章を読んで、問一から問七に答えよ。

【Ⅰ】

身体の配置とは、ひとりひとりの人間がこの地球上のある地点に空間的広がりをもって配置されているということである。その配置を決定しているのは、身体がこの空間で他の人間や事物、空、大気、水、大地とどのような全体的な関係にあるかということ、また地球上のさまざまな事物とどのような関係のもとにあるかということである。

身体の配置はたんに環境と人間を理解するためだけの概念ではない。身体の配置がひとりひとりの人間の個性のaゲンセンである。この配置を他者がとって代わることはできない。わたしたちはこの配置のもとで、世界を知覚し、記憶し、行動の基礎とする。ローカルに行動するということ、足下から行動するということは、この配置を心得たうえで行動するということである。また、人間は、「ローカルであること」によって、ある特定の歴史的空間に存在し、また、行為するものとして理解される。この意味で、どんな人間もそのローカルであることにおいて、①他の人間と異なる固有の履歴をもつ。

さらに「身体の配置」とならんで、「空間の履歴」の概念を用いることにしよう。この「空間の履歴」の概念によって、地球環境問題の理念に関して、考慮すべき新しい論点が見えてくるであろう。

たとえば、環境問題では居住空間も問題になるが、里山という空間にニュータウンが造成されるばあいに、しばしば過去の履歴はbマッショウされてしまう。そこでは、やはり新しい履歴がつくり出されているが、その履歴は造成の時点で断絶している。それ以前の空間の履歴はほとんど考慮されずに計画されるからである。ニュータウンの造成の根底には、通勤や通学への利便性、土地や住宅の経済的な価値重視の思想がある。ここでは、空間のもつ履歴といった価値はまったく考慮されない。近代化の過程でみられる空間の平板化は、履歴のマッショウや履歴の一律化として理解されるであろう。

しかし、ニュータウンの周辺では、しばしば伝統的な集落が異質な空間をつくっている。そこには、さまざまな伝承があり、また文化的な行事も行われており、古い履歴をもつ。

こうした現象は、環境理念のグローバルな適用の場面でもみられる。近代化が熱帯雨林の居住民を一律な文化のなかに取り込むのと同じように、「持続可能な発展」という原則が普遍的な原理として主張されるとき、②地域の生活はこの原理のなかに吸収され平板化される。

では、いったい③なぜ近代化のプロセスは、空間の履歴を一律化してしまおうとするのだろうか。また、多様であった地域性は、近代化の過程でどこも同じような相貌、景観をもってくるのだろうか。

効率や利便性を最高の価値とする思想では、空間の意味がローカルであることを超えて、より普遍性がcシコウされるために、どのような空間にも類似した意味づけが与えられてしまう。日本列島が同じ価値基準で計られ、その価値を目指して改造されるならば、日本の景観は地域性を消去するような方向で再編されてゆくであろう。これは世界規模でも同様である。価値のグローバリゼイションによって世界の都市は似たものになってゆく。

景観の平板化は近代的理性が普遍性を自己主張するのと深く連動しているように思われる。普遍的真理、普遍的価値の追求を自己の課題とした近代的理性は、その真理の認識と価値の実現とをグローバルな規模で行おうとした。いいかえれば、近代的理性は、普遍的でなければならないが同時にグローバルでもなければならないという自己認識をもっている。

(桑子敏雄『環境の哲学』による)

【Ⅱ】

人里は心なごむ自然であり、人はそこに自然を見、そこから自然の論理を学ぶことができる。自然の論理を知ること——それは今日の人間にとってきわめて大切な意味をもっている。ぼくが「人里をつくろう」と訴えているのもそのためである。

では、人里をつくるにはどうしたらよいのか。それは人間の論理の無理押しをしないことである。自然が自然の論理で押し返してくるのを許すことである。

人間はしばしば自然の巻き返しを嫌い、自然の論理を徹底的につぶしてしまおうとする。道は完璧にdホソウし、側溝は水を流す目的だけのためにコンクリートで固める。林の木の侵入を食い止めるため芝生にして、それを維持する。そしていかにも自然らしく見えるように植木を植え、その植木はこぎれいに剪定《せんてい》する。

このようにして生じるものは人里ではなく、たんに擬似人里、人里もどきにすぎない。人里もどきには自然の論理ははたらいていない。わずかながらはたらくとしても、人間は人間の論理にしたがって、自然が生やした草を刈り、虫を退治する。一見、自然のように見えても、そこに自然はない。徹底的に人間の論理で貫かれているからである。今、あちこちでつくられている「自然の森」や「水と緑の公園」は、そのほとんどすべてがこのような人里もどきであると言ってよい。

なぜそれがいけないのか？　それは人間が「自然界のバランス」を崩しているからだ、と考える人がいる。残念ながらそうではない。人間が「自然と共生する」姿勢を忘れているからだと言う人もいる。これも残念ながらあたっていない。

「自然界のバランス」「自然と人間の共生」というようなことはよく言われる。いかにも人を納得させるひびきをもったことばである。けれど、近年の動物行動学あるいは行動生態学の研究を見ていると、どうも④そのようなものはわれわれの幻想にすぎなかったのではないかという気がしてくる。

昔の生態学は、自然界のバランス、生態系(エコシステム)の調和、ということを強調した。そして、人間がこのバランスを崩さないようにすれば、自然と共生していけると考えた。しかしこの一〇年、二〇年ほどの間に明らかになってきたとおり、自然界の中では、動物も植物もそれぞれの個体がそれぞれ自分自身の子孫をできるだけたくさん後代に残そうとして、きわめて利己的にふるまっているように見える。かつて信じられていた「種族保存のためのシステム」というものもなく、個体がそれぞれ他人を蹴落《けお》としてもいいから自分だけは子孫を残そうと、きわめて利己的にふるまっている結果として、種族が維持され、進化も起こるのである。「自然界のバランス」なるものも、そこになにか予定調和的なバランスがあって、自然はそれを目指して動いている、というようなものではけっしてない。ある個体が自分の利己を追求しすぎると、そのしっぺ返しを受けて引き下がらざるを得ない。こういう形で結果的にバランスが保たれているにすぎないのだ。

自然界に見られる「共生」についても同じような見方ができる。花と昆虫のみごとな共生に、われわれは心を打たれる。けれどこれも、花と昆虫が「お互いうまく生きていきましょう」と言ってやっていることではないらしい。花は昆虫に花粉を運んでもらえばよいのであって、つくるのにコストのかかる蜜など提供したくはない。昆虫は昆虫で、自分たちの食物である蜜を花からできるだけたくさん奪えばいいのであって、花粉など運んでやるつもりは毛頭ない。

この両者の「利己」がぶつかりあったとき、花はますますeセイコウな構造を発達させることになった。できるだけ少ない蜜を提供しつつ、なんとしても昆虫の体に花粉がついて、昆虫がいやでも花粉を運んでしまうような花の構造ができあがっていったのである。

人間も動物であるから、利己的にふるまうのは当然である。しかし、動物たちは利己的であるがゆえに、損することを極端に嫌う。浅はかに利己的にふるまいすぎてしっぺ返しを食ったときに、やっとそれをやめるのではなく、もっと「先」を読んでいるらしい。どのようにしてそれを予知するのかわからないが、これはどうも損になりそうだと思ったら、もうそれ以上進まないのである。⑤その点では、動物たちのほうが徹底して利己的である。きわめて賢く利己的だと言ってもよかろう。

人間はじつに浅はかに利己的であった。しかしこれからは自然が自然の論理でふるまうのを許せるぐらいに「賢く利己的に」ふるまうべきではなかろうか?

（日高敏隆『人間はどういう動物か』による）

問一　a　ゲンセン　b　マッショウ　c　シコウ　d　ホソウ　e　セイコウ　の傍線部を漢字に直せ。

問二　①他の人間と異なる固有の履歴をもつ　とあるが、このように言えるのはなぜか、理由を書け。

問三　②地域の生活はこの原理のなかに吸収され平板化される　とあるが、どういうことか、書け。

問四　③なぜ近代化のプロセスは、空間の履歴を一律化してしまおうとするのだろうか　とあるが、「空間の履歴を一律化」することが【Ⅱ】の本文中における「人里」で行われた場合、どのようなことが起こるか、書け。

問五　④そのようなものはわれわれの幻想にすぎなかったのではないか　とあるが、どういうことか。筆者がこのように考えるようになった理由も含めて、書け。

問六　⑤その点では、動物たちのほうが徹底して利己的である　とあるが、どういうことか、書け。

問七　「論理国語」の授業で、高等学校学習指導要領解説国語編(平成三十年七月文部科学省)の「読むこと」の指導事項「キ　設定した題材に関連する複数の文章や資料を基に、必要な情報を関係付けて自分の考えを広げたり深めたりすること」について、「人間と環境」をテーマに【Ⅰ】【Ⅱ】の文章を授業で扱う場合のねらいと、ねらいの達成に向けた学習活動について具体的に書け。

(☆☆☆◎◎◎)

【二】次の文章を読んで、問一から問七に答えよ。

> 相撲部屋に*呼出《よびだし》見習いとして入門した十七歳の篤は、同い年だが兄弟子に当たる呼出の直之に喫茶店に行こうと誘われた。

注文したアイスコーヒーが運ばれてくるやいなや、「達樹*が言ってた話だけど。お前、新弟子が入ってくるのが不安なんだろ」と言い当てられ、ぎくりとした。

どうやらその話をするつもりで、お茶に誘ったらしい。午後の篤は、何度か手が止まってしまい、たびたび注意を受けていた。ここ数場所は、そのように注意されることはなかったので、直之さんが異変に気づくのも無理はない。

「……ああ、はい。そうっすね」

またみっともないことをしてしまった、と思ったが仕方なく白状した。

その新弟子は、呼び上げや土俵築*、太鼓なんかも、そのうち自分より上手くこなすかもしれないと不安になり、思考とともに、手も止まっていた。

篤の返事を聞くと、①直之さんは小さくため息をついた。

「なんでお前はそんなに自信なさげなんだよ。この一年で、お前は充分変わったよ。だって、ほら」

そう言って直之さんは手を伸ばして、篤の腕を軽く叩く。上腕には小さな力瘤がついていた。思い返せば一年前の篤の腕は枝のように細くて、ひたすらにまっすぐな線を描いていた。

「その腕だって、土俵築ちゃんとやってきたからじゃん。呼び上げだってたまに調子外すけど、声も太くなってきたし。太鼓も、テンポゆっくりめになるけど必死になって叩いてるって、進*さんから聞いたぞ」

「……なんか、褒められてる気がしません」

「ああ、ごめんごめん」

直之さんが、仕切り直すようにアイスコーヒーを一口飲んだ。

「お前は怒られることも失敗することもたくさんあったけどさ、一年間、逃げずにやってきただろ。ちゃんと、お前は頑張ってたよ。近くで見てきた俺が言うんだから、間違いない」

そうきっぱりと言われて、思わず直之さんの顔をまじまじと見た。直之さんは一瞬、何だよと渋い顔をしたが、話を続けた。

「まだできないことも多いかもしれないけど、この一年、真面目にやってきただけでも充分偉いじゃん。今みたいに不安になるのも、お前がこの仕事に真剣になってる証拠だよ。たとえ新弟子がめちゃくちゃできる奴でもさ、大丈夫。お前なら、ちゃんとやっていける。お前なら、これからもちゃんとやっていける」

今しがたかけられた言葉が、耳の奥で響く。

同い年なのに仕事ができて、しかも頼りがいのある直之さんみたいになりたいと、ずっと思ってきた。まだ目標は達成できないかもしれないが、その直之さん本人から認められ、胸がすっと軽くなるのがわかった。

……そっか。こんな俺でも、大丈夫なんだな。

直之さんは急に真顔になって、もう二度とこんなこと言わねえからな、とストローを咥《くわ》え、黙ってアイスコーヒーを吸い上げた。

「②あの……ありがとうございます」

それでも篤が深々と頭を下げると、直之さんは少しだけ笑ってみせた。

【中略】

自分の番が終わり、控室に戻ろうとした途中、アミが通路の向こうから歩いてくるのが見えた。このところ、ほぼ毎場所アミと顔を合わせている。これほどaヒンパンに来るなんて、彼女も相当熱心だ。

アミも篤に気づいたようで、こちらへ向かってきて、お疲れさまですと挨拶をした。

「あ、どうも。早いですね。まだ九時過ぎなのに」

先場所に比べ、篤も多少心にゆとりが生まれたのだろう。ようやく、アミに対してまともな口を利けたような気がする。アミは一瞬、驚いたように目を見開いたけれど、すぐさま顔をほころばせた。

「篤さんの呼び上げを開くなら絶対遅刻はできないと思って、開場と同時に来ちゃいました。呼び上げ、最初から最後まで聞いてたんですけど、また上達されたって感じがしました。そんな成長を見られて、ファンとしてすごく嬉しいです」

にこりとした表情を崩さぬまま畳みかけられ、つい半歩ほど後ずさる。

応援してくれるのはありがたいし、多少は自然に会話できるようになったが、正面切って褒められるのは未だに慣れない。

思わず目を泳がせたとき、アミの左手に取組表が握られていることに気づいた。

今日行われるすべての取組を記したその紙には、すでにいくつもの皺が寄っていた。おそらく序ノ口の取組中、何度も確認していたのだろう。

アミも篤の視線に気づいたのか「篤さんの呼び上げを開き始めてから、序ノ口も真剣に観るようになったんです」と取組表をぱさりと広げた。

「前はお喋りに夢中になっててちゃんと観ていなかったんですけど、注目してみたら序ノ口も面白くて。細い新弟子さんでも最後まで勝負を[b]アキラめないところを見ると感動するんです。誰かと一緒に観戦するのはそれはそれで楽しかったけれど、今日みたいに一人で観に来ても充分楽しくて。もっと大相撲が好きになった気がします」

たしかにサクラ*の後ろではにかんでいたときよりも、今の方がずっといきいきとして見える。それに、アミも以前と比べて[ア]饒舌になった。なんか楽しそうでいいなと他人事《ひとごと》のように思っていると、アミが「そういえば」と続けた。

「朝の太鼓も、実はちゃんと聞いたことがなくて。でも今朝あの音を聞いたとき、すごくわくわくしたんです。ああ、これから場所が始まるんだって。だから今日はもう、来た時点で楽しかったんです。こんな楽しみ方を知らなかったの、ちょっともったいなかったなって今は思います」

そのいつになく弾んだ声に、③篤はあっと短く叫びそうになった。

たしか先日の太鼓のｃケイコで、進さんも言っていた。関係者やファンは、太鼓の音を聞けば気分が高まるはずだと。

それから、初めて寄せ太鼓を聞いた九州場所の初日、兄弟子たちがいつもより引き締まった顔をしていたことも思い出した。

あのときの兄弟子たちは、初日だから改まっているのではなくて、おそらく太鼓の音を聞き、自らを奮い立たせていたのだろう。

櫓の上の太鼓は、取組前と、初日から十四日目までの取組後に叩かれる。それはただ、本場所が行われているという知らせに過ぎないが、太鼓の軽やかな音を聞き、楽しむ人もいれば、気合を入れる人もいる。

進さんの言う通り、俺たち協会員にとってもファンにとっても、あの太鼓は、相撲には欠かせないものなんだ。だったら俺も、早く叩けるようにならないとな。

呼び上げだけではなく、今度は太鼓もしっかり教えてもらおうなどと考えていると、なぜかアミが目を伏せていることに気がついた。しかも、ほんのちょっと前まで楽しそうに話をしていたのが嘘みたいに、今はぴたりと黙り込んでいる。いきなりどうしたんだろうか。

心配になり、具合でも悪いんですかと聞こうとしたとき、アミがためらいがちに口を開いた。

「でもせっかくこの楽しさがわかってきたのに、しばらくは観戦に来られないんです」

えっ、とイ素っ頓狂な声が出そうになった。しばらく来られないって、どういうことだ？

わけがわからず固まっている篤をよそに、アミがこれからも頑張ってください、応援してますと頭を下げた。

「……えっと、その。何かあったんですか」

つっかえながら問いかけると、アミはさっと顔を上げた。

「私にもようやく、目標ができて。その目標を叶えるために、まずは頑張って勉強して、資格を取らないといけないんです」

だから今後は勉強に集中しようと思うんです、と続けたが、篤はまだ、ぽかんとしていた。

だってたしか二ヶ月前は、何がしたいのかわからないって言ってなかったか。

「ちなみにその目標って何なんですか」戸惑いつつ聞いてみると、すぐに返事があった。

「社会福祉士です」

「はあ」

聞いてみたものの、社会福祉士と言われてもまったくぴんとこない。つくづく俺は世間知らずだよなあと、心の中で苦笑いをする。

「元々大学で福祉の勉強はしているので。簡単に取れる資格じゃないし、なんとなく学生生活を送ってきた私にできる仕事なのかな、とも思うんですけど……とにかく今は、頑張ってみたいんです」

謙遜はしていたが、④アミの口調は今までに聞いたことがないほどきっぱりとしていた。それってどんな仕事なんですかと聞き返すのも憚《はばか》られ、篤はとりあえずわかったふりをして頷いた。

なんか大変そうですね、とごまかすように相づちを打つと、アミは「目標ができて、今毎日が充実してるので、そんなに大変ではないです」と首を横に振った。

「それに篤さんを見て、私も誰かを支える仕事がしたいって思ったんです。なかなか篤さんみたいにはなれないかもしれないけれど、いつか必ず、誰かの役に立てる社会福祉士になってみせます」

以前と同じ、尊敬のまなざしを向けられ、篤はますます困惑した。

いやその、社会福祉士とやらと俺が結びつくのはおかしくないか？　俺はまだ、「誰かを支える」と言えるほど、立派なことはできていないのに。

篤も首を横に振ろうとしたが、それは適切な反応ではないと瞬時に悟った。

観戦に来られなくなるという話を切り出したときは名残惜しそうだったが、アミはいつの間にか、迷いのないすっきりとした表情に変わっていた。その顔を見て、本気なのだとわかった。たとえ不器用でも、ここは彼女の背中を押すような言葉をかけるべきだという気がした。

「頑張ってください」？

いや、違う。少し考え込んで、やっと最適な答えが見つかった。

「⑤……お互い、頑張りましょう」

篤がゆっくり口にすると、アミも大きく頷いた。

「はい。夢が叶ったら、また絶対観戦に来ます。だから私も、篤さんに負けないように頑張ります」

力強い声を聞き、なんか俺の方が負けそうだなと、情けないことを思う。

そういえばアミの苗字も住んでいる街の名前も、篤は知らない。まして社会福祉士になるために彼女がどんな勉強をしているかなんて、まったくわからない。彼女には彼女の生活があり、知り得ないことはいくらでもあるのだと、今さらながら気づく。

お互いに知っているようで知らない間柄なのに、今こうして励まし合っているのは、傍から見ればdチンミョウな光景かもしれない。

それでもアミがふたたび相撲を観に来たときに、ちゃんと成長した姿を見せたいと、素直に思えた。

一年後か、あるいはもう少し先か。わからないけれど、そのときには今より上達した呼び上げや太鼓を、アミにも聞いてもらいたい。そして観に来てよかったと、今日みたいに喜んでほしい。

そこまではアミに言わなかったが、篤にも一つ、新たな目標ができた。


（鈴村ふみ『櫓太鼓がきこえる』による）

＊呼出…相撲の取組の際に力士の名を呼んで土俵に上らせたり、土俵の整備や取組の進行、櫓太鼓を打ったりする役。
＊達樹…篤、直之の友人。
＊土俵築…土俵づくりのこと。
＊進…ベテランの呼出で、篤が入門した際の指導役であった。
＊自分の番が終わり…本場所での自分の呼出の務めが終わり。
＊アミ…よく相撲観戦に訪れ、篤と知り合いになった女性。
＊サクラ…アミの知人で、一緒に相撲観戦に訪れていた。

問一　a ヒンパン　b アキラめない　c ケイコ　d チンミョウ　の傍線部を漢字に直せ。
問二　ア 饒舌　イ 素っ頓狂な　の意味を簡潔に書け。

問三　①直之さんは小さくため息をついた　とあるが、このときの直之の心情を分かりやすく書け。

問四　②「あの……ありがとうございます」　とあるが、このときの篤の心情を分かりやすく書け。

問五　③篤はあっと短く叫びそうになった　とあるが、その理由を書け。

問六　④アミの口調は今までに聞いたことがないほどきっぱりとしていた　とあるが、これはアミのどのような気持ちの表れだと考えられるか、書け。

問七　⑤「……お互い、頑張りましょう」　とあるが、このような答えにたどり着いた篤の心の動きを分かりやすく説明せよ。

(☆☆☆◎◎◎)

【三】次の文章は『大鏡』の一部である。本文は、菅原道真が左遷され筑紫《つくし》にやって来た様子を、大宅世次(世継)が語っている場面である。これを読んで、問一から問六に答えよ。

かくて筑紫におはしつきて、ものをあはれに心ぼそく思さるる夕、をちかたに所々煙立つを御覧じて、

夕されば野にも山にも立つ煙なげきよりこそ燃えまさりけれ

また、雪の浮きてただよふを御覧じて、

山わかれ飛びゆく雲のかへり来るかげ見る時はなほ頼まれぬ

さりともと、世を思し召されけるなるべし。月のあかき夜、

海ならずたたへる水のそこまでにきよき心は月ぞ照らさむ

これいとかしこく　あそばしたりかし。げに①月日こそは照らしたまはめとこそはあめれ。

まことに、*おどろおどろしきことはさるものにて、かくやうの歌や詩などをいとなだらかに、*ゆゑゆゑしう言ひつづけまねぶに、見聞く人々、目もあやにあさましく、あはれにもウまもりゐたり。もののゆゑ知りたる人なども、むげに近く居寄りて外目《ほかめ》せず、見聞く気色どもを見て、いよいよ*はえてものを繰り出だすやうにI言ひつづくるほどぞ、まことに希有なるや。*重木、涙をのごひつつ興じゐたり。

筑紫におはします所の*御門かためておはします。*大弐の居所は遥かなれども、楼の上の瓦などの、エ心にもあらず御覧じやられけるに、またいと近く観音寺《くわんおんじ》といふ寺のありければ、鐘の声を聞こし召して、作らしめたまへる詩ぞかし、

　*都府楼《とふろう》ハ纔《わづか》ニ瓦ノ色ヲ看《み》ル
　観音寺ハ只《ただ》鐘ノ声ヲ聴ク

これは、文集《もんじふ》の、白居易の「遺愛寺ノ鐘ハ欹《そばだ》テテレ枕ヲ聴キ、香炉峯ノ雪ハ撥《かか》ゲテレ簾ヲ看ル」といふ詩に、*まさざまに作らしめたまへりとこそ、昔の博士ども申しけれ。また、かの筑紫にて、九月九日菊の花を御覧じけるついでに、いまだ京におはしましし時、九月の今宵、内裏にて菊の宴ありしに、このおとどの作らせたまひける詩を、帝かしこくII感じたまひて、御衣《おんぞ》たまはりたまへりしを、筑紫に持て下らしめたまへりければ、III御覧ずるに、いとどその折思し召し出でて、作らしめたまひける、

　去年ノ今夜清涼ニ侍シ
　*秋思《しうし》ノ詩篇ニ独リ腸《はらわた》ヲ断チキ
　恩賜《おんし》ノ御衣《ぎよい》ハ今此ニ在リ
　捧ゲ持チテ毎日余香ヲ拝シタテマツル

②この詩、いとかしこく人々感じ申されき。

このことどもただちりぢりなるにもあらず、かの筑紫にて作り集めさせたまへりけるを、書きて一巻とせしめたまひて、後集《こうしふ》と名づけられたり。

（『大鏡』による）

＊をちかたに…遠くの方に。
＊海ならず…海どころではなくもっと深くたたえている水。
＊おどろおどろしきこと…大臣流罪などという政治むきのこと。
＊ゆゑゆゑしう言ひつづけまねぶに…由緒ありげに口移しに言ってみせるので。
＊はえて…調子にのって。
＊重木…夏山重木(繁樹)。
＊御門かためておはします…門を閉じて謹慎している。
＊大弐の居所…「大弐」は大宰大弐。大宰府の次官だが、長官の帥が親王職で京にいるので、長として政務をとる。「居所」は大宰府政庁のこと。
＊都府楼…大宰府政庁にあった高楼。
＊まさざまに…一段とすぐれているほどに。
＊秋思ノ詩篇ニ独リ腸ヲ断チキ…「秋思」の詩で、若い主君の恩に老齢の自分が応えることができずにいると、もどかしくふさいだ気持ちを詠じている。

問一　ア　夕されば　イ　あそばしたりかし　ウ　まもりゐたり　エ　心にもあらず　の本文における意味を書け。

問二　Ⅰ　言ひつづくる　Ⅱ　感じたまひて　Ⅲ　御覧ずるに　の主語として適するものを、次のア～カからそれぞれ一つ選び、記号で書け。

ア　作者　イ　帝　ウ　夏山重木　エ　菅原道真　オ　雲林院の聴衆　カ　大宅世次

問三　「夕されば…」の和歌に用いられている掛詞と縁語について説明せよ。

問四　①月日こそは照らしたまはめ　とあるが、月と日(太陽)は、何を照らしてくれるだろうと言っているのか、「海ならず…」の和歌を踏まえて具体的に説明せよ。

問五　②この詩、いとかしこく人々感じ申されき　とあるが、人々がこの詩に心を動かされたのはなぜか、本文に即して具体的に説明せよ。

問六　本文中には、世次と重木を客観的に描写している部分がある。そこには、世次と重木のどのような様子が描かれているか、書け。

(☆☆☆◎◎◎)

【四】次の文章を読んで、問一から問七に答えよ。(本文は設問の関係から訓点を省いたところがある。また、新字体に改めたところがある。)

*荘周家貧《ナリ》。ａ故往《キテ》貸《ル》ニ粟《ヲ》於*監河侯《ニ》一。監河侯曰《ク》、「諾。①我将得*邑金。将貸子三百金、可《ナラン》乎《ト》。」

荘周憤然トシテ作レ色ヲ曰、「周昨来ルトキ、有リ中道ニシテ而呼ブ者一。

周顧視スレバ車轍中ニ有リ鮒魚一焉。周間レ之ニ曰ク、『鮒魚
来レ、子何為者邪ーリ。』対曰ク、『我ハ東海之波臣也。

君豈有二斗升之水一而活レ我哉。』周曰ク、『諾。我且三

南遊二呉越之王一。激シテ西江之水一而迎ヘン子ヲ、可ナラント乎。』

鮒魚憤然トシテ作レ色ヲ曰、『吾ハ失ヒ我二常与ヲ、我無レ所レ居ル。

吾得バ二斗升之水一然モ活キン耳。君乃言レ此ヲ。曾不如チ

早索メ我於枯魚之肆一。』」

＊荘周…荘子のこと。
＊監河侯…魏の文侯。
＊邑金…百姓の租賦。

＊波臣…波浪の小臣。
＊斗升之水…少しの水。
＊激…水をせき止めて押し流すこと。
＊枯魚之肆…乾物屋。「枯魚」は干物の魚のこと。

問一　a　故　b　対　c　耳　d　乃　の本文における読みを、送り仮名も含めて現代仮名遣いで書け。
問二　①我将得邑金　を書き下し文に改めよ。
問三　②子何為者邪　をすべて平仮名で言き下し文に改め、口語訳せよ。
問四　③君豈有斗升之水而活我哉　を口語訳せよ。
問五　④不如早索我於枯魚之肆　を「さっさと私を乾物屋で探して見つけるのがよかろう」という意味になるように返り点を付けよ。（送り仮名は不要。）
　不　如　早　索　我　於　枯　魚　之　肆
問六　荘周忿然作色曰　について、次の問いに答えよ。
(1)　荘周がたとえ話として「車轍中」の「鮒魚」を挙げているが、荘周にとっての　粟　三百金　は、たとえ話では何に当たるか。本文中からそれぞれ抜き出せ。
(2)　荘周が監河侯に対して「忿然作色」となった理由を、荘周が置かれている状況を踏まえて説明せよ。
問七　「言語文化」の授業で、高等学校学習指導要領解説国語編（平成三十年七月文部科学省）の「読むこと」の指導事項「イ　作品や文章に表れているものの見方、感じ方、考え方を捉え、内容を解釈すること」を単元の目標としてこの教材を扱うとき、「主体的に学習に取り組む態度」をどのように評価するか、具体的に書け。

(☆☆☆◎◎◎)

【五】次の問一から問四に答えよ。

問一　次の①～③の四字熟語の(　　)に当てはまる正しい語を漢字で書け。

①　臥薪嘗(　　)　②　盛者必(　　)　③　朝令(　　)改

問二　次の①②について、a～cの作品をそれぞれ成立順に並べ替え、記号で書け。

①　a　宇治拾遺物語　b　今昔物語集　c　沙石集

②　a　和漢朗詠集　b　金槐和歌集　c　新古今和歌集

問三　近代文学における思潮について、次の①～③の代表的な作家(俳人)を〈選択肢〉から選び、記号で書け。

①　白樺派　②　プロレタリア文学　③　ホトトギス派

〈選択肢〉

ア　島崎藤村　イ　志賀直哉　ウ　小林多喜二　エ　遠藤周作　オ　高浜虚子

カ　水原秋桜子

問四　次の和歌について(1)(2)の問いに答えよ。

今来むといひしばかりに長月の有明の月を待ち出でつるかな　素性法師

(1)　「長月」の翌月の異名を書け。

(2)　「有明の月」の説明として正しいものを次のア～ウから選び、記号で書け。

ア　夕方にはすでに出ている月　イ　夜が更けるのを待たないと出てこない月
ウ　夜が明けても空に残っている月

（☆☆☆◎◎◎）

解答・解説

【中学校】

【一】問一　①　つじつま　②　えとく　③　おうのう　④　ほころ(びる)　問二　①　卓越　②　均衡　③　奨励　④　覆(す)　問三　漢字…乾燥　意味…(解答例)　おもしろみや味わいがないこと　問四　不惑　問五　(解答例)「すごい」は形容詞「すごい」の連体形で、名詞を修飾するはたらきがあるが、用言の「きれい」を修飾することはできない。　問六　(解答例)　(1)　うなずきや表情などの聞き手の反応から、話の受け止め方や理解の状況を捉えること。　(2)　複数の情報から適切な情報を得たり、登場人物の言動の意味を考えたりして内容を解決し、それらの情報を整理するために線や矢印で結びつけたり、階層を分けて示したりする学習活動を設定する。　(3)　a　読書センター　b　学習センター　c　情報センター

〈解説〉問一～二　本問のように熟語等を提示して解答させる問題では、知識量が求められる。問題集などで学習することはもちろん、移動時間などのすき間時間を使って学習するのも効果的である。漢字の書き取りでは、

同音異義語や異字同訓、類似の字形に注意すること。　問三　四字熟語は故事成語も多く、漢文と関連することもある。したがって、四字熟語の語源について学習することも一定の効果がある。　問四　不惑は、「論語」(為政)の「四十而不惑」(四十にして惑わず)による。意味は「心が乱れたり悩んだりしないこと」。　問五　例文の「すごい」は、形容詞「すごい」の連体形であるため名詞を修飾するが、用言の「きれい」を修飾するのは不適切。「きれい」を修飾するには、「すごい」の連用形の「すごく」に訂正する必要がある。現在「すごく」は、副詞的に用いられている。　問六　秋田県の学習指導要領関連の問題で、具体性を求められる問題では学習指導要領解説に掲載されている場合が多い。よって、学習指導要領解説の文章まで熟読しておく必要がある。その際、一言一句覚えるのではなく概要を学習し、実際の授業を想定しながら、どう指導するかをイメージするとよい。(3)について、国語科における学校図書館の使途としては読書センターの意味合いが強いと考えられるが、学校図書館が所蔵できる図書館資料には雑誌や新聞、視聴覚資料、電子資料、パンフレット、模型等の図書以外の資料も含まれることもおさえておくこと。

【二】問一　a　けんのん　b　英傑　c　きこつ　d　困窮　問二　A　副詞の一部　B　助詞　問三　(解答例)　匡介を救い育てた父親代りともいえる源斎の命令に従わないことと、相手が誰であろうと依頼があればそれに応ずる石積みをする掟に反していたから。　問四　(解答例)　②　匡介の両親の仇を討った明智光秀を敵とする側に利する石積みに応じたくない拒絶の気持ちを表している。　③　石垣づくりの依頼をした蒲生賢秀は一乗谷のような惨劇を招く悪人ではないという返答を予想していたが、予想とは異なる返答だったので、困惑している。　問五　(解答例)「あの日の花代」とは民衆のこと。匡介は残るも逃げるも共に死を意味する民衆と笑い顔を思い出せない花代を重ね合わせ、民衆を守ると決断した。　問六　(解答例）源斎が差し出した「手」は葛藤に苦しむ匡介を導く親、または師匠としての温情を、美しい「掌」は源斎が石垣造りを誇りとし、普段から手入れを怠らない職人であることを表現している。　問七（解答例）観点を明確にするために、まずこの文章が文芸的文章であり、小説が登場人物の生活を通して社会や人生の真実を描き出そうとする非論理的な散文体の文学であることを説明する。次に、主題と表現について、文章の構成や場面の展開や登場人物の心情描写などの表現効果についてグループによる学習活動を行う。最後にグループ学習の成果をグループごとに発表し合い、さらに全員で意見交換を設け、それをまとめて文章づくりを行う。

〈解説〉問一　なお、aの「剣呑」は「危険を感じている様子、危なげな雰囲気」、または「不安を感じている様子、雰囲気」を指す。　問二　Aは副詞「すっと」の一部、Bは接続助詞である。　問三　匡介の返事「嫌だ……」に対する反応である。匡介は穴太衆の掟を知らないはずがないこと、父親代わりの源斎の命令に従うと思っていたが、予想に反した返事だったので驚いている。　問四　②　前の文章で源斎に怒気が浮かんでいることがわかる。その威圧感に抵抗するため、目を逸らさないのである。　③　蒲生賢秀は民を大切にする人物と聞いているから悪人ではない、というのが匡介が予想した返答である。源斎は匡介の予想を否定していないが、戦国武将である限り何が起こるかわからないという考えを持っている。それが源斎の返答「さあ、どうだろうな」である。　問五　全体の流れを踏まえて考える問題。最初、匡介は親と妹の敵を「悪人」と位置づけ、悪人を助ければ惨劇が起きると考えていた。一方、源斎は惨劇を起しうるものが悪人ならば、戦国大名は皆悪人である。民衆にとっては平和ならば、誰が天下を取ろうと関係ないことを踏まえ、自分たちは何をすべきか、匡介に問うている。　問六　匡介は惨劇を回避したいと思っているが、惨劇は「悪人」によって起きると考えている。源斎も惨劇回避は同意見だが、戦国大名は誰でも惨劇を起こす可能性があり、我々の目的は戦火にあえぐ民衆を守ることであると説いている。匡介の考えで足りないところを補う「教え」であり、親代わりで頭領でもある源斎の温情を表している。美しい「掌」については後文にある「感覚を研ぎ澄ますため～」から、職人としての矜持を感じ取れるとよい。　問七　ここでは文章構成について、他の文章と比較しながら場面の展開や筋、表現効果では情景や登場人物の心理の変化をとらえることに留意させる。グループ学習の成果をグループごとに発表し合う活動は、「A　話すこと・聞くこと」の指導とも関連する。「主体的・対話的な深い学び」による「生きる力」育成を目ざす学習を念頭に置いて論じてみよう。

【三】問一　a　はんしょく　b　換算　c　稼(いだ)　問二　A　助動詞　B　形容詞　問三　(解答例)「自分が使える自由の時間について」問題提起の役割をもつ。　問四　(解答例)人の使う時間は、必ず他者とつながっている、つまりともに生きている仲間の時間と速度を重ね合わせなければならないため。
問五　(解答例)自分だけの時間に固執せず、他の存在である仲間と分かち合う時間の中で生活してきたということ。　問六　(解答例)自分の欲求を満たすために、時間を効率的に使う考え方。　問七　(解答例)そもそも人間はひとりで時間を使うようにできておらず、自分の時間を他者と重ね合わせ、互いの互酬性により互いの存在を認め合う時間が必要だから。　問八　(解答例)この文章の構成や内容理解を踏まえ、文章に表れているものの見方や考え方について自分の知識や経験などと照らし合わせて、納得や共感できるかどうか話し合うために、グループ活動を行う。また、グループ活動での成果をまとめ発表し合うとともに、意見の交換や討論の場を設け、文章に表れている筆者(他者)のものの見方や考え方と比べさせて、自分の考えを広げたり深めたりして自分の考えをもつ学習活動を行う。
〈解説〉問一　解答参照。　問二　動詞につく「ない」だけが助動詞である。したがって、Aは助動詞、Bは形容詞である。　問三　第1段落は「～幸せな気分になれるのだろうか。」と読者に問いかける形で終わっていることを踏まえて考えるとよい。　問四　第2段落の内容をまとめればよい。傍線部分の直後は例示であることに注意すること。　問五　②「常にだれかと分かち合う時間」について、第7段落に「仲間に自分の時間をさしだし、仲間からも時間をもらいながら、互酬性にもとづいた暮らしを営んできた」と述べていることを踏まえて考えるとよい。　問六　第6段落前半の内容をまとめる。「自分だけの時間」をも効率化の対象にしたことが示されている。　問七　「いのちをつなぐ時間」とは何かを考えながら、第7段落の内容をまとめるとよい。「いのちをつなぐ時間」は仲間と共有する時間と解釈し、「互酬性」をキーワードにするとよいだろう。　問八　第三学年の「C　読むこと」(エ)は、「考えの形成、共有」の指導事項である。様々な文章を読むことを通して、そこに表れているものの見方や考え方から、人間、社会、自然などについて思いを巡らせ、自分の意見(考え)をもつことを示している。指導事項(1)ア「構造と内容の把握」、イ・ウ「精査・解釈」の学習過程を通して理解したことや評価したことを踏まえ、自分の考えを持ち、他者の考えと比べて自分の考えを広げ深めるのがこの学習である。(2)の言語活動例のアを学習活動に加えて論じてみよう。

【四】問一　(解答例)　aは仮定条件を表す接続助詞であり、bは既成(確定)条件を表す接続助詞である。
問二　(解答例)　国王が狩りで、一日で多くの鹿を殺すため、菩薩の鹿王がこのことをあわれみ悲しんだから。
問三　(解答例)　誰か命を惜しいと思わない者がいるか。いるはずがない。　問四　(解答例)「子を宿した鹿」が、自分が死ねば、子まで殺すことになるため、出産後に順番をまわしてくれという願いを調達に申し出たが、聞き入れられなかったこと。　問五　(解答例)　菩薩の鹿王が、子を宿した鹿を救うために帝王に事情をのべ、「慈悲のない人間は虎狼と同じです」という言葉に心打たれたから。　問六　(解答例)　単元目標を「古典から学ぶ」として、第一時限に古典はわが国の伝統文化であり、我が国の歴史の中で創造され今日まで継承されてきた文化的遺産であることを説明する。そのあと、グループ分けを行い『沙石集』の現代語訳について、学校図書館や学校近隣の図書館での「調べ学習」を行う。第二時限及び第三時限は、グループごとに現代語訳による、登場人物の心情や古典におけるものの見方や考え方と現代と共通するもの、大きく異なるものについての対話学習を行う。第四時限は、グループごとで意見を整理し、グループ相互の意見交流を行う。

〈解説〉問一　接続助詞「ば」は、活用語の未然形に接続すれば「仮定条件」を表わし、活用語の已然形に接続すれば既成(確定条件)を表す。　aは完了の助動詞「たり」の未然形につき、bは過去の助動詞「けり」の已然形についている。　問二　①の「供御」は「飲食物」の敬語であり、主として天皇の食物、武家時代は将軍の食物をいう。「すべし」の「べし」は、適当の意の助動詞。国王が、多くの鹿を狩りで捕え殺すことに対して、菩薩の鹿王が悲しみのあまり国王に懇願したのである。　問三　②「誰か命を惜しまざる」の「か」は反語の係助詞で、打消の助動詞「ず」の連体形と係り結びを作っていることに注意。　問四　③「この由」の「由」は、文中の「事の子細」と同じで「事情」のこと。「孕める鹿」(子を宿した鹿)が「供御」の順番にあたり、自分が死ねば子まで死ぬため出産後に供御に出してほしいという申し出を調達(提婆達多)が断わり怒ったために、菩薩の鹿王にこの事情を話したのである。　問五　④「汝は実に人なり」と菩薩の鹿王に国王が言ったのは、菩薩の鹿王が「子を宿した鹿」の事情を国王に話して「慈をもて苦を救ふ。～若し人、慈なくは、虎狼と何か別ならむ」(人間でも慈悲の心がなければ、虎狼と同じだ)という言葉に驚いたからである。そしてこの慈悲深い菩薩の鹿王を国王は、「人間」であると評価したのである。　問六　古典を読み、古典に表れた作者の思想や感情を読み取り、人間、自然、社会などについて考察することは、現代と古典社会の共通点や相違点を理解することであり、ものの見方が広くなり、考え方が深まり豊かな感性が育まれる。第二学年での学習活動では、古典のやさしい現代語訳や語註、古典について解説した文章が手がかりになる。そのため、まず、古典

について の説明などの導入のあと、生徒の主体的、対話的な深い学びにより「古典に表われたものの見方や考え方」を理解させ、現代と古典社会の共通点や相違点について意見交流の場を設定してみよう。

【五】問一 b かつ c いわんや e あに 問二 (解答例) a 洗い清める。除く。 d 満一年 問三 有《リ》下以《テ》千金《ヲ》一使《メシ》三涓人《ヲシテ》求《メ》二千里《ノ》馬《ヲ》者上 問四 (解答例) 国事を共にできる賢者 問六 (解答例) 千金で名馬を買うことを命じたのに、五百金で死馬の骨を買ってきたから。 問六 (解答例) 隗を厚遇することにより、優秀な人材を集めようと考えたから。

〈解説〉問一 b「且」は「すら、さえ」、c「況」は句末に「乎・哉」(をや)と結び、「まして～は、なおさらである」、e「豈」は句末に「乎・哉」と結び。「どうして～しようか(いやしない)」という意味になる。 問二 a「雪」は「すすぐ、そそぐ」と読み、「洗い清める、除く」を意味する。 d「期年」の「期」は「日時のひとまわり」であり、「満一年」を意味する。 問三 再読文字「有」「以」「使」に注意し、「有～者」の慣用的表現と使役形に留意すること。 問四 「可者」(可なる者)とは、「(国事を共にできる)賢明な人物」をいう。 問五 涓人に千金で千里の馬(名馬)を買いに行かせたのに、死馬の骨を五百金で買ってきたために昭王は怒ったのである。 問六 郭隗が国事に共に携わる人材を求める昭王に、昔、ある国の王が千里の名馬を求めるのに死馬の骨を五百金で買ったため、名馬が集まった例をあげ、「まずこの隗を厚遇することから始めなさい。そうすれば私以上の優れた人物がいくらでもやってきます」と説いたことで、昭王は郭隗を厚遇し、優秀な人材を集めようと考えたのである。この史実は「戦国策」にも見える。

【高等学校】

【一】問一 a 源泉 b 抹消 c 志向(指向) d 舗装 e 精巧 問二 (解答例) 人間はひ

とりひとりが地球上にある地点に配置されており、他者がとって代わることができないこと。そしてその配置を心得た上で行動するため。　問三（解答例）環境の近代化が「持続可能な発展」という原則のもとに行われるとき、その地域の履歴は抹消され、一律化してしまうこと。　問四（解答例）人間の論理にしたがって自然が作られるため、一見、自然のように見えても、そこに自然はなく、自然の論理がはたらかない「人里もどき」ができる。　問五（解答例）自然界にはバランスがあり、人間がこのバランスを崩さないようにすれば自然と共生できると考えていたが、自然界では動植物が子孫をできるだけたくさん後世に残すため、利己的にふるまっていることがわかったため、自然界のバランスは結果的にバランスが保たれているに過ぎないものであるということ。　問六（解答例）人間も動物も利己的だが、人間は失敗することで反省してその行動を止める。一方、動物たちはどうも損になりそうだと判断した時点でそれ以上進まない。この点が人間以上に賢く利己的である、ということ。　問七「人間と環境」について、今まで持っていたイメージと【Ⅰ】【Ⅱ】の文章を読み、考えが変わった点をまとめる。その際、学校や地域の図書館、インターネットなどで資料を調べたり、情報を収集・整理したりすることで、考えが変わった点などを確たるものにすると同時にさらに発展させ、自分の考えを広げたり深めたりすることをねらいとする。

〈解説〉問一　なお、cについて「志向」は意識や精神が一定の目的に向かうこと、「指向」物事や意識が一定の目的に向かうことを指す。問題文では「思想」が主体になっているので、双方とも正答になっている。

問二　傍線部のある段落の内容をまとめればよい。個性の源泉は身体の配置であり、この配置は他者がとって代わることができない、とある。そしてこの配置を心得た上で行動することで他者と異なる固有の履歴をもつことになる。　問三　②にある「この原理」とは『「持続的な発展」という原則』を指す。「(空間の)平板化」については、前でニュータウンの造成を例に示されている。その内容をまとめればよい。　問四　③にある

「空間の履歴を一律化」とはこれまでの空間の履歴を抹消し、人間の理論に基づいて一律化しようとするもの。　問五　④にある「そのようなもの」とは「自然界のバランス」「自然と人間の共生」を指す。「自然界のバランス」については、【Ⅱ】ではこのことを「人里もどき」と表現し、形式段落第三～四段落で具体例を示している。　問五　④にある「そのようなもの」とは、④を含む段落の直後の段落で説明されているので、この内容をまとめればよい。　問六　⑤の「その点」とは、自分たちのふるまいが損(不利)だと思ったら、動物たちはその行動を中止することを指す。また、⑤を含む文の前後で、人間は「損」を感じ取れない、もしくは「損」とわかっていても突き進み、自然からしっぺ返しを食らう、といったニュアンスがある。これらを踏まえて考えること。　問七　【Ⅰ】【Ⅱ】の文章は「自然と人間の共生」が共通のテーマであり、いわゆる「造られた自然」がどのような位置づけにおかれるかといったこと等、共通点も多い。そのような共通点と自身のこれまでの考えを比較して、どのような印象を持ったか考えさせる。その際、学校や地域の図書館、インターネット等、参考となる資料を調べる等、テーマに関する情報の収集、整理を行い、それについて分析、考察する学習を取り入れることが必要である。そのためには、グループ学習も視野に入れるとよい。それらを通して、生徒の「考えを広げたり深めたりすること」を達成することをねらいとするとよいだろう。

【二】問一　a　頻繁　b　諦めない　c　稽古　d　珍妙　問二　(解答例)　ア　よくしゃべること、おしゃべり　イ　ひどく調子はずれでまのぬけたようす　問三　(解答例)　この一年間で篤は成長したが、本人は気づかず、新弟子に追い抜かれるのを心配していることにもどかしさを感じている。　問四　(解答例)　篤は直之が自分の不安な気持ちを理解するだけでなく、自分の成長を認め、元気づけてくれたことに感謝している。　問五　(解答例)　アミの太鼓の音を聞いてわくわくしたことと、進の「関係者やファンは太鼓の音を聞けば気分が高まるはず」という言葉に合点がいったため。　問六　(解答例)　社会福祉士の資格を取得するという決意の表れ。　問七　(解答例)　アミには社会福祉士になるアミの目標があり、篤には、呼出になる篤の目標がある。お互いに目標を達成するための誓いの言葉であり、互い努力し合おうという連帯の言葉である。

〈解説〉問二　なお、イ「素っ頓狂な」(すっとんきょう)の「素」は接頭語、「頓狂」は「だしぬけに調子はずれの言動をするようす」を表す。　問三　「ため息をつく」は「心配したり、失望したりしたとき等に大きな息を出す」こと。直之からみて篤はこの一年で大きく成長したが、篤はそのことを自覚しておらず、不安に駆られていることにもどかしさを感じている。　問四　直之は、篤が呼出見習いとして一年間真摯に取り組み、失敗しても逃げなかったことを評価している。直之の評価を聞き、篤は自分に自信が持つことができたので、直之に感謝したのである。　問五　おそらく篤は、進の言葉に耳を傾けていたものの、腑に落ちなかったのだろう。アミの言葉から太鼓を聞くと気分が高まることを実感し、さらに兄弟子たちの表情がいつもと違う理由にも気づいたことがうかがわれる。　問六　二ヶ月前までは人生の目標がなかったアミだが、社会福祉士と具体的な目標ができたことにより、他人に対して明確にいえるようになったことを表している。資格取得に対する意気込みは、いわゆる「相撲断ち」をすること、「目標ができて～そんなに大変ではないです」からうかがえる。　問七　アミも篤も道は異なるが目標を持ち、その達成を目指している。篤もまだ自信さえ持てない未熟者であることを自覚しているため、「お互い、頑張りましょう」という言葉で、アミだけでなく自分自身も励まそうとしているのだろう。

【三】問一　ア　夕方になると　イ　お詠みになったのだよ　ウ　見つめ座っていた　エ　思わず知らず

問二 Ⅰ カ Ⅱ イ Ⅲ エ 問三 （解答例）「なげ（嘆）き」の「き」に「木」の掛詞。「木」と「燃え」が縁語。 問四 （解答例） 月日だけは、道真公の潔白な心をお照らしくださるであろう、ということ。 問五 （解答例）「秋思」という題で断腸の思いを述べたところ、天皇から御衣を賜わり、その余香を拝しているというこの詩で、人々は藤原摂関体制の中で孤立化してゆく道真公の断腸の思いに心うたれたから。 問六 （解答例） 大宅世次が政治のことや和歌・漢詩のことまで話すので、その話に身をのりだしてまで人々が見聞きしている様子を見て、ますます興にのり話し続けるのに対し、夏山重木（繁樹）の方は、涙をぬぐいながら面白がっている様子が描かれている。

〈解説〉問一 ア 「夕されば」の「され」は「去る」（自ラ四）の已然形で、「近づく、来る」という意味で、ここでは「夕方になると」となる。 イ 「あそばし」は「あそばす」（他サ四）の連用形で「（歌を）お詠みになる」、「たり」は完了の助動詞の終止形、「かし」は強く念を押す終助詞で「お詠みになったのだよ（お詠みになったものだなあ）」と訳す。 ウ 「まもり」は「まもる」（他ラ四）の連用形で「じっと見つめる」、「ゐ」は「居る」（自ワ上一）の連用形で「座っている」、「たり」は完了の助動詞の終止形であり、「（じっと）見つめ座っていた」となる。 エ 「心にもあらず」は「思わず、無意識に、見るつもりはないが、自然と」といった意味である。

問二 Ⅲ「御覧ずるに」は、その対象が「御衣たまはりたまへりしを」の「御衣」から菅原道真とわかる。

問三 掛詞は同音異義語を利用し、一語に両様の意味をもたせる修辞法である。「夕されば…」の和歌の「なげき」の「（嘆）き」と「木」が該当する。また、「縁語」は一首中のある語と密接な関係のある語をいい、「木」と「燃え」、「煙」と「火」が縁語となる。 問四 「海ならず…」の和歌は、「海どころか、そのまた底にある水輪の底までも、澄みわたる月は照らすにちがいない。私の心は底の底までも汚れていないのだから、あの天上の明月だけは照覧くださるだろう」と解釈する。①「月日こそは照らしたまはめ」の「こそ…め」は強意の係むすび。「せめて月日だけは(道真公の)潔白な心をお照らしくださるであろう」と解釈する。　問五「去年ノ今夜清涼ニ侍シ…」の詩は、『菅家後集』に収められている。「九月十日」と題する詩である。清涼殿の観菊の御宴で、醍醐天皇に伺候し、そこで道真公が詠んだもので、その折、天皇から御衣を賜わり、毎日その余香を拝している、というのである。この詩中の「独腸断」は、藤原一族による摂関体制による孤立化とその苦渋の胸のうちを吐露したもので、人々は、この道真公の「腸(はらわた)」を断つような痛切な思いに心を動かされたのである。　問六「まことに、おどろおどろしきさるものにて…まことに希有なるや」までが大宅世次の様子、「重木、涙をのごひつつ興じゐたり」が重木の様子である。

【四】問一　a　ゆえに　b　こたえて　c　のみ　d　すなわち　問二　我将に邑金を得んとす。

問三　書き下し文…し(は)なんするものぞ(や)。　(解答例)　口語訳…鮒魚よ、どうしたんだ。　問四　(解答例)　一斗、一升の水を持ってきて私を元気にしてくださいませんか。　問五　不レ如三早索二我於枯魚之肆一

問六　(1)　粟…斗升之水　三百金…西江之水　(2)　(解答例)　荘周は監河侯に粟(食糧)を借りに行っただけなのに、食糧ではなく大金を貸そうという的外れな返事だったから。　問七　(解答例)　登場人物の会話を通じ、主人公が、生活に必要なものを求める姿を今日の自分の実生活に結びつけ、共通することを深く理解し、自分の生き方の糧にしようとする主体的な学びの態度を評価の観点にする。

〈解説〉問一　なお、bの「対」は「答」と同義、cの「耳」は限定の意味を表す。　問二「我将ニ得ント二邑金ヲ一」の書き下し文である。　問三　②「子何為者邪」の「子」は二人称代名詞で、ここでは「鮒魚」を指す。「何為」は疑問を表す疑問詞で、「邪」は疑問の助字である。　問四　③「君豈斗升の水有りて我を活かさんか」の口語訳で、「活」は「命を助ける」という意味である。　問五　④は、「早く我を枯魚の肆に索めんにはしかず」

と書き下す。「不レ如」を最後に、置き字「於」に注意し、「索」(述語)、「枯魚之肆」(補語)の関係に一・二点の返り点をつける。　問六　(1)「鮒魚」(荘周)に必要なものは、今生きるために必要な「斗升之水」(粟)であり、「西江之水」(三百金)は量としては多いが、今入手できないので無用のものといえる。　(2)　荘周が監河候に借りたいものは食糧の粟で食生活に必要なものであって緊急を要する。それに対して「金三百金を貸してあげよう。それでよいかな」と言われて、荘周は、「むっとして顔色を変えた」のである。「轍鮒の急」という。他の故事成語に、「遠水は近火を救わず」(韓非子・説林上)がある。　問七　「言語文化」の「読むこと」の指導事項イは、作者の思いや考え方を捉え、ものの見方や考え方に表われている人生観や価値観を理解し、自分の実生活と結びつけて自分の考えを深めることをねらいとしている。生徒が登場人物の言動を通して、ものの見方、考え方を捉え、自分の実生活と結びつけ自分の考えを深めようとする主体的な学びの態度を評価の観点にする内容でまとめてみよう。

【五】問一　①　胆　②　衰　③　暮　問二　①　b→a→c　②　a→c→b　問三　①　イ　②　ウ　③　オ　問四　(1)　神無月　(2)　ウ

〈解説〉問一　四字熟語は漢字だけでなく、由来(語源)なども知っておくとよい。　問二　①　a『宇治拾遺物語』は一二一三年ごろ、b『今昔物語集』は一一一〇年ごろ、c『沙石集』は一二八三年の成立といわれている。　②　a『和漢朗詠集』一〇一三年ごろ、b『金槐和歌集』は一二一三年ごろ、c『新古今和歌集』は一二〇五年ごろの成立といわれている。　問三　なお、島崎藤村は「ロマン主義」、遠藤周作は「第三の新人」、水原秋桜子は「新興俳句運動」がキーワードになるだろう。　問四　(1)「長月」は九月、翌月なので十月となり異名は「神無月」である。　(2)　なお、アは「十三夜」、イは「更待月」のことである。

二〇二二年度　実施問題

【中学校】

【一】次の問一～問六に答えよ。

問一　次の漢字の読み方を平仮名で書け。

①　薫陶　②　収斂　③　造詣　④　鑑みる

問二　次の片仮名部分を漢字で書け。

①　マイキョにいとまがない。

②　エイコ盛衰。

③　センレツな印象。

④　教育に身をユダねる。

問三　次の慣用句の意味を書き、状況が分かるように、この語句を使った短文を書け。なお、短文を書く際、語句は活用させてもよい。

浮き足立つ

問四　次の――線部の動詞の活用形と音便の種類を答えよ。

子どもたちが楽しそうに笑っている。

問五　次の表の空欄Aに当てはまる二十四節気の名称を書け。

二十四節気	太陽暦相当月日
小暑	七月七日ごろ
大暑	七月二十三日ごろ
A	八月八日ごろ
処暑	八月二十三日ごろ

問六 「中学校学習指導要領（平成二十九年三月告示）」に関する次の(1)～(3)の問いについて、「中学校学習指導要領解説国語編（平成二十九年七月文部科学省）」を踏まえて答えよ。

(1) 国語科の目標では、国語科において育成を目指す資質・能力を「国語で正確に理解し適切に表現する資質・能力」としているが、「正確に理解」、「適切に表現」という順に示しているのはなぜか、説明せよ。

(2) 〔知識及び技能〕の(1)「言葉の特徴や使い方に関する事項」のうち、語感を磨き語彙を豊かにすることに関する事項は、語句の量を増すことと、語句についての理解を深めることの二つの内容で構成されている。そのうち、語句の量を増すことに関して、第一学年及び第二学年については指導の重点とする語句のまとまりが具体的に示されているのに対し、第三学年については、そのようなまとまりではなく、「理解したり表現したりするために必要な語句」と示されているのはなぜか、説明せよ。

(3) 「第3 指導計画の作成と内容の取扱い」の3の(3)には、〔思考力、判断力、表現力等〕の「C読むこと」で取り上げる教材について、「説明的な文章については、適宜、図表や写真などを含むものを取り上げること」と示されている。そのような文章を取り上げて指導する際の留意点を説明せよ。

（☆☆☆◎◎◎）

【二】 次の文章を読んで、以下の問一～問七に答えよ。

> 主人公である「わたし」は、*宮下さんの誘いを受け、二歳になる一人娘の果穂とともに九十九里浜を訪れている。そこでは、クジラの研究者である網野先生が、骨格標本を製作するためにザトウクジラの発掘作業を行っていた。「わたし」は、以前「クジラの知性」についての網野先生による講演を聞いた時から気に掛かっていたことを先生に質問する。

「わたし、あれからよく考えるんです。クジラやイルカの知性とか、頭の中について。先生は①本当のところ、どう思ってらっしゃるんですか」

「そうですねえ」先生は腕組みをした。「こないだお話ししたように、わからない、わかりようがない、というのが研究者としての答えです。ですが、ただのクジラ好きのオヤジとしてなら、なるほどなと思う考え方はあります。クジラやイルカを長年追い続けた、ある動物写真家が言ってることなんですがね」

先生は、正面に広がる海に視線を向け、続ける。

「この地球で進化してきた*悟性《ごせい》や意識には、二つの高い山がある。〝ヒト山〟と〝クジラ山〟です。ヒト山ってのはもちろん、人間を頂点とする陸の世界の山。クジラ山は、クジラやイルカが形作る、海の世界の山です。どんな山か、その高ささえわかりません。でもたぶん、その頂上には、②ヒト山とはまったく違う景色が広がっている」

「まったく違う、景色――」わたしも海を見つめてつぶやいた。

「人間は、五感を駆使してインプットした情報を発達した脳で統合して、aソクザにアウトプットする。言葉や文字、道具、技術を使って、外の世界に働きかける。ヒトが発達させてきたのは、言わば、外向きの知性です。一方、光にb乏しい海で生きるクジラたちは、おもに音で世界を構築し、理解している可能性がある。文字や技術を持たないので、外に向かって何かを生み出すこともほとんどありません。だったら彼らはその立派な脳を、膨大な数のニューロンを、いったい何に使っているのか。もしかしたら彼らは、我々とは違って、もっと内向きの知性や精神世界を発達させているのかもしれない――ということなんです。私なりの言葉で言うと、クジラたちは、我々人間よりもずっと長く、深く、考えごとをしている」

クジラの、考えごと――。

わたしの意識は、海へと潜っていった。暗く、冷たく、静かな深い海に。

だがもうわたしは、プランクトンではない。この身長一五六センチの体のまま、その十倍はあるザトウクジラと並んで潜っている。

その姿を見てAすぐにわかった。これは、さっき骨として掘り出されたあのクジラだ。わたしと一緒に海に還って、また泳ぎ出したのだ。

突然、全身が震えた。低く太い音が体の奥までしみ込んでくる。横でクジラが歌い始めたのだ。わたしもそれを真似てみるが、何を歌っているのかはまるでわからない。

クジラの頭のところまで泳ぎ、その目をのぞき込んでみる。

感情の読めないcスんだ瞳は、わたしのことなど視界に入っていないかのように、微動だにしない。確かに、考えごとに集中しているようにも見える。

どんなことを考えているか想像しようとするのだが、何も浮かばない。人の頭の中をいつも妄想しているわたしなのに、まるで見当がつかない。

息が苦しくなってきた。クジラから離れ、海面に上がっていく。③光が見え、空が見えた。

胸いっぱい空気を吸い込みながら、ああ、と思う。

わたしは、わたしたちは、何も知らない。

クジラは、わたしたちには思いもよらないようなことを、海の中で一人B静かに考え続けているのだ。

そして、もしかしたら、すでにその片鱗《へんりん》を知っているのかもしれない。

生命について。神について。宇宙について。

わたしは、何だかとてもうれしくなった――。

「さて、私はそろそろ」

網野先生の声で、我に返った。

現場に戻る先生を、宮下さんと見送った。作業はあと二、三時間で終わるそうだ。

果穂はまだ眠っていた。風が強くなってきたので、薄手のブランケットを掛けてやる。

「この子、さっき言ってました」わたしは宮下さんに言った。「いつか、生きてるクジラに会いに行きたいって。一緒に泳ぐそうです」

「そう」宮下さんは優しく微笑む。「そんなこと、きっと簡単に叶えちゃうわよ。わたしもお付き合いしたいわ。水泳教室に通おうかしら」

「じゃあ、わたしも」頬がd緩んだ。「実はわたしも、泳げないんです」

手をのばし、風で乱れた果穂の前髪を分けてやる。

この子には、世界をありのままに見つめる人間に育ってほしい。わたしのように、虚しい空想に逃げたりせずに。

そうしたらきっと、宮下さんのように、何かを見つけるだろう。そしていつか、必ず何かが実るだろう。④わたしは――。

顔を上げて海に向け、ぼやけた水平線のまだ先を望む。何が見えるというわけではない。それでも、還る海をさがすことは、もうないだろう。

いつの間にか、波の音がここまで響いてくるようになっていた。

心地よく繰り返されるその音の向こうに、ザトウクジラの歌声をさがした。

（伊予原《いよはら》　新《しん》『海へ還る日』による）

[注]

＊宮下さん…国立自然史博物館動物研究部の非常勤職員。クジラやイルカなど、出版物用の生物画を描く仕事に従事している

＊悟性………思考の能力

問一　本文中のａ、ｃの片仮名部分は漢字に、ｂ、ｄの漢字は平仮名に、それぞれ直して書け。

ａ　ソクザ　　ｂ　乏しい　　ｃ　スんだ　　ｄ　緩んだ

問二　Ａ　すぐに　とＢ　静かに　の品詞名をそれぞれ答えよ。

問三　①本当のところ　について、「わたし」がこの言葉を用いた理由を説明せよ。

問四　②ヒト山とはまったく違う景色が広がっている　と網野先生が述べる理由を説明せよ。

問五　③光が見え、空が見えた　という描写はどのようなことを暗示しているか、説明せよ。

問六　④わたしは――　について、この場面における「わたし」の心情を、「――（ダッシュ）」を用いる効果に触れながら説明せよ。

問七　「中学校学習指導要領（平成二十九年三月告示）」第一学年〔思考力、判断力、表現力等〕の「C読むこと」⑴「ウ　目的に応じて必要な情報に着目して要約したり、場面と場面、場面と描写などを結び付けたりして、内容を解釈すること」について指導する際に、どのような学習活動を設定すればよいか。「中学校学習指導要領解説国語編（平成二十九年七月文部科学省）」を踏まえ、本文を用いて具体的に述べよ。

（☆☆☆◎◎◎）

【三】次の文章を読んで、以下の問一～問七に答えよ。なお、設問の都合により、本文には段落番号を付記している。

1　近代文明は、量的拡大と利便性（時間短縮を進歩とみなし、科学技術でそれを具現化した国を先進国としてきた。科学技術は自然科学の知識を活用してきたとされるが、それは、自然を機械とトラえ、外から操作する立場で進められ、自然そのものに向き合っては来なかった。人間は自然の外に存在するかのように振舞い、自然とは無関係な人工世界をつくることにセンネンしてきたのである。近年は金融経済がこれを加速し、格差や限りない欲望を称えまでした。その結果、人間がより大きな存在になったかと言えば、①むしろ閉塞感をつのらせ小さくなったのではないだろうか。進歩、とくに空間や量の拡大を求めての進歩の時代を終え、新しい文明の構築を考える時が来ている。3・11以降その感を更に強くした。

2　実は科学は、人間が生物の一種として他の生きものと三十八億年という長い歴史を共有する存在であることを明らかにした。もう少し具体的に言うならバクテリアとも昆虫とも共通の場に立っているということである。更に広げるなら私たちは百三十八億年前に生まれた宇宙を構成する物質でできている。人間は自然の一部であるとはこのような事実をさし、これは人間が長い時間を内に持つ大きな存在であることを示している。悠然と流れる時間を生きているのである。

3 人間はバクテリアとも昆虫とも同じ世界を生きると言っても、生きものそれぞれはその特徴を生かして暮らしている。では、人間の特徴はなにか。最近、霊長類研究や人類学などから想像力、分かち合いの心、世代間の助け合いなどが人類誕生と関わり、c過酷な環境の中で生き続けることを支えてきたという興味深い報告が出されている。言葉は情報の分かち合いの道具だとも言われる。

4 想像力は、今ここにいない人や過去や未来をも考えられる大事な能力である。科学も、見えないものを見る眼があってこそ生まれた知である。進歩はこのすばらしい能力を生かし、よりよい将来を求めた価値観であり、②人類として当然の方向だったと言える。

5 しかし今や、量と利便性で測る進歩は、よりよい将来につながらないことがわかってきた。想像力を別の形で生かす方法を皆で考える時と言える。私は、自然そのものに向き合い、その中の生きものをよく見つめ、生きものとしての生き方を踏まえたうえで、人間の特徴を生かすことが次の道だと思っている。

6 今ここにあることを大切にし、今を充実させようと思う。それは私だけに閉じこもることではない。自らの中にある長い時間やさまざまな関係性に眼を向けることであり、そこには過去や未来、地球の反対側に暮らす人、更には宇宙までが入りこんでいる。そこから人類の出発点にあったとされる分かち合い、助け合いを広げていくことである。それには、まず一極集中に象徴される数や量への指向を止め、地域を生かす社会を作ることだ。お互いに分かち合って暮らすことのできるコミュニティの成員は百五十人とされる。もちろん今これを単位とせよとは言わない。しかし、小さなコミュニティが存在し、それが積み重なって地球にまで広がっていくのが暮らしであり、グローバルと言われて上から振り回されるものではないことは確かだ。

[7] 食べ物、健康、住まい、環境、エネルギー、文化(知や美)の基本を小さな地域の自然に合わせて作るだけの余裕と知恵を、今私たちは持っているはずである。充実した今を積み重ねてこそ③よい未来がある。

(中村《なかむら》　桂子《けいこ》『こどもの目をおとなの目に重ねて』による)

問一　本文中のa、bの片仮名部分は漢字に、cの漢字は平仮名に、それぞれ直して書け。
　a　トラえ　b　センネン　c　過酷

問二　A　が　B　が　の助詞の種類をそれぞれ書け。

問三　①むしろ閉塞感をつのらせ小さくなったのではないだろうか　と筆者が考える理由を、本文中の語句を用いて説明せよ。

問四　②人類として当然の方向　とあるが、筆者は人類がどのようにしてきたことを「当然の方向」と述べているか。「人間の特徴」を明確にして説明せよ。

問五　第[5]段落が、論の展開の中で果たしている役割を、本文を引用しながら説明せよ。

問六　③よい未来　とあるが、筆者がよい未来を作るために必要だと考えていることは何か。説明せよ。

問七　この文章を用いてどのような学習活動を設定するか。「中学校学習指導要領解説国語編(平成二十九年七月文部科学省)」第二学年の〔思考力、判断力、表現力等〕「C読むこと」(1)「エ　観点を明確にして文章を比較するなどし、文章の構成や論理の展開、表現の効果について考えること」の内容を踏まえ、具体的に説明せよ。

【四】 次の文章を読んで、以下の問一～問五に答えよ。　（☆☆☆◎◎◎）

歌の、*八の病の中に、後悔の病といふやまひあり。歌、すみやかに詠み出だして、人にも語り、書きても出だして、後に、よきことば、節を思ひよりて、かくいはでなど思ひて、悔いねたがるをいふなり。さればなほ、①歌を詠まむには、急ぐまじきがよきなり。いまだ、昔より、とく詠めるにかしこき事なし。されば、*貫之などは、歌ひとつを、十日二十日などにこそ詠みけれ。しかはあれど、折にしたがひ、事にぞよるべき。

大江山生野のさとの遠ければふみもまだ見ず*あまの橋立

これは、*小式部の内侍といへる人の歌なり。ことの起りは、小式部の内侍は、*和泉式部がむすめなり。親の式部が、*保昌が妻《め》にて、丹後に下りたりける程に、都に、*歌合のありけるに、小式部の内侍、歌よみにとられて詠みける程、*四条中納言定頼といへるは、*四条大納言公任の子なり。その人の、たはぶれて、小式部の内侍のありけるに、「丹後へつかはしけむ人は、帰りまうで来にけむや。②いかに心もとなくおぼすらむ」と、ねたがらせむと申しかけて、立ちければ、内侍、御簾《みす》よりなから出でて、わづかに、直衣《なほし》の袖をひかへて、この歌を詠みかけければ、いかにかかるやうはあるとて、*ついゐて、この歌の返しせむとて、しばしは思ひけれど、え思ひ得ざりければ、③ひきはり逃げにけり。これを思へば、*心疾く詠めるもめでたし。

*道信の中将の、*山吹の花をもちて、上《うえ》の御局《みつぼね》といへる所を、すぎけるに、女房達、あまたゐこぼれて、「さるめでたき物を持ちて、ただにすぐるやうやある」と、いひかけたりければ、もとよりや、まうけたりけむ、

④口なしに*ちしほやちしほそめてけり

といひて、さし入れりければ、若き人々、え取らざりければ、おくに、*伊勢大輔がさぶらひけるを、「あれとれ」と*宮の仰せられければ、うけ給ひて、*一間が程を、ゐざり出でけるに、思ひよりて、

⑤こはえもいはぬ花のいろかな

とこそ、付けたりけれ。⑥これを、*上聞こし召して、「大輔なからましかば、恥がましかりける事かな」とぞ、仰せられける。これらを思へば、心疾きも、かしこき事なり。

（『俊頼髄脳』による）

［注］
*八の病………修辞上の欠陥を表した八つの歌病《かへい》
*貫之………紀貫之
*あまの橋立………丹後国にある景勝地
*小式部の内侍………平安中期の女流歌人
*和泉式部………平安中期の歌人。小式部の内侍の母
*保昌………藤原保昌。和泉式部の最後の夫
*歌合………和歌を左右に分けて、優劣を判定した文学的遊戯
*四条中納言定頼………藤原定頼。小式部の内侍と恋愛関係にあった
*四条大納言公任………藤原公任。博学多芸な歌人
*ついゐて………そのままいて
*心疾く………素早い発想で

＊道信……藤原道信。中古三十六歌仙の一人
＊山吹……黄色で梔子《くちなし》色と同色
＊ちしほ……幾度も染料に浸して染めること
＊伊勢大輔……上東門彰子に使えた女流歌人
＊宮……中宮。彰子
＊一間……柱と柱の間一つ
＊上……一条天皇

問一　①歌を詠まむには、急ぐまじきがよきなり　とあるが、筆者がこのように思った理由を説明せよ。
問二　②いかに心もとなくおぼすらむ　とあるが、このように言った人物と、その意図を説明せよ。
問三　③ひきはり逃げにけり　とあるが、このようになった要因について、小式部の内侍の歌の内容を踏まえて説明せよ。
問四　⑤の巧みさについて、④の内容を踏まえて説明せよ。
問五　⑥これらを思へば、心疾きも、かしこき事なり　とあるが、筆者がこのように考える理由を、「これら」が指す内容を明確にして説明せよ。

（☆☆☆☆◎◎◎）

【五】次の漢文A及び漢詩Bは柳宗元の作である。柳宗元は唐代の詩人である。河東の人で、二十一歳の若さで進士に及第し、三十三歳の時、政治改革運動に参加したが、反勢力の反撃にあって挫折した。その後、永州に流され、その十年後に柳州に遷され、四十七歳で生涯を閉じた。このような柳宗元の境遇を踏まえ、次の漢文

A及び漢詩Bを読んで、以下の問一～問六に答えよ。なお、本文には新字体を用いた漢字と、設問の都合により訓点を省いた部分がある。

漢文A

ａ自吾為*僇《りく》人《じん》、居*南郷、後之*潁《えい》然《ぜん》出者、独吾不見之也。其在道路、幸而過余者、独得*澥《かい》。澥質厚不諂《へつら》、敦厚有裕、若器焉、必隆然大、ｂ而《しかう》後可以有受。択所以入之者、若*牆《しやう》焉、必*基之廣、而後可以有蔽。択其所以出之者而已矣。其文蓄積甚富、好慕甚正。勤聖人之道、輔以孝悌、復*嚮《きよう》時《じ》之美、吾於澥焉是望。汝往哉。見諸*宗人、為我謝而勉《はげ》焉。無若大山之麓

止《ツテ》、而不レ得《ルガ》レ升《のぼルヲ》也。其レ唯川之不レ已《ラン》乎《マ》。吾去《リテ》レ

子《ツ》終《d》老《イン》ニ於夷一《ニ》矣。

（『唐宋八大家文読本』による）

漢詩B

登《ル》ニ柳州《ノ》蛾山一《ニ》　　　柳宗元

荒山秋日午《ナリ》　　獨《リ》上《リテ》意悠悠《クリ》

如何《いかんソ》（e）望《ム》レ郷《ツ》處　　西北《ハ》是レ融*州

（『唐詩選』による）

＊僇人…罪人　＊南郷…南方の村里。永州のこと　＊穎然…秀でているさま

＊瀬…柳宗元の一族の者　＊牆…土塀　＊基…土台　＊嚮時之美…昔柳一族が盛んであったこと

＊宗人…一門の人々　＊融州…柳州の北三千里に位置し、故郷をのぞむ方角にある地

問一　a 自　c 於　d 終　の本文における読みを、送り仮名が必要な場合には送り仮名を添えて平仮名(現代仮名遣い)で書け。

問二　b 而　e 如何　は本文中でどのような意味を表しているか説明せよ。

問三　漢文Aにおいて柳宗元が瀬に託す願いについて説明せよ。

問四　漢詩Bに表現されている情景について説明せよ。

問五　漢文Aと漢詩Bから共通して読み取れる柳宗元の心情について、根拠となる表現を示して説明せよ。

問六　中学校第三学年の授業で、漢文A及び漢詩Bの世界をより深く、広く理解する学習活動を展開する際に、どのようなことに留意することが必要か。「中学校学習指導要領解説国語編(平成二十九年七月文部科学省)」第三学年の〔知識及び技能〕の(3)「ア　歴史的背景などに注意して古典を読むことを通して、その世界に親しむこと」の内容を踏まえ、具体的に説明せよ。

(☆☆☆◎◎◎)

【高等学校】

【一】次の文章を読んで、問一から問六に答えよ。

あるフォーラムで、科学哲学を専攻する小林傳司《ただし》が市民たちにこんな問いを向けた。

「どんな専門家がいい専門家ですか?」

返ってきた答えはごくシンプルで、高度な知識をもっているひとでも、責任をとってくれるひとでもなく、「いっしょに考えてくれるひと」というものだった。市民に代わって正しい答えを出してくれるひとではないのである。ちなみに、原発の推進にかかわった工学者たちも、文系の研究者にもいっしょに考えてほしかったと語ったそうだ。

この場合、「いっしょに考えてくれる」とはいったいどういうことなのか。

リスクを回避するためにあらゆる手立てを講じるというのは、あたりまえのことである。人生ではあたりまえのこのことが、社会という規模になるとあたりまえとはいえなくなる。どこかで割り切りということが必要となるからだ。大災害、河川の決壊、列車事故、テロ攻撃などへの備え、さらにはオゾン層破壊や感染症対策なども視野に入れると、完全なリスク回避というのはおよそありえない。それに完全を期せば、法外というか底なしの経費がかかるし、他方、待ったなしで対策を打たねばならない課題はほかにも無数にあり、財政バランスから言っても、どこかで見切りをつけるということがどうしても必要になる。

仮にもし、ある災害や事故の発生確率とそれによる被害の規模を、関連の研究者たちが「科学者の合意」として算出しえたにしても、それで事が片づくわけではない。一定期間内の確率としてはかなり低い数字が示されたとしても、だからリスクはないに等しいと割り切って他の施策に予算を回すのか、逆に、かなり低いとはいえリスクがある以上、安全対策は欠かせないと考えて相当の予算をあてるのかは、別の判断である。そしてこの判断をまかせられる「専門家」はいない。

これと似たジレンマにこれまで直面し続けてきたのが、先端の生命技術を応用しようという医療現場である。かつてES細胞の研究利用をめぐっては、「ひとの生命の萌芽」というべき存在をたとえ難病に苦しむ多くの患者に恩恵をもたらすからといって破壊してよいのかどうかについて、激論が交わされた。①〈恩恵〉と〈倫理〉の背反のなかでの判断である。遺伝子治療やiPS細胞のaリンショウ利用についても、将来のリスクが予測しきれないなかで、それをどの時点で開始するかの判断も容易ではない。

これらは最終的には、科学的識見ではなく、どの価値を優先するのかという市民の価値判断によるしかない問題である。技術的には可能であるが、はたして実行に移してよいのかどうかの判断は、安全性にどこで見切りをつけるかの判断とおなじく、いずれだれかがどこかで線引きしなければならないものである。その割り切りをどの時点でするのか、だれがするのか。この決定は重い。

最終的に市民の価値判断によるといっても、市民とはだれのことか。何歳か以上のすべてのひとなのか、あるいは「意識の高い」あるいは「問題に関心のある」ひとたちのことか。これもむずかしい問題である。そしていうまでもないことだが、どの価値を優先するかについて市民のあいだの意見は往々にしてはげしく対立する。万が一失敗してもそれを②「合理的な失敗」として納得できるような、そういう合意に向けて、どのような摺り合わせのプロセスと手法を採るのか。これもなかなかにむずかしい問題である。

どの場所から見るかによってそのbソウボウが大きく変わる問題、数多くの不確定な事項によって規定されている問題、だれも③すべてのコンテクストを見通しえない問題、けれどもひとびとの日々の、そして将来の幸不幸に深くつながる問題。これらへの取り組みにおいては、④パラレルな知性というものが求められるのだとおもう。

逆説的に聞こえるかもしれないが、専門知というのは、それが適用される現場で、いつでも棚上げにできる用意がなければ、プロの知とはいえないものである。専門知は、現時点で何が確実に言えて、何が言えないか、その限界を正確に摑んでいなければならない。しかし、現場にいるひとの不安や訴えのなかで、自身の判断をいったん括弧に入れ、問題をさらに聴きなおすこと、別の判断と摺り合わせたうえでときにそれを優先させることもしなければならない。ここでは、「この点からは」「あの点からは」という複雑性の増大にしっかり耐えうるような知性の肺活量が必要となる。こうした二様の知性をパラレルに働かせることを、いずれの分野であれ、いまのプロフェッショナルは求められている。先の小林傳司が日頃つぶやいていた言葉をここで引かせてもらえば、⑤「科学技術は専門家にまかせるには重大すぎる」のである。だからこそ、専門家にもいっしょに考えてもらわねば困るのである。

専門家への信頼の根は、おそらくいつの時代も、彼がその知性をじぶんの利益のために使っていないというところにあるのであろう。このことを、カントは「理性の公的使用」と呼んだ。たまたまじぶんに恵まれた知的才能を、じぶんのためではなく、他者たち、もっと正確にいえば人類のために使うということである。

興味深いのは、カントがこれに対して知性の「私的使用」と呼ぶのは、意外にも、その言葉から予想されるようなプライベートな使用、つまり自己利益のための個人的使用のことではない。カントはいう、「私は、自分自身の理性の公的使用を、ある人が読者世界の全公衆を前にして学者として理性を使用することと解している。私が私的使用と名付けているのは、あるcイタクされた市民としての地位もしくは官職において、自分に許される理性使用のことである」（『啓蒙とは何か』福田喜一郎訳）、と。

つまりカントは、特定の社会や集団のなかでみずからにあてがわれた地位や立場にしたがってふるまうことこそ「理性の私的使用」だとしている。いいかえると、割り当てられた職務を無批判的に全うすること、たとえば組織内の立場に照らした発言をすること、上司の指示にひたすら受動的に従うということ、これこそが「私的」な使用だというのである。この批判性の欠如は、現にある秩序を強化する制度の論理には資するであろうが、制度のあり方そのものの根拠への問いは封じられている。それは既存の制度を存続させるために必要なことだけにおのれの知性を使用することで、みずから技術的な知性に堕している。そこでは何がよいことかの批判は停止したままである。

これに対して、カントのいう「理性の公的使用」――わたしたちはここでこれを「知性の公共的使用」といいかえたい――とは、職務から、つまりある集団や組織のなかでおのれに配置された地位や業務から離れて、「世界市民社会の成員」として、おのれの知性を用いるということである。

そうだとすると、現代社会では、組織を護るために、そしておのれが属する組織に責任がふりかからないように、そのための作文に自身のすべての知性を用いているようにみえる公務員も、みずからの勤務する学校の偏差値を上げることに献身的な努力をしている教員も、みずからの順位を上げるために必死で受験勉強に励んでいる生徒も、みな知性を「私的」に使用していることになる。おなじ意味で、このたびの震災対応において、政治家・官僚も電気事業関係者も工学研究者も、みなみずからの職務にひたすら「忠実」な行動しかしなかった。つまり、その知性を「私的」に使用した。そう、「わたし(たち)」の問題をいっしょに考えてくれるひとではなかったのである。市民が専門家への不信をつのらせた理由は、ひとえにそこにあったとおもわれる。

恵まれた才(gifted talent)をおのれのためにではなく公共的なことがらのために用いること、おのれの才のこのような他者へのdムショウの贈与、そこにカントは人間の真の「自由」、真の批判性を見たのだが――英語のリベラル(liberal)の第一の意味が「気前がよい」だということ、このリベラルの名詞には二つ、「自由」を意味するリバティと「気前のよさ」と「eカンヨウ」を意味するリベラリティとがあることをここで思い出したい――、わたしたちの文脈でとらえなおせば、真にプロフェッショナルな専門的知性への信頼もこの「公共的な使用」にこそ根づくということになろう。みずからの手柄ではなく贈られたもの(=恵まれた才)は、他者へと贈り返されるべきもの、他者へと贈り継がれるべきものであって、おのれの下に留め置くべきものではない。⑥このことをカントは「理性の公的使用」ということでいわんとしたのだろう。

（鷲田清一『しんがりの思想』による）

問一　a リンショウ　b ソウボウ　c イタク　d ムショウ　e カンヨウ　の傍線部を漢字に直せ。

問二　①〈恩恵〉と〈倫理〉の背反　とはどういうことか、本文に即して具体的に説明せよ。

問三　②「合理的な失敗」　とはどういうことか、書け。

問四　③すべてのコンテクストを見通しえない　④パラレルな知性　とはどういうことか、それぞれ説明せよ。

問五　⑤「科学技術は専門家にまかせるには重大すぎる」のである　とあるが、筆者がこのように言う理由を、本文に即して説明せよ。

問六　⑥このことをカントは「理性の公的使用」ということでいわんとしたのだろう　とあるが、「理性の公的使用」とはどういうことか、「自由」「批判性」という語句を用いて説明せよ。

（☆☆☆◎◎◎）

【二】次の文章を読んで、問一から問六に答えよ。

民俗学者の古屋《ふるや》は、東京都心にある大学の准教授で、藤崎千佳《ちか》は、古屋のもとで研究をしている大学院生である。ある春の日、古屋と千佳は、大学近くの輪照寺《りんしょうじ》の住職と、道路工事のため間もなく切られる樹齢六百年の枝垂桜《しだれざくら》の老大木を眺めていた。

境内にあるのは、花とは縁のない黒い老木である。千佳の目にもそう見える。
だが住職はほのかな笑みを浮かべて、変わらず満足そうに石畳の先を眺めている。
「どうかしたの？」と後ろから顔をのぞかせた嫁*に、息子*は軽く肩をすくめながら、
「父さんが桜が咲いたって……」
「桜？」
同じような反応で、巨木に目を向けてから、①二人して困った顔を見合わせている。

どう返事をしたものか困惑して立っている二人に向けて、住職はまるで興味を失ったように応じない。立ちこめかけた微妙な沈黙を、しかし古屋の声が静かに押し流した。

「夕日が差し込んだのですよ」

冷静な声であった。

「ちょうど夕日の光があの木に差し込んで、まるで桜が咲いたように見えたのです」

ああ、と合点したように息子夫婦が並んで空を見上げた。千佳もつられて振りアオげば、いつのまにか空は、目を見張るような見事な茜色一色に染まっている。

東京の空にしては珍しいほど淀《よど》みのない澄み渡った夕空で、夕日の当たるビルの壁まで真っ赤に燃え上がるようだ。

「なるほど、すごい夕日ですね」

「短い時間でしたが、なかなか見ごたえがありました。本当に咲いたのかと思うくらいに」

古屋は泰然たる態度で、腰をおろした息子に杯を渡し、そっと酒を注いでやる。いつもと変わらぬ超然たるふるまいだ。

そのすぐ隣で、老住職は何も答えない。

身じろぎもせず、微笑を浮かべたまま老木を眺めている。

古屋もまた、黙って酒を飲む。自ら酒杯を干し、また徳利《とっくり》を持ち上げて住職の杯にも注いでいる。まるで何事もなかったかのように、その挙動は常と変わらず、淡々と息子と言葉をかわし、泰然としてまた酒を飲む。

だが無表情に見える古屋の頬にかすかな微笑が浮かんでいることに、千佳は確かに気がつくことができた。

だからすぐに確信した。

古屋もわかっているのだ。このたくさんの建物のb狭間にある古寺の境内に、夕日が差し込むことなどないということを。

昼間であればいざ知らず、夕刻となれば、空が明るくてもすでに夜の気配が漂い始めるような寺である。いくら夕日が美しくても、どれほど短い時間であっても、そう都合よく木だけを桜色に染め上げるものではない。もちろん夕日がどこかのビルの窓に反射して差し込むことや、建物の隙間を縫って照ることがないとはいえない。

ゆえに何が事実であるか、はっきりとはわからない。

しかし何が自然であるかは、千佳にはわかっていた。

世の中には理屈の通らないことがたくさんあり、そしてなにより、理屈より大切なことがたくさんある。

「おいおい」とふいに息子がつぶやく声が聞こえた。

我に返って振り向けば、柱にもたれていた住職がいつのまにか心地よげな寝息を立てている。白い唇に浮かんだ笑みはどこまでも満足そうで、赤子のような無邪気ささえ漂っている。

苦笑を浮かべた息子が、毛布を取ってきますよ、と言って席を立った。

本堂の蝋燭《ろうそく》の火が揺れて、息子の影が躍るように舞う。

「君も飲むかね?」

いつのまにか古屋が徳利を千佳に向けていた。

これまで輪照寺で、千佳が酒を飲んだことは一度もない。

けれども、徳利を手にした古屋が、まだかすかに笑みを浮かべていることに気が付いて、千佳はそばに伏せてあった酒杯を手に取った。

②「満開でしたね」

「満開だったな」

短い会話は、からりと乾いている。

それ以上の言葉はない。理屈もない。

ただ絢爛《けんらん》たる桜色は今も千佳の目の奥に鮮やかで、白杯になみなみと注がれる酒まで花に染まるかのようだ。

「なんだか先生といるとお酒ばかり飲んでいるみたいです」

「心外だな。不満があるなら受けなければよい。酒も学問と同じだ。余人から押し付けられてたしなむものではない」

いい言葉だと千佳は思う。

毒舌の中にc玩味があり、いかにも古屋らしいと思う。

その声に背中を押されてここまで来たということがわかるから、千佳は遠慮の埒を外して告げるのだ。

「それを言うなら、先生だっていつまでも逃げ回っていたらだめですよ」

唐突な言葉に、古屋は動きを止める。

「*尾形教授に押し付けられてばっかりじゃ、先生らしくありません。自分で進んで教授になって、ちゃんと民俗学を引っ張ってください」

にわかに吐き出された強い言葉に、しかし古屋はすぐには答えなかった。

尾形教授の体調が落ち着いているとはいえ、早期の退官はもはや間違いない。

移りゆく情勢の中で、古屋の研究室も大きな波にのまれようとしている。そういう事態で、*旗幟《きし》を明らかにせず沈黙しているのは、古屋の本来のやり方ではないだろう。

微動だにせず沈黙している古屋の怜悧《れいり》な視線は、いつになく鋭さを増している。

「相変わらず言うことに遠慮がないな」

「自覚はあるつもりです」

「発言をすればその分だけ責任は増す。それは私に限らず、君も同様だ。大局的視点も持たず、漫然と日常を過ごし、修士論文ごときに手こずっているような院生の言葉が、説得力を持つとは思えん」

③「前はそうだったかもしれませんけど、今は少し違います」

「試みに、何が違うか聞いておこうか」

「私にもわかることがあるんです。それがわかったから民俗学をもっと学びたいと思っています」

わずかにイ怪訝な顔をした古屋に、だって、と千佳は声に力を込めた。

「これからは〝民俗学の出番です〟」

にわかに沈黙が訪れた。

本堂から漏れる蝋燭の光がほのかに揺れる。奥の炊事場から息子夫婦の会話がかすかに届き、その狭間に、老住職の寝息がゆったりとしたリズムを刻んで聞こえてくる。

なお続くdセイジャクの中、古屋はじっと千佳に目を向けている。

しかしその目が見ているのが目の前の院生ではないことに、千佳は気づいている。この風変わりな学者は眼前の些細《ささい》な物事に一喜一憂することはない。その目はいつもはるか遠くを見据えている。

なおどれほどの沈黙が続いたか。

息の詰まるようなひと時ののち、古屋が口を開いた。

「いい言葉だ」

腹の底に響く太い声であった。

あの、講義室に響き渡る朗々たる声であった。

「どこの酔っぱらいの言葉か知らんが、実にいい言葉だな」

ぬけぬけとそんなことを告げると、そのまま酒杯を傾けながら、悠々と境内の老木に目を向けた。千佳もまた古屋の視線の先を追う。

まもなく失われる六百年の大樹が、黒く静かにうずくまっている。

切られたあとにはここに大きな道路が通ることになる。

その道がどこに続くのかもわからぬまま、ただ木は切られ、道は広げられ、東京は巨大化していくことになる。

その流れを止めることはできない。

アスファルトとコンクリートの町の拡大を、押しとどめることはできないし、とどめることに意味もない。

大切なことは、どこに向かって道を切り開いていくべきかをしっかりと見定めることだ。

無闇と前に進むことに、eケイショウを鳴らし、ここに至り来たった道筋を丹念に調べ、どこへ道をつなげていくべきかを考えていくことだ。

多くの人が闇の中を手探りで歩んでいる今、未来を見据え、先々にささやかでも灯火《とうか》を灯《とも》していくことができるのだとすれば、それはずいぶんと愉快な仕事ではないだろうか。

「来月には出かけなければならない場所がある」

ふいに古屋の声が響いた。

顔をあげれば、その目は、老木を見つめたまま、太い声だけが届いた。

「藤崎、旅の準備をしたまえ」
聞き慣れたいつもの声であった。

（夏川草介『始まりの木』による）

＊嫁…住職の息子の妻。
＊息子…住職の子。
＊尾形教授…古屋と同じ大学に勤める教授。
＊旗幟を明らかにせず…立場や主張、態度を明確にしないこと。

問一　a　アオげ　b　狭間　c　玩味　d　セイジャク　e　ケイショウ　の傍線部のカタカナを漢字に直し、漢字は読みを書け。
問二　ア　合点した　イ　怪訝な顔　の意味を簡潔に書け。
問三　①二人して困った顔を見合わせている　とあるが、その理由を書け。
問四　②「満開でしたね」とあるが、実際に咲いてはいないのに千佳がこのように言ったのは、どのような考えからか、書け。
問五　③「前はそうだったかもしれませんけど、今は少し違います」とあるが、千佳はどのように変わったか。「これからは〝民俗学の出番です〟」という発言に込められた千佳の心情を踏まえて、書け。
問六　本文を教材として「現代文B」の授業を行う際、「高等学校学習指導要領解説国語編(平成二十二年六月)」の「読むこと」の指導事項のうち、「文章を読んで、書き手の意図や、人物、情景、心情の描写などを的確にとらえ、表現を味わうこと」について指導する場合、どのような学習活動を設定するか。また、その際の留意点も書け。

(☆☆☆◎◎◎)

【三】次の文章は『枕草子』の一部である。これを読んで、問一から問七に答えよ。(本文の表記を一部改めたところがある。)

*頭弁《とうのべん》の、職にまゐりたまひて、物語などしたまふに、夜いとふけぬ。「明日御a物忌なるに籠るべければ、ア丑になりなばあしかりなむ」とて イまゐりたまひぬ。

ウつとめて、蔵人所の*かや紙ひき重ねて、「後のあしたは、残りおほかる心ちなむする。夜とほして、昔物語も聞え明かさむとせしを、鶏の声にもよほされて」と、いみじう清げに、*うらうへにことおほく書きたまへる、いとめでたし。御返りに、「いと夜深くはべりける鳥の声は、*孟嘗君《まうさうくん》のかや」と聞えたれば、立ち返り、「『孟嘗君の鶏*函谷関《かんこくくわん》をひらきて、*三千の客わづかに去れり』といふ。これは*逢坂《あふさか》の関の事なり」とあれば、

「夜をこめて *鳥のそら音ははかるとも世に逢坂の関はゆるさじ
①心かしこき関守侍るめれ」と Ⅰ聞ゆ。立ち返り、

逢坂は人越えやすき関なれば鳥も鳴かぬにあけて待つとか

とありし文どもを、はじめのは、*僧都の君の額をさへつきて取りたまひてき。後々のは、御前は、「さて逢坂の歌はよみ*へされて、返事もせずなりにたる、いとわろし」と Ⅱ笑はせたまふ。

さて、「*その文は、b殿上人みな見てしは」とのたまへば、「まことにおぼしけりとは、これにてこそ知りぬ

れ。めでたき事など、人の言ひ伝へぬは、かひなきわざぞかし。また、見苦しければ、*御文はいみじく隠して、人につゆ見せはべらぬ心ざしのほどをくらぶるに、②ひとしうこそは」と言へば、「かう物思ひ知りて言ふこそ、なほ人々には似ず思へ」と、『思ひ隈なく、あしうしたり』など、*例の女のやうに言はむとこそ思ひつるに」とて、いみじう笑ひたまふ。「こはなぞ。*よろこびをこそ聞えめ」など言ふ。「まろが文を隠したまひける、また、なほうれしき事なり。いかに心憂くつらからまし。今よりもさをⅢたのみきこえむ」などのたまひて後に、*経房《つねふさ》の中将、「頭弁はいみじうほめたまふとや。知りたりや。一日の文のついでに、ありし事など語りたまふ。思ふ人、人にほめらるるは、いみじくうれしく」など、エまめやかにのたまふもをかし。「③うれしき事二つ来てこそ。かのほめたまふらむに、また、思ふ人の中に侍りけるを」など言へば、「それは、めづらしう、今の事のやうにもよろこびたまふかな」とⅣのたまふ。

(『枕草子』による)


*頭弁…弁官で、蔵人頭を兼ねている者。ここでは藤原行成を指す。

*かや紙…京都の紙屋川の紙屋院ですいた紙。官用で宣旨などにも用いられた。

*うらうへに…裏表に。

*孟嘗君…中国、戦国時代の斉の公族。

*函谷関…中国河南省北西部にある交通の要所。孟嘗君は秦から逃れて夜半に函谷関にたどり着いたが、関は鶏が鳴くまで開かないきまりであった。従者で鶏の鳴きまねの達者な者がおり、その者のおかげで、関門が開かれ脱出することができた。

*客…食客。自分の家に客分として抱えておく人。

＊逢坂の関…逢坂山にあった関所。ここでは「逢坂」に「男女が逢う」の意をかけている。
＊鳥のそら音…鳥の鳴きまね。孟嘗君の従者の鳥の鳴きまねを踏まえた表現。
＊僧都の君…藤原隆円。中宮定子の弟。
＊へされて…圧倒されて。
＊その文…作者から頭弁への手紙を指す。
＊御文…頭弁から作者への手紙を指す。
＊例の女…普通の女性。
＊よろこび…ここでは「感謝」「お礼」の意。
＊経房…源経房。

問一　a　物忌　b　殿上人　の読みを現代仮名遣いで書け。
問二　ア　丑になりなば　イ　まゐりたまひぬ　ウ　つとめて　エ　まめやかに　の本文における意味を書け。ただし、アについては「丑」の指す内容を具体的に書くこと。
問三　Ⅰ　聞ゆ　Ⅱ　笑はせたまふ　Ⅲ　たのみきこえむ　Ⅳ　のたまふ　の敬意の対象として適するものを、次のア～オからそれぞれ一つ選び、記号で書け。
ア　頭弁　イ　僧都の君　ウ　御前　エ　経房の中将　オ　作者
問四　①心かしこき関守侍るめれ　とあるが、作者のどのような点が「心かしこき」と言えるのか、孟嘗君の函谷関に関する故事を踏まえて具体的に説明せよ。
問五　②ひとしうこそは　とあるが、「頭弁が作者の手紙が素晴らしいので、周囲の殿上人に見せた」という行為に対して、作者のどのような心配りが等しいといっているのか、具体的に説明せよ。

問六　③うれしき事二つ来てこそ　について、「うれしき事」の一つは、頭弁が作者をほめていることを指すが、もう一つはどのようなことか、分かりやすく説明せよ。

問七　来年度(令和四年度)以降、この文章を教材として「言語文化」の授業を行う場合、どのようなねらいを設定し、どのような言語活動を行うか、書け。

(☆☆☆☆◎◎◎)

【四】次の文章を読んで、問一から問六に答えよ。(本文は設問の関係から訓点を省いたところがある。また、新字体に改めたところがある。)

*続《ぞく》斉《さい》諧《かい》記《き》ニイフ、楊《やう》宝《はう》年九歳ノ時、至リ二華陰山ノ北一ニ、①見ド一*黄雀為ニ*鴟《し》梟《けう》所ヒ搏墜ニ於樹下一、為中*螻《ろう》蟻《ぎ》所上困。宝取リテレ之ヲ以テ帰リ、置キ二巾《きん》箱《さう》中一ニ、a唯食ラハシム二*黄花一ヲ。百余日ニシテ毛羽成リ、b乃飛ビ去ル。②其ノ夜有リ二黄衣ノ童子一。向カヒ二宝ニ一再拝シテ曰ク、「我ハ西王母ノ使者ナリ。君仁愛ニシテ救《きう》拯《しよう》ス。

実ニ感ズト二成《せい》済《さい》ヲ一。」以テ二白環四枚ヲ一与ヘレ宝ニ、③「令君子孫潔白位登*三事、当ニシレ如クナル二此ノ環《たまき》ノ一矣。」宝*哀平ノ世ニ隠居シテ教授ス。*王《わう》莽《まう》徴《め》サドモレ之ヲ、c‖遂逃遁ス。*光武高シトシ二④其ノ節ヲ一、公車ニ特ニ徴セドモ不レ到ラ。子ノ震《しん》ハ安帝ノ時為ル二太尉ト一。震ノ子ノ秉《へい》ハ桓帝ノ時為ル太尉ト一。秉ノ子ノ賜《し》ハ霊帝ノ時為ル二太尉ト一。賜ノ子ノ彪《ひう》ハ献《けん》帝ノ時為リ二太尉ト一、魏ノ文帝ノ時d‖復為ル二太尉ト一。⑤震ヨリ至ルマデレ彪ニ四世ノ太尉、*徳業相継グ。

（『蒙求』による）

＊続斉諧記…書名。
＊黄雀…雀の子。
＊鴟梟…ふくろう。
＊螻蟻…ケラとアリ。ケラはバッタ目ケラ科の昆虫。
＊黄花…菊の花。菊は延命の薬として用いられていた。

＊三事…三公(三大官)。後漢以後は太尉・司徒・司空を指す。
＊哀平世…前漢の末の哀帝・平帝の世。
＊王莽…新の君主。前漢の平帝を毒殺して国を奪った。
＊光武…光武帝。新の王莽を滅ぼし、後漢第一代の天子となった。
＊徳業…高くすぐれた徳や大きな功績。

(☆☆☆◎◎◎)

問一　a 唯　b 乃　c 遂　d 復　の本文における読みを、送り仮名を含めて現代仮名遣いで書け。

問二　①見一黄雀為鴟梟所搏墜於樹下、為螻蟻所困　について、次の問いに答えよ。

(1)　書き下し文を書け。ただし、「搏」は「搏(う)つ」、「困」は「困(くる)しむ」と読む。

(2)　口語訳を書け。

問三　②黄衣童子　とあるが、その正体は何であったか。傍線部②より後の本文中から抜き出せ。(訓点は不要。)

問四　③令君子孫潔白位登三事　について、「あなたの子孫は心が潔白であり、その位は三公に登らせる」という意味になるように、返り点を付けよ。(送り仮名は不要。)

令君子孫潔白位登三事

問五　④其節　とは、どのようなことを指しているか、書け。

問六　⑤震至彪四世太尉、徳業相継　となった経緯を、本文に即して説明せよ。

【五】次の①～⑤の説明に当てはまる人物を以下の語群から選び、平仮名を漢字に改めて書け。

① 飛鳥・奈良時代の歌人で、家族愛や苦しい生活体験を率直に表現した。代表作は『貧窮問答歌』。

② 新古今和歌集を代表する歌人で、諸国を行脚し、自然・文学・宗教が一体となった境地を率直に詠んだ。「願はくは花の下にて春死なむその如月の望月の頃」は有名である。

③ 江戸時代天明期を代表する俳人で、文人画家でもあった。蕉風復興を唱え、浪漫的・絵画的な句を詠んだ。「菜の花や月は東に日は西に」「春の海終日《ひねもす》のたりのたりかな」は有名である。

④ 江戸時代元禄期に活躍した歌舞伎・浄瑠璃の作者。町人の現実社会に題材を求め、義理と人情との葛藤を描く「世話物」の浄瑠璃を創始した。代表作は『曽根崎心中』『冥途の飛脚』。

⑤ 人間の可能性を信じ、理想主義・人道主義的な立場をとる「白樺派」の中心的な小説家。簡潔で的確な描写による文体は後の作家に影響を与えた。小説の神様とも呼ばれ、代表作は『暗夜行路』。

〈語群〉

①に関する語群
かきのもとのひとまろ　やまべのあかひと　やまのうえのおくら

②に関する語群
きのつらゆき　さいぎょう　ふじわらのさだいえ

③に関する語群
むかいきょらい　よさぶそん　こばやしいっさ

④に関する語群
いはらさいかく　たきざわばきん　ちかまつもんざえもん

⑤に関する語群
なつめそうせき　　しがなおや　　かわばたやすなり

（☆☆☆◎◎◎）

解答・解説

【中学校】

【二】問一　①　くんとう　②　しゅうれん　③　ぞうけい　④　かんが(みる)　問二　①　枚挙　②　栄枯　③　鮮烈　④　委(ねる)　問三　(解答例)　意味…不安や恐れで気持が揺れ動き、落ち着かないさま。　短文…敵からの奇襲に、味方は完全に浮き足立った。　問四　活用形…連用形　音便…促音便　問五　立秋　問六　(解答例)　(1)　表現する内容となる自分の考えなどを形成するためには、国語で表現された様々な事物、経験、思い、考え等を理解することが必要だからである。　(2)　これまでの小・中学校の学習を踏まえ、義務教育修了段階である第3学年において、全ての語句を対象に指導することを示しているからである。　(3)　表やグラフの読み取りが学習の中心となるなど、他教科等において行うべき指導とならないように留意することが大切である。

〈解説〉問一・問二　漢字は表意文字である。読みでは、和語に翻訳された漢字は訓読みするが、そうでない漢字は、字音で読む。熟語では、音＋音が多いが、音＋訓(重箱読み)、訓＋音(湯桶読み)、訓＋訓があるので注意する。書き取りでは、同音（訓）異義語や類似の字形に注意し楷書で書く。　問三「浮き足立つ」の「浮き足」は、「地面にしっかりと足が着いていないさま」「不安や恐れで気持が揺れ動き、落ち着かないさま」をいう。　問四「笑って」の「笑っ」は、「笑う」（ワ行五段活用動詞）の連用形の「笑い」の促音便である。　問五　二十四節気は、太陽の黄道上の位置によって定めた陰暦上の季節の区分。五日を一候（いっこう）、三候を一気（いっき）として、一年を二十四気に分ける。陰暦の月を約一ヶ月先にした太陽暦の八月八日ごろは、陰暦七月（文月）の「立秋」に当たる。　問六　(1)　現行の学習指導要領は、「生きる力」の知的側面「確かな学力」育成のために、教科目標も具体化して示している。正確に理解する資質・能力と適切に表現する資質・能力という順にしているのは、両者は、連続的かつ同時的に機能するものであるが、表現の内容となる自分の考えを形成する前提として、国語で表現された様々な事物や経験、思い、考え等を理解することが必要であることによる。

(2)　第三学年の〔知識及び技能〕の(1)「言葉の特徴や使い方に関する事項」の「語彙」の指導では、第一学年の「事象や行為、心情を表す語句の量を増すこと」、第二学年では、「抽象的な概念を表す語句の量を増やすこと」と示されていることを踏まえ、理解や表現に必要な様々な語句の量を増やすことが求められている。

(3)　説明的な文章については、図表や写真などを多く用いているのは、実生活に深く関わる文章が多いからである。そのため、指導のねらいに応じて適宜取りあげることが示されている。例えば、異なる形式で書かれた文章の組み合わせ、概念図や模式図、地図、表、グラフなど様々な種類の図表や写真を伴う文章がこれである。なお取り上げる場合、表やグラフの読み取りが学習の中心となるなど、他教科等において行うべき指導とならないよう留意することが必要である。

【二】問一　a　即座　b　とぼ（しい）　c　澄（んだ）　d　ゆる（んだ）　問二　A　副詞　B　形容動詞　問三　（解答例）　イルカの知性や頭の中について、気にかかっていた事を網野先生に率直に問い、講演で聞けなかったことを聞きたかったから。　問四　（解答例）　クジラたちは、文字や技術を持たないので未知の世界を音で構築しており、人間とは異なる内向きの知性や精神世界を発達させているのかもしれないという推測から。　問五　（解答例）　クジラの頭の中について空想するうちに、クジラが人間以上に生命や神、宇宙について、現実世界の片鱗を知っているのかもしれないということについての主人公の気づきの暗示。
問六　（解答例）「わたしは」の後がダッシュではっきりしていないように、主人公がまだ何かははっきりとはしないが、わたしも還る海を探さずに済むという前向きな気持ち。　問七　（解答例）　文章中の場面と主人公および網野先生の心情や行動、情景等を結びつけ、場面や描写に新たな意味付けをして、発表し合う学習活動を設定する。

〈解説〉問一　漢字の表意性、同音異義語、類似の字形に注意して楷書で書き、読みは、正しく訓読すること。
問二　ＡＢともに連用修飾語で、Ａは活用しない自立語の副詞。Ｂは活用する自立語の形容動詞(連用形)。
問三　わたしは、以前、網野先生の「クジラの知性」について講演を聞き、気に掛かっていたことを質問する。と序文にある。　問四　先生が正面に広がる海に向けて言った部分から、ヒト山の外向きの知性に対し、クジラの内向きの知性についての説明をまとめる。　問五「光」「空」は、希望や展望を暗示する。クジラの知性についてわたしは、明るい展望を心に抱いたのである。傍線部③の前後の文から、私が、クジラは、人間が気づかないことを思索していると感じていることが読み取れる。現実での生命、神、宇宙についても、すでにその片鱗を知っているのかもしれない、という憶測がわたしに希望と喜びを与えているのである。　問六　傍線部④の前の宮下さんとわたしの会話に着目する。この子には何かが実るとあり、その後に傍線部④「わたしは――」とあるので、わたしもなにか実るとつながる。また何かが見えるというわけではない、というところからまだそれが何かはっきりはしていないことがわかる。　問七　現行学習指導要領は、「確かな学力」習得のために、三つの柱で教科目標を示している。その中の「思考力、判断力、表現力等」を指導内容とし、学習領域「C読むこと」が含まれている。ウは、「精査・解釈」の指導事項で、文学的文章において、場面と場面、場面と描写などを結びつけて内容を解釈することを求めている。個々の場面や描写から分かることを把握することに加え、複数の場面を相互に結びつけたり、各場面と登場人物の心情や行動、情景等の描写と結びつけたりすることによって場面や描写に新たな意味づけを行うことが重要である。描写相互の関係を結びつけて考えることにより解釈も多様になり理解が深まる。それを生徒同士で交流することで、さらに解釈を深めさせていくことが可能になる。

【三】問一　a　捉(え)　b　専念　c　かこく　問二　A　接続助詞　B　格助詞　問三　(解答例)　人間は実際は広大な自然の一部であり、長い時間を内にもつ大きな存在であるのに、人間は自然の外にあるようにふるまい、自然と無関係な人工世界を作ってきたから。　問四　(解答例)　人間は他の生物にはない想像力をもっており、その能力を発揮してよりよい社会を目指して科学技術を発展させてきたこと。　問五　(解答例)　第5段落は、第4段落までの論を「しかし」を用いて転換し、想像力を別の形で生かす方法を考えるために次の展開へ論を進める役割を果たしている。　問六　(解答例)　今ここにあることを大切にし、今を充実できるように、一極集中に象徴される数や量への指向を止め、地域を生かす社会を作ること。　問七　(解答例)　文章の構成や論理の展開、表現の効果について、他の評論文と比較しながら、論の展開の仕方について話し合う活動を行う。その際この文章をお手本とするのではなく、批判的に検討し、自分が文章を書く際に活かすように指導する。

〈解説〉問一　漢字の表意性、類似の字形、同音異義語に注意し楷書で書くこと。読みは、二字熟語では、音+音が多いが、訓+訓(重箱読み)、訓+音(湯桶読み)などがある。　問二「が」には、体言(名詞)につく格助詞。

用語・助動詞につく接続助詞。文末につく終助詞がある。Aは、接続助詞。Bは、主格を表す格助詞。問三　第1段落に注目すると「むしろ」以下、筆者は「人間がより大きな存在になったか」の疑問を以下の文で否定している。この否定は、東日本大震災を経験した筆者の思いである。人工世界も自然の脅威の前では無力であることの認識であり、人間の存在も他の生物同様に自然の一部であることを実感したのである。問四　第3、4段落に注目する。人間の特徴の一つとして想像力がある。その想像力を用いて科学を発展させてきたのである。　問五　第5段落は、第4段落の人類の歩みによる今日の進歩した文明社会に対して問題点を挙げ、第1段落の内容を踏まえ、次の展開を図っている。　問六　第6、7段落で、今ここを大事にすることが繰り返し主張されている。そのために地域を生かす社会を作ると述べている。　問七　第二学年の「C　読むこと」の上は、「精査・解釈」の指導事項であり、複数の文章を比較しながら読むことが求められている。文章の構成の仕方、結論や主張を導くための筋の通った考え方、および表現が文章を伝える上でどのように働いているかを複数の文章を読ませることで論理展開の効果について考えをもつことができるようになる。この学習では、文章についての自分の考えを批判的に話し合うことで、生徒は自分の考えを深めることができるようになる。

【四】問一　(解答例)　歌を早々に詠みおわり、人に語ったり書き送ったりした後になって、うまく表現できなかったことを後悔することがあるから。　問二　(解答例)　小式部内侍の母親が夫とともに丹後に下向しているとき、四条中納言定頼が、彼女にからかいの言葉でくやしがらせようとしたのである。　問三　(解答例)　小式部は、大江山を越えて行くのは、あまりにも遠いので、まだ母の文も見ていませんよ、と掛詞を用いて歌を詠み、彼女をからかった定頼の直衣の袖をおさえたため、定頼は、すぐに返歌しようとしたが思いつかず、そのおさえられた袖を引き払って逃げていってしまったのである。　問四　(解答例)　④の道信の中将の「くちなし」に「口無し」を掛詞にした「口なしのように私は物が言えないので、口なしで幾重にも染めた山吹の花を持っているのです」という歌に若い女房たちは返す歌を思いつかなかったので、中宮から指図された伊勢大輔が「口無し」に、「言はぬ」、「染め」に「花の色」を付けて巧みに詠んだことをいう。
問五　(解答例)　筆者は伊勢大輔の付けた下の句と一条天皇が彼女を高く評価したことを踏まえ、すばやい発想で詠むのも賢明なことだと考えている。

〈解説〉問一　「歌を詠まむには、急ぐまじきがよきなり」の「む」は、仮定の意。「～としたら」の助動詞。「まじき」は、不適当の意の助動詞「まじ」の連体形。「急いではならない」と訳す。冒頭の「後悔の病」である。「すみやかに詠み出だし」(早々に詠みおわり)以下の文の「よきことば」(良い用語)や「節」(歌論用語で「趣向」)などを思いついて、表現できなかったことを後悔することの理由にする。　問二　「いかに心もとなくおぼすらむ」の「いかに」は、推量を表す副詞で、「どんなにか。いかばかり。」の意。「心もとなく」は、「心もとなし」(形容詞・ク活用)の連用形で、「待ち遠しく。心細く。」の意。「おぼす」(サ行四段活用)は、「思ふ」の尊敬語。「らむ」は、推量の助動詞。「どんなに心細く思っていらっしゃるでしょうね」と訳す。語りかけたのは、四条中納言定頼。相手は、和泉式部のむすめである小式部。母親が夫とともに丹後に下向しているため、定頼が「たはぶれて」(いたずら心を起こして)、(式部が)「使者として丹後の国へ行かせた人は帰ってきましたか」とたずねた後に、この言葉を言いかけて、わざとくやしがらせようとしたのである。　問三　定頼の言葉を聞いた小式部が、立ち去ろうとする彼の直衣の袖をおさえて即座に作った歌が「大江山生野の～」である。「生野」と「行く」、「踏み」と「文」が掛詞。この歌を詠みかけられた定頼は、返歌しようとしばらく考えたが、思いつかず式部におさえつけられた袖を引き払い、逃げていってしまった。というのである。
問四　⑤の下の句「こはえもいはぬ花のいろかな」は、④の句の「口なし」(口無し)に「い(言)はぬ」、「そ(染)

めでけり」の「そ(染)め」に「花の色」と付けて返したすばやい伊勢大輔の発想の巧みさである。歌意は、「なるほど、これは何ともいえず美しい花ですね。」　問五　道信の中将の上の句に、すばやい発想で伊勢大輔が下の句をつけたこと。それを耳にした一条天皇が、彼女の「心疾く」詠んだことを高く評価したことを筆者は「これら」(「これ」の複数)と述べている。「心疾し」は、発想のすばやさを意味する歌論用語。

【五】問一　a　より　c　おいて　d　ついに　問二　(解答例)　b　「而」は、「そうして。それで」の意の順接の接続詞。　e　「如何」は、反語を表し、「いったいどうしたことだろう。どうすることもできない」意を表している。　問三　(解答例)　作者は、澥に対し、聖人の道を努め行い、それを親に孝行をつくし、兄には弟として従順に仕え、かつて柳一族が隆盛であった立派な状態に戻すことを望んでいる。　問四　(解答例)　秋になり樹木の葉も枯れ落ち荒れ果てた、蛾山に、日ざしがあたっている真昼どき、山頂から融州が遠望できる情景。　問五　(解答例)　Aの漢文では、政争で左遷された柳宗元の孤独と悲哀が、吾去子終老於夷矣に見え、Bの漢詩では、自分の生まれ育ち、理想に燃えて政治活動に参画した故郷(長安)への想いが、「如何望郷處」に表れている。　問六　(解答例)　柳宗元の作品成立の時代を理解させるとともに、彼の人物像を知り、作品の世界を実感的、具体的に捉えさせるため、作品を解読した文章や映像メディアなどを活用し、古典への関心を高めることに留意する。

〈解説〉問一　a　「自」は、「より」と読む。起点を表す。　c　「於」は、「おいて」と読む。句の上にあって、人物を導き出す。　d　「終」は、「ついに」と読む。「結局」の意。　問二　b　「而」(しかうして)は、「しかくして」の音便で、順接の意を表す接続詞。　e　「如何」(いかんぞ)は、反語を表す語で、対処・処置などの手段・方法を問う。ここでは、「いったいどうしたことだろう。どうにも仕方がないが」という強い慨嘆の気持を表している。　問三　澥に託す作者(柳宗元)の願いは、「勤聖人之道～復嚮時之美」で述べられている。親に孝行し、兄には弟として従順に仕え、往時、隆盛を極めた柳一族を再興させる望みである。　問四　漢詩Bは、五言絶句で、悠・州が押韻されている。第一句は、秋の真昼どきの枯葉で荒れた人の訪れない蛾山。第四句は、遠く離れた故郷をのぞむ方角にある融州。この二句から情景を説明する。　問五　漢文Aは、作者が遷謫されていた時、柳宗元一族の再興を澥に望んだ「送澥序」の一部である。Aの文章の最後の「吾去子終老於夷矣」に、澥と別れたあと、この南夷の地で老いる自分を慨嘆する心情が表れている。漢詩Bでは、特に、故郷の長安への望郷の念が、詩中の「如何望郷處」に吐露されている。この詩は、単なる望郷詩ではなく、漢文Aにも見られる自己の人生の終焉の地となることを予感させる点でも共通している。　問六　〔知識及び技能〕は、教科目標を学習指導面でも具体化し、「確かな学力」の育成を図った指導内容である。(3)アは、「我が国の言語文化に関する事項」の内容であり、古典作品の背景となる作品の歴史的背景を踏まえ、古典作品を読み、作品の世界をより実感させることを目的としている。歴史的背景については、作品を解説した文章や視聴覚教材(映像メディア)などを活用し、古典世界への興味・関心を高めたり、内容の理解を助けたりすることに留意することが必要である。

【高等学校】

【一】問一　a　臨床　b　相貌　c　委託(依託)　d　無償　e　寛容　問二　(解答例)〈恩恵〉とは、難病に苦しむ患者の救済であり、〈倫理〉は、生命の誕生を犠牲にすることである。この両者の背反関係をいう。　問三　(解答例)「合理的な失敗」とは、市民の合意形成による価値判断の誤りによる失敗であり、失敗しても市民が納得する失敗である。　問四　(解答例)③　問題に関係する全ての状況や背景を見通すことができないこと。　④　自分の判断を一旦おいて、様々な視点から問題を捉える知性。　問五　(解答例）　科学技術を身につけた専門家は、それが適用される現場では、様々な考え方の市民の価値判断が必要であり、合意に向けてどのような摺り合わせのプロセスと手法を採るのかは専門家にも困難であるから。
問六　(解答例)　恵まれた才をおのれのためでなく、人類のための贈り物とするために用いるとき、職務から離れて自由に、組織にいても批判性を失わずに知性を使うことをいう。

〈解説〉問一　漢字の表意性、同音異義語、類似の字形に注意して楷書で書くこと。　問二　第六段落に注目する。ＥＳ細胞(胚性幹細胞)は、命のもとである受精卵を壊して作らなければならないために「ひとの生命の萌芽」に関わる倫理的な問題がある。体細胞から作られるｉＰＳ細胞(新型万能細胞)には、この倫理問題はないが、ｉＰＳ細胞は、卵子や精子を作ることができる。そのため、落ちている毛髪からｉＰＳ細胞が作られ、自分の知らないうちに子どもが生まれる危険性がある。文中のｉＰＳ細胞のリスクは、このことをいう。ＥＳ細胞は一方で難病救済の恵みにもなる。この倫理の背反と恩恵の二面性について述べる。　問三　第八段落に注目。「合理的な失敗」とは、問題に対する市民の合意による価値判断の誤りである。市民による主体的な合意形成による価値判断は、その判断の誤り(失敗)に対しては、自己責任として納得することができる。
問四　③　第九段落に注目。「コンテクスト」とは、文章の前後の関係(文脈)をいう。ここではどこから見えるかで相貌が変わる、数多くの不確定な物事の状況や背景を意味する。「状況・背景」の意もある。
④「パラレル」とは、二つの事柄が互いに応じ合っていることの意。「知性」は、多様な物事の変化に対応し、解決していく知力。「この点からは」「あの点からは」と考えることである。　問五　第七、八段落に注目。科学技術の専門家は、専門知を適用する場で、多様な立場の他者の判断と調整し、的確な判断をすることが求められることをいう。科学技術は、いずれの分野の専門家にも、この二様の知的判断をパラレルに働かせ適用することが必要であることを述べている。　問六　傍線部⑥の「このこと」の指示する「恵まれた才は、他者へ

と贈り返されるべきもの」を、より具体的に述べている第十一段落から第十四段落を要約して説明する。傍線部⑤のあとの文で「理性の公的使用」について、「恵まれた知的才能を、じぶんのためではなく、他者たち、もっと正確にいえば人類のために使うということである」と述べている。

【二】問一　a　仰(げ)　b　はざま　c　がんみ　d　静寂　e　警鐘　問二　(解答例)　ア　納得した　イ　不思議でわけが分からない顔　問三　(解答例)　老木で桜の花が咲くはずがないのに住職が桜が咲いたというので住職の息子とその嫁が困り切っている様子。　問四　(解答例)　老木の桜が夕日を浴びて茜色に染まった空の下、桜が花開いていると認識した住職の言葉は、理屈に合わない事実認識だが住職にとっては自然な事実認識だと考えたから。　問五　(解答例)　今までの微視的な視点で漫然と民俗学の研究に取り組むのでなく、これからはここまで至った道を調べ、どこへ道をつなげていくべきかを考える民俗学の研究に取り組むという千佳の決意である。　問六　(解答例)　学習活動…本文を教材として、ペアやグループで話し合う学習活動を行う。この活動では、話し合いにより作者によって設定され、表現された人物や情景を的確にとらえ、叙述に即して文章中の人物の心情や生き方を理解するように指導する。　留意点…話し合った内容をホームルーム全体で話し合い、生徒たちが自分の考えを更に深めることにも留意して授業を行う。

〈解説〉問一　漢字の表意性、同音異義語、類似の字形に注意して楷書で書き、読みは、音訓の読みに従い正しく読むこと。　問二　「合点(がってん)」とは、和歌や俳句で秀句にしるしをつけたり、回状などの自分の名前の所に賛成の意でしるしをつけたりしたことから、「了解・承知・納得すること」をいう。　問三　冒頭から傍線部①の次の文までの部分に注目。花とは縁のない樹齢六百年の桜の老木に「桜が咲いた」と言う住職に対する息子とその嫁の困惑の表情である。　問四　傍線部②の前の部分に着目する。夕日の光を浴び、澄み渡った夕空が茜色に染まり、桜の老木が花を咲かせているという錯覚をしている住職の認識は、理屈に合わない不自然な現象を事実と認識している。しかし千佳は、その住職の認識は自然である錯覚による事実と認容してあげようと考えたのである。問五　傍線部③の後の「大切なことは、～それはずいぶんと愉快な仕事ではないだろうか。」の部分に着目する。以前の千佳は、古屋准教授の言葉どおり、視野の狭い微視的視点で物事を考え漫然と研究に取り組んでいたのに対し、現在は民俗学の価値を理解し、励もうとしている、その千佳の心情をまとめる。問六「現代文B」は、近代以降の文章を的確に理解する能力を高めるとともに適切に表現する能力を高めることを目標にしている。設問の指導事項は、「書き手の意図や描写されたことを的確にとらえ、表現を味わうことに関する指導事項」である。本文を教材として授業する場合、指導事項を効果的に学ばせるための「言語活動例」のア「文学的な文章を読んで、人物の生き方や表現の仕方などについて話し合うこと」を導入してみよう。本文を読む際には、書き手の意図により表現された人物や情景などを的確にとらえ、表現に即して文章中の人物の心情や生き方を理解させることに留意して、指導することが大切である。本文を通じ、「主人公の生き方やその表現の仕方など」に対する自分の考えや感想を話し合うためのグループ活動では、グループの話し合いの内容を更に深めるホームルーム全体の取り組みを考えておこう。

【三】問一　a　ものいみ　b　てんじょうびと　問二　ア　午前二時頃になったならば　イ　宮中に参上なさった　ウ　翌朝　エ　まじめに　問三　Ⅰ　ア　Ⅱ　ウ　Ⅲ　オ　Ⅳ　エ　問四（解答例）孟嘗君が鶏のまね声で開門させたことにちなみ、「夜がまだ明けないうちに鶏の声色で函谷関の関守をだますとしても、逢坂の関はだまされて許すようなことはしないつもりです」と詠み、だまされて男女の仲にはなりません、ということを伝えている。問五（解答例）頭の弁の下手な手紙を一生懸命隠して人に少しも見せない作者の心くばり。問六（解答例）経房の中将の「思ふ人」の中に作者が入っていたこと。

問七（解答例）指導目標は、「作品の内容や解釈を踏まえ、自分のものの見方、感じ方、考え方を深め、我が国の言語文化について自分の考えをもつこと」とする。言語活動は、古典に必要な文語のきまりや古典特有の表現について学習するだけではなく、鶏鳴狗盗を読んだ感想と清少納言の考えを比較して討論する学習を行う。

〈解説〉問一　a「物忌」は、「ものいみ」と読む。「神事などのため、一定期間、飲食行為などを慎み、身心を清めて家にこもること」をいう。　b「てんじょうびと」と読む。「四位、五位の人、および六位の蔵人で清涼殿の殿上の間に登ることを許された人の称」。　問二　ア「丑になりなば」の「丑」(うし)は、「今の午前二時頃」。「なりなば」は「なり」(自ラ四)の連用形で、「その時刻にいたる」意。「な」は、完了の助動詞「ぬ」の未然形。「ば」は、活用語の未然形につく仮定条件の接続助詞。「午前二時頃になったならば」の意。イ「まゐりたまひぬ」の「まゐり」は、「まゐる」(自ラ四)の連用形で「参上する」意の謙譲語。「たはひ」は、「たまふ」(他ハ四)の尊敬の補助動詞の連用形。「ぬ」は、完了の助動詞。「宮中に参上なさった」意。ウ「つとめて」は、「その翌朝」の意。エ「まめやかに」は、「まめやかなり」(形動・ナリ)の連用形で、「まじめに。忠実に」の意。　問三　Ⅰ「聞ゆ」(他ヤ下二)は、「言ふ」の謙譲語。頭弁への作者の敬意。Ⅱ「笑はせたまふ」の「せたまふ」は、尊敬の助動詞「す」の連用形に尊敬の補助動詞「たまふ」のついた形で、作者から御前への敬意。Ⅲ「たのみきこえむ」の「きこえ」は、「きこゆ」(ヤ行下二段活用)の謙譲の補助動詞。頭弁から作者への敬意。Ⅳ「のたまふ」(他ハ四)は、「言ふ」の謙譲語。作者から経房の中将への敬意。　問四「心かしこき」は「関守」の修飾語で、作者が自分の賢明さをのべた言葉。頭弁が「鶏の声にせき立てられて参上した」と紙に書いたのに対しての作者とのやりとりで、作者が、「孟嘗君が鶏の声色で函谷関の関守をだますとしても、逢坂の関守である私は、だまされて許すようなことはしないつもりです」と述べた。ここで逢坂の関と男女が逢うことをかけていることに注意する。　問五　文中「また見苦しければ〜ひとしうこそは」

が、作者の頭弁への心配りである。頭弁の歌がつたないので、それを懸命に隠して人には少しも見せないことが、頭弁への同等の配慮だというのである。　問六　③の「うれしき事二つ来てこそ」の二つ目は、「思ふ人の中に侍りけるを」の「思ふ人」は、経房の中将が深く思う女性。作者をさす。「ける」は、過去を表す。「を」は、感動の間投助詞。　問七　「言語文化」は、上代から近現代に受け継がれてきた我が国の言語文化への理解を深めることに主眼を置き、全ての生徒に履修させる共通必履修科目である。この学習では、この文章を題材に〔知識及び技能〕の「我が国の言語文化に関する事項」の指導事項を踏まえ、〔思考力、判断力、表現力等〕の「B　読むこと」の指導事項ア～オに従い授業のねらいを考え、また、そのねらいを効果的に達成するために、言語活動例ア～オの活動を通して生徒にものの見方、考え方を深めさせるようにする。

【四】問一　a　ただ　b　すなわち　c　ついに　d　また　問二　(1)　黄雀の鴟梟の搏つ所と為り樹下に墜ち、螻蟻の困しむ所と為るを見る。　(解答例)　(2)　一羽の雀の子が、ふくろうにうたれて樹下に落ち、けらとありに苦しめられているのを見た。　問三　西王母使者　問四　(解答例)　令㆔君子孫潔白位㆓登三事㆒　問五　(解答例)　王莽が家臣にするために召し出したが、拒否して逃げたこと。　問六　(解答例)　楊宝の節操のある行為で震より彪に至るまで四代続いて大尉になり徳業が相継いだことをいう。

〈解説〉問一　a　「唯」は、「ただ」と読む。「それだけ」の意。　b　「乃」は、「すなわち」と読む。「そのあと」の意。　c　「遂」は、「ついに」と読む。「結局」の意。　問二　(1)　漢文を日本語の語順に従って和文に書き下すため、まず返り点に従い、訓読し、それを書き下す。　(2)　「博つ」は、「打たれて」(打撲)、「困しむ所と為る」は、「苦しめられている」と訳す。　問三　「黄衣童子」は、楊宝に向かい再拝して自己紹介した人物である。「西王母使者」。　問四　③は、使役形である。「令《ム》～A《ヲシテ》～B《セ》」の形を応用する。Aに「君子孫」Bに「登三事」をあてる。　問五　「其節」とは、漢を簒奪した王莽に仕えなかったことを意味している。

問六　楊宝の節義に心打たれた王莽が彼を召しかかえようとしたが、これを断わり、また光武帝が招喚にも応じなかった。しかし、彼の子孫は、後の君主に召しかかえられ、盛徳功業が相継いだのは、楊宝の陰徳によることをのべている。文中の黄衣童子の「以白環四枚与宝」と「当如此環矣」の白環四枚と四人の楊宝の子孫が関わる。

【五】①　山上憶良　②　西行　③　与謝蕪村　④　近松門左衛門　⑤　志賀直哉

〈解説〉①②は、歌人についての説明であるが、①の万葉集を代表する柿本人麻呂は、宮廷歌人としてその第一人者で、皇室への賛歌や皇族の死を悼む挽歌をうたいあげ、長歌の様式を完成させた。山部赤人は、清澄な叙景歌の世界を作りあげた。①の説明の歌人は、「山上憶良」である。②の「紀貫之」は、醍醐天皇の勅命により最初の勅撰和歌集の撰者の一人で「仮名序」を書き、さらに仮名書きの日記「土佐日記」の作者でもある。「藤原定家」は、後鳥羽院の勅命を受けて作られた「新古今和歌集」の撰者の一人で、歌論に「毎月抄」がある。②の説明の歌人は、「西行」である。③は、俳人についての説明である。「向井去来」は、松尾芭蕉の門下生で、俳諧撰集「猿蓑」の撰者。俳論に「去来抄」がある。「小林一茶」は、幕末の俳人で、あたかも日記を書くように日々俳句をつくり、「七番日記」「八番日記」などがある。他に「おらが春」の句集は有名である。③の説明は、「与謝蕪村」である。④は、芸能や小説のジャンルの作者についての説明である。「井原西鶴」は、写実的な風俗小説「浮世草子」の作家である。彼は大阪の談林派の俳諧師として名を成したあと、「好色一代男」を出版して以来、「町人物」や「武家物・雑話物」など数多くの浮世草子を著している。「滝沢馬琴」は、「読本」(よみほん)の大家で、長編小説「南総里見八犬伝」や「椿説弓張月」の作者である。④の説明は、「近松門左衛門」である。⑤は、近代小説家についての説明である。「夏目漱石」は、反自然主義の立場で、文明批評的な視野の広さと洋の東西を問わない豊富な教養に裏づけられた質の高い創作活動を続けた。「三四郎」

をはじめとする前期三部作。「彼岸過迄」をはじめとする後期三部作がある。「川端康成」は、昭和初期、リアリズムによる再現を拒否して、比喩や擬人法など感覚的な表現で作品を構成する新感覚派の作家である。「伊豆の踊り子」をはじめ、「雪国」などの作品がある。昭和四十三年には、日本人として初のノーベル文学賞を受けた。⑤の説明は、「志賀直哉」である。

二〇二一年度　実施問題

【中学校】

【一】次の問一～問五に答えよ。

問一　次の漢字の読み方を平仮名で書け。

①　招聘　②　黎明　③　悉皆　④　兆し

問二　次の片仮名部分を漢字で書け。

①　イフの念　②　リレキを記す。　③　ガンチクのある言葉。　④　趣向をコらす。

問三　次の故事成語の意味を書き、状況が分かるように、この語句を使った短文を書け。

木に縁《よ》りて魚を求む

問四　毛筆を使用した書写の指導において、行書の特徴を生徒に理解させることを目的として学習活動を設定する際、どのようなことに配慮すればよいか。想定する学習活動を明らかにして、説明せよ。

問五　「中学校学習指導要領（平成二十九年三月告示）」に関する次の(1)～(3)の問いについて、「中学校学習指導要領解説国語編（平成二十九年七月文部科学省）」を踏まえて答えよ。

(1)　国語科の各学年の目標のうち、「学びに向かう力、人間性等」に関する目標において、読書について重点として示されていることを表にまとめた。（　①　）～（　③　）に当てはまる適切な語句を書け。

第1学年	（　①　）読書をすること
第2学年	読書を（　②　）に役立てること
第3学年	読書を通して自己を（　③　）させること

(2)　第1学年の〔知識及び技能〕(1)イには、小学校学習指導要領第2章第1節国語の学年別漢字配当表の漢字のうち「900字程度の漢字を書き、文や文章の中で使うこと」が示されているが、どの字種の漢字を指導するかについては明示していない。この場合、どのようなことに配慮して、指導すべき字種を決めることが考えられるか、書け。

(3)　第1学年の〔思考力、判断力、表現力等〕「A話すこと・聞くこと」を指導する際に参考とする言語活動例として「イ　互いの考えを伝えるなどして、少人数で話し合う活動。」が示されているが、少人数で話し合う活動の特徴や利点を説明せよ。

（☆☆☆◎◎◎）

【二】次の文章を読んで、あとの問一～問七に答えよ。

樺太アイヌのヤヨマネクフ（和名：山辺安之助）は、白瀬矗《のぶ》南極探検隊の一員としての任務を終え、大隈重信伯爵邸で行われている報告会に列席している。

窓の外では、雨上がりの滴に濡れた庭園の緑が、暑気を浴びて力強く光っている。誘われたような気がしたヤヨマネクフは話し相手がいないのを幸い、洋室を抜けて、庭に出た。

青々と茂る芝生を歩き、立ち止まり、あたりを眺め、また歩く。何度めかに立ち止まっていた時、背後から声をかけられた。

「いい庭だろう。わしの自慢であるんである」

振り返ると、額の禿《は》げ上がった羽織袴の老人が立っていた。頬骨が高く、口は平仮名《ヒラガナ》の「へ」のような曲線を描いている。

*大隈伯爵だった。

「どうだったね、南極は」

言いながら、伯爵は杖を器用に使って跳ねるように歩く。

「寒かったです」

短く答えると、「そうかそうか」と大笑された。

「山辺くん、だったか。雪深い地で育ったアイヌでも、やはり寒かったか」

「そりゃあもう」

「ご苦労だったな」伯爵は筋張った顔で頷いた。

「極点まで行けずとも、南極に立った人間は世界にもそうおらん。きみらアイヌが見直されるきっかけになるだろう」

「それはよかったです」

言葉に出してから、①気のない返事になってしまったと少し後悔した。

「嬉しくないのかね」

伯爵はaキゲンを損ねた様子こそなかったが、怪訝な顔をした。

「そう思ってたんですがね、最初は」

ヤヨマネクフは②顎を撫でた。

「俺たちは滅びるんじゃないか、そんな心配をずっとしてました」

伯爵は黙ってうなずいた。

「けど自分のことを振り返ったら、なかなか死なないんですよ。病気が流行っても、戦争に巻き込まれても、南極へ行っても。だから他の同族たちの運命も、そう悲観するもんじゃないなと思いました。うっとうしいことは続くんでしょうが、生きていれば、仲間がいれば何とかなると。それに」

Aつい、と風が吹き、伯爵の袴がはためいた。ヤヨマネクフも被っていた制帽が飛ばされそうになり、押さえる。

「お言葉を借りれば、見直される必要なんかなかったんですよ、俺たちは。ただそこで生きているってことに卑下する必要はないし、見直してもらおうってのも卑下と同じだと思いましてね。俺たちは胸を張って生きていればいい。一人の人間だってなかなか死なないんだから、滅びるってこともなかなかない。今はそう思ってます」

「わたしの考えとは、少し違うようだな」

伯爵は面白そうに言う。

「弱ければ食われ、滅びる。だから我が国は強さを目指した。そして強くなった」

「俺たちを食って、ですか」

相手が大物なのを幸い、思い切り皮肉をぶつけてやる。命がけで南極まで行ったのだから、それくらいの役得はあってもいいだろう。

「それが世の、人類の③摂理らしいからな」

伯爵は動じない。

「きみらはどうする。強くなるか？　日本を食うか？」

挑戦的な問いをする伯爵に、なぜかヤヨマネクフは不快感を抱かなかった。和人によくあるb蔑みの色は見えず、友人を焚きつける悪友のような無邪気ささえ感じる。

答えを探していると、伯爵は何かに気付いたように眉を吊り上げた。

「以前、同じような問いをしたことがある。その時の相手は樺太のアイヌを妻に持つポーランド人の学者だったな。日露の戦争が終わった次の年だ」

「へえ」Bつい間抜けな声が出た。「そいつはたぶん、俺の知り合いです」

「なら、なお聞きたい。きみはどうする。異国の友人と同じ道を歩むか、別の何かを目指すか」

「あいつが何を言ったか知りませんが――」

ヤヨマネクフは④顎を撫でる。

「俺たちはどんな世界でも、適応して生きていく。俺たちはアイヌですから」

「アイヌ種族に、その力があると」

「アイヌって言葉は、人って意味なんですよ」

強いも弱いも、優れるも劣るもない。生まれたから、生きていくのだ。すべてを引き受け、あるいは補いあって。生まれたのだから、生きていいはずだ。

答えを聞いた伯爵は、しばし考え込んだ。やがて上がった顔は、得心したような笑みがあった。

「きみの友人は、摂理と戦うと言っておった。人の世界の摂理なら、人が変えられると」

あいつらしい、とヤヨマネクフはつい頷いた。

「人だから生きていける、摂理も変えられる。人とは、かくも自らを恃《たの》み得るものだったのだな。不肖大隈、教えられたよ」

からからと老人は笑うが、どこか寂し気でもあった。

「戦いは、どうなったのだろうな」

伯爵閣下は願うようにcツブヤき、跳ねるような足取りで去って行った。

ヤヨマネクフは空を仰いだ。⑤まだ六分ほど重たい雲に覆われていたが、晴れ間からは力強い陽光が降り注いでいる。

これからも、同族たちにはさまざまな困難があるだろう。同化の圧力、異化《いか》の疎外、蔑視、d憐憫、薄れる記憶。

もし祈りの言葉が忘れられても、言葉を奪われても、自分が誰かということさえ知っていれば、そこに人《アイヌ》は生きている。それが⑥摂理であってほしいと願った。

（川越《かわごえ》　宗一《そういち》『熱源』による）

［注］　＊大隈伯爵…大隈重信。白瀬矗南極探検隊の後援会長を務めている。

問一　本文中のa、cの片仮名部分は漢字に、b、dの漢字は平仮名に、それぞれ直して書け。

a　キゲン　b　蔑み　c　ツブヤき　d　憐憫

問二　A　つい　と　B　つい　にはどのような意味の違いがあるか説明せよ。

問三　①気のない返事　について、ヤヨマネクフの返事がそのようになったのはなぜか。説明せよ。

問四　②顎を撫でた　と　④顎を撫でる　が、共通して読み手に与える表現上の効果について、「顎を撫でる」という慣用句の意味と関連付けながら、説明せよ。

問五　⑤まだ六分ほど重たい雲に覆われていたが、晴れ間からは力強い陽光が降り注いでいる　について、この描写が暗示していることを説明せよ。

問六　③摂理　と　⑥摂理　とあるが、大隈伯爵とヤヨマネクフの「摂理」の捉えを具体的に説明せよ。

問七　「中学校学習指導要領(平成二十九年三月告示)」第3学年の〔思考力、判断力、表現力等〕「C読むこと」(1)「エ　文章を読んで考えを広げたり深めたりして、人間、社会、自然などについて、自分の意見をもつこと。」について指導する際に配慮することを、「中学校学習指導要領解説国語編(平成二十九年七月文部科学省)」を踏まえ、本文を用いて具体的に説明せよ。

(☆☆☆◎◎◎)

【三】次の文章を読んで、あとの問一～問七に答えよ。なお、設問の都合により、本文には段落番号を付記している。

[1]だれにもいろんな可能性がアある。でも、これまでは、ひとりの人間のもつ多様な可能性の中からひとつを選び取ると、他のすべてを捨てるというのが一般的だった。

2 アイデンティティを確立するというのは、それ以外の可能性を切り捨てること。それによって自己を特定の社会的役割にaシバりつけること。そのようにみなされてきた。大人になるというのは、イある意味では諦めることだ。そんなふうにも言われてきた。

3 でも、僕たち人間は、そんな単純にはできていない。非常に多面的な存在だ。技術的なことに興味をもつこともあれば、芸術的なものに惹《ひ》かれることもある。科学的なことに関心をもつこともあれば、文学的な世界に引き込まれることもある。現実的な社会問題が気になることもあれば、メルヘン的な世界にbヒタりたくなることもある。そんな自分をたったひとつの生き方に封じ込めるなんて不可能だ。僕自身、いつもそんなふうに思って生きてきた。

4 自分をひとつの可能性に封じ込めるような生き方を貫くには、他の自分を抑圧し続けなければならない。そのために多大なエネルギーをcショウモウする。そもそも固定的なアイデンティティというものによって多様性をもつ自分の人生を単線化するのは、労働の分業によって社会を安定化させるためとみることができる。

5 ところが、社会そのものの変動が激しくなり、労働の形態も著しく変化する今日、無理して自分の人生を単線化したとしても、社会のほうが変わってしまい、適応できなくなるということも起こってくる。

6 それならば、なにも無理をして自分をひとつの道に封じ込めなくてもいいじゃないか。そう考える若者が増えてくるのも当然だろう。そこまで整理して考えているわけではなくても、どこかでひとつの社会的役割に徹しきれない自分を①もてあまし気味になる。

7 大人になれない若者とか、モラトリアムから抜け出そうとしない若者の増加は、現代という時代状況が生み出した現象といえる。もともとモラトリアム的な生き方は、夏目漱石《なつめそうせき》の描く世界の高等遊民のように、特権階級でないと享受できないぜいたくなものだった。

『それから』の主人公代助は、三十歳になっても親のすねをかじる独り身で、働きもせずに一日じゅう本を読んだり、音楽を聴きに行ったりして、気楽に暮らしている。そんな代助に向かって、

「三十になって遊民として、のらりくらりしているのは、如何《いか》にも不体裁だな」

と父親が説教する。代助は表向きはわかったような返事をするものの、内心は全く意に介していない。

「代助は決してのらくらしているとは思わない。ただ職業の為に汚されない内容の多い時間を有する、上等人種と自分を考えているだけである。親爺がこんな事を云うたびに、実は気の毒になる。親爺の幼稚な頭脳には、かく有意義に月日を利用しつつある結果が、自己の思想情操の上に、結晶して吹き出しているのが、全く映らないのである。」（夏目漱石『それから』新潮文庫、一九八五年）

8 森鷗外や木下杢太郎《きのしたもくたろう》などは、医者という職業的アイデンティティに収まりきらない自分を無理やり封じ込めずに、文学という世界をもつことによって、自己の多面性を生きた。そのような人物は昔からいたが、きわめて希《まれ》だった。

9 豊かな時代。価値観が多様化した自由な時代。変動の激しい時代。そんな時代状況のせいで、自分を封じ込めない生き方が大衆化した。このように考えると、大人になれない若者の増加という現象にも、②否定的側面だけでなく肯定的な側面もあるように思われる。

10 そんな視点からすれば、今の時代に求められるのは、個人をひとつの道に封じ込めるような硬いアイデンティティではなく、さまざまな可能性に開かれており、試行錯誤や方向転換を続けても壊れないような、いわば③柔らかいアイデンティティをもつことなのではないだろうか。

（榎本《えのもと》　博明《ひろあき》『〈自分らしさ〉って何だろう？　自分と向き合う心理学』による）

問一　本文中のａ、ｂ、ｃの片仮名部分を漢字で書け。
　ａ　シバり　ｂ　ヒタり　ｃ　ショウモウ
問二　ア　ある　イ　ある　の品詞名をそれぞれ書け。
問三　第7段落と第8段落が、論の展開の中で果たしている役割について、説明せよ。
問四　①もてあまし気味　という言葉が表している若者の現状を説明せよ。
問五　②否定的側面　とはどのようなことか。本文中の語句を用いて書け。
問六　③柔らかいアイデンティティをもつこと　が、今の時代に求められていることであると筆者が主張する理由を説明せよ。
問七　この文章を用いてどのような学習活動を設定するか。「中学校学習指導要領解説国語編（平成二十九年七月文部科学省）」第1学年の〔思考力、判断力、表現力等〕「C読むこと」(1)「オ　文章を読んで理解したことに基づいて、自分の考えを確かなものにすること。」の内容を踏まえ、具体的に説明せよ。

（☆☆☆◎◎◎）

【四】次の文章を読んで、あとの問一～問五に答えよ。

　*伊豆山に、浄土房と云ふ*学生ありけり。時の*一和尚なり。一和尚なる老僧、重病を受けたりけるを、訪はんとて至りけるに、一和尚申しけるは、「①法師が死せん事を、いかに嬉しく思すらん」と云ふ。浄土房、思はずに覚えて、「何事にか、左様の心候ふべき」と云へば、「一和尚に成り給はんずればよ」と云ひける。*別当なんどもなくして、一和尚を、別当の如くに思へる処なる故に、かく云ひけるを聞きて、本より大道心《だいだうしん》ある

僧にて、思ひけるは、②思ひけがされたるも、且つは恥《はづか》しく覚えて、「この老僧の生きたりける時、遁世してみせん」と思ひて、やがて弟子に房をば譲りて、山の*岸に小さき庵室《あんじつ》を構へて、後世菩提の行怠らず。

ある時、長雨降りて、震動して、山崩れて、庵室をさながら打ち埋みてけり。弟子共、慌て騒ぎて、「今は云ふかひなし。かばねを取りて*孝養せむ」とて、土を掘りて見れば、庵室は土に砕けて跡形なかりけれども、③浄土房はつつがなうして居たり。④弟子、あまりの事にて、嬉し泣きにぞ泣きける。

浄土房、物思ひたる気色にて、「あさましき損を取りたるぞや。*御分」と云へば、「何事の御損かあるべき。御命のおはするこそ悦びなれ。御損とは、御庵室の事か。御本尊なんどの損じておはするぞ」と云へば、「その事にはあらず。幼少の時より、観音の名号を念ずれば、かくのごとくの災難、*中夭免るる事と思ひ慣れたる心にて、『南無観世音』と、一声唱へたりつる故と覚ゆる。命の助かりぬるを、同じいとまにて、『南無阿弥陀』と唱へて、往生すべかりつるが、よしなく命延びて、憂き世に長らへん事、まめやかの損を取りたる心地す」とて、涙を流しければ、⑤弟子共も皆、袖を絞りけり。

（『沙石集』による）

［注］
*伊豆山……伊豆山神社。静岡県熱海市伊豆山に鎮座する
*学生……学僧
*二和尚……一和尚に次ぐ次席の和尚
*別当……一山の寺務を統括する僧
*岸……崖

＊後世菩提…仏の浄土に生まれ変わること
＊孝養……供養
＊御分……あなた
＊中夭……不慮の死

問一 ①法師が死せん事を、いかに嬉しく思すらん とあるが、話し手の一和尚は、誰が、誰の死について、どのように思っていると述べているか、説明せよ。
問二 ②思ひけがされたる とあるが、浄上房がこのように思った理由を説明せよ。
問三 ③浄土房はつつがなうして居たり とあるが、浄土房はその原因について、どのように考えているか、説明せよ。
問四 ④弟子、あまりの事にて、嬉し泣きにぞ泣きける から ⑤弟子共も皆、袖を絞りけり への弟子の心情の変化について、その要因を明らかにして説明せよ。
問五 この文章を用いてどのような学習活動を設定するか。「中学校学習指導要領解説国語編(平成二十九年七月文部科学省)」第2学年の〔知識及び技能〕(3)「イ 現代語訳や語注などを手掛かりに作品を読むことを通して、古典に表れたものの見方や考え方を知ること。」の内容を踏まえ、具体的に説明せよ。

(☆☆☆◎◎◎)

【五】 次の文章は、『貞観政要』の一節で、唐の第二代皇帝である太宗と二人の臣下(房玄齢と魏徴)との問答の場面である。これを読んで、あとの問一～問六に答えよ。なお、本文には新字体を用いた漢字と、設問の都合により訓点を省いた部分がある。

＊貞觀十年。太宗謂ヒテ二侍臣ニ一曰ク、帝王之業、草創ト與ニ二＊守文一[a]孰難キト。＊尚書左僕射房玄齡對ヘテ曰ク、天地草昧ニシテ、群雄競ヒ起ル。攻メ破リテ乃チ降シ、戰ヒ勝チテ乃チ尅ツ。由リテレ此ニ言ヘバレ之ヲ、草創ヲ爲スト レ難シト。魏徵對ヘテ曰ク、帝王之起ルヤ、必ズ承ケ二衰亂ヲ一、覆シ二彼ノ昏狡ヲ一、百姓樂シミレ推スヲ、四海歸スレ命ニ。天授ケ人[b]與、乃チ不レ爲サ難シト。然レドモ既ニ得タル之後ハ、志趣驕逸ス。百姓ハ欲スレドモレ靜ヲ、而徭役不レ休マ。百姓＊凋《てう》殘《ざん》スレドモ、而＊侈《し》務《む》不レ息マ。國之衰弊ハ、恒ニ由リテレ此ニ起ル。以テレ斯ヲ而言ヘバ、守文ハ則チ難シト。

太宗曰ク、玄齡ハ昔從ツテレ我ニ定メ二天下ヲ一、備ニ嘗メ二艱苦ヲ一、出デテ二萬死ヲ一而遇ヘリ二一生ニ一。[c]所三以見ル二草創之難キヲ一也。魏徵ハ[d]與レ我安ンジ二天下ヲ一、①慮生驕逸之端、必踐危亡之地。所三以見ル二守文之難キヲ一也。今草創之難キハ、既ニ以《すでニ》往ケリ矣。守文之難キ者、當ニシトレ思フ下與二公等一愼マンコトヲ上レ之ヲ。

（『貞觀政要』による）

［注］
＊貞観…唐の年号　＊守文…守成と同義で創業を受け継いで事業の基礎を固めること
＊尚書左僕射…中国の官名　＊凋残…疲れ衰えること　＊侈…贅沢

問一　a　孰　c　所以　の本文における読みを、送り仮名が必要な場合には送り仮名を添えて平仮名（現代仮名遣い）で書け。

問二　①　慮生驕逸之端、必践危亡之地　について、次の書き下し文となるように、白文に訓点を施せ。

（書き下し文）　驕逸の端を生ぜば、必ず危亡の地を践まんことを慮る。

問三　b　與　と　d　與　について意味の違いを説明せよ。

問四　魏徴は、房玄齢の主張をどのような理由で否定しているか、房玄齢の主張を明らかにして説明せよ。

問五　太宗は二人の意見を聞いて、今後、政治を行う上でどのようなことに配慮が必要だと考えたか、説明せよ。

問六　この場面からうかがえる太宗の君主像について、説明せよ。

（☆☆☆☆◎◎◎）

【高等学校】

【一】次の文章を読んで、問一から問八に答えよ。

自分の思考や判断にはいったいどれくらいの客観性があるのだろうか、ということを反省した人は昔からたくさんいました。

世界は自分の目に見えているのと同じように他のすべての人にとっても見えているのだろうか。自分にとって「自明」であることは、他の人にとっても等しい確実性をもって自明なのだろうか。このような懐疑は哲学の出発点ですから、プラトンも、デカルトも、カントもみなそのような懐疑からそれぞれの哲学を出発させました。

しかし、この懐疑は、もっぱら、アームチェアに坐って、パイプをくゆらしながら進められる①純粋に思弁的なものにとどまっていました。そのような懐疑が、思索している当の哲学者自身の日常の生き方にじかに反映して、その人の生活を一変させ、その人をとりまく世界を変える、というようなことはあまり起こらなかったのです。

自分の思考や判断はどんな特殊な条件によって成り立たせられているのか、という問いをつきつめ、それを「日常の生き方」にリンクさせる道筋を発見した最初の例は、カール・マルクス（Karl Marx　一八一八～八三）の仕事です。意外に思われるかも知れませんが、構造主義の源流の一つは紛れもなくマルクスなのです。

マルクスは社会集団が歴史的に変動してゆくときの重大なファクターとして、「階級」に着目しました。マルクスが指摘したのは、人間は「どの階級に属するか」によって、「ものの見え方」が変わってくる、ということです。この帰属階級によって違ってくる「ものの見え方」は「階級意識」と呼ばれます。

ブルジョワとプロレタリアは単に生産手段を持っているか否かという外形的な違いで区別されるだけでな

く、②その生活のあり方や人間観や世界の見え方そのものを異にしています。

人間の中心に「人間そのもの」――普遍的人間性――というものが宿っているとすれば、それはその人がどんな身分に生まれようと、どんな社会的立場にいようと、男であろうと女であろうと、大人であろうと子どもであろうと、変わることはないはずです。マルクスはそのような伝統的な人間観を退けました。人間の個別性をかたちづくるのは、その人が「何ものであるか」ではなく、「何ごとをなすか」によって決定される、マルクスはそう考えました。「何ものであるか」というのは、「存在する」ことに軸足を置いた人間の見方であり、「何ごとをなすか」というのは「行動すること」に軸足を置いた人間の見方である、というふうに言い換えることができるかも知れません。

「存在すること」とは、与えられた状況の中でじっと静止しており、自然的、事物的な存在者という立場に甘んじることです。静止していることは「ａダラクすること、禽獣《きんじゅう》となることである」という考え方、これをマルクスはヘーゲルから受け継ぎました。たいせつなのは「自分のありのままにある」に満足することではなく、「命がけの跳躍」を試みて、「自分がそうありたいと願うものになること」である。煎じ詰めれば、ヘーゲルの人間学とはそういうものでした。（このヘーゲルの人間理解は、マルクス主義から実存主義を経由して構造主義に至るまで、ヨーロッパ思想に一貫してｂフクリュウしています。）

「普遍的人間性」というようなものはない。仮にあったとしても、それは現実の社会関係においては、「現状肯定」――「存在すること、行動しないこと」を正当化するイデオロギーとしてしか機能しない。マルクスはそう考えました。人間は行動を通じて何かを作り出し、その創作物が、その作り手自身が何ものであるかを規定し返す。生産関係の中で「作り出したもの」を媒介にして、人間はおのれの本質を見て取る、というのがマルクスの人間観の基本です。

「動物は単に直接的な肉体的欲求に支配されて生産するだけ」に過ぎませんが、人間は食べたり飲んだり眠ったりという直接的な生理的欲求を超えて、狩猟し、採取し、栽培し、交易し、産業を興し、階級を生み出し、国家をcソウケンします。それは人間が動物的な意味で生きてゆくためにはもとより不要のものです。人間がそのような「もの」を作り出すのは、「作られたもの」が人間に向かって、自分が「何ものであるか」を教えてくれるからです。③人間は「彼によって創造された世界の中で自己自身を直観する」のです。(『経済学・哲学草稿』)

人間は生産=労働を通じて、何かを作り出します。そうして制作された物を媒介にして、いわば事後的に、人間は自分が何ものであるかを知ることになります。④ちょうど透明人間の輪郭は彼が通過して割れたガラス窓の割れ具合からしか知られないように。

この「作り出す」活動は一般に「労働」と呼ばれます。マルクスはこの労働を通じての自己規定という定式をヘーゲルから受け継ぎました。

ヘーゲルによれば、「人間が人間として客観的に実現されるのは、労働によって、ただ労働によってだけ」です。人間が「自然的存在者以上のもの」であるのは、ただ「人為的対象を作り出した後」だけです。

⑤動物は自然的存在者である状態に自足して生きています。ですから「おのれが何ものであるか」「おのれの生きる意味は何か」というような問いを立てることがありません。(実際に動物に訊ねたことがないので、断言はできませんが。たぶんそうだと思います。)

たしかに、動物も人間と同じように存在の欠如を感じることがあるでしょう(空腹とか生殖の欲望とか)。しかし、その欲望の対象は自然的、生物的、物質的なものに限定されており、欲望の充足とともに、動物は「所与としての自己」への深い自足のうちにふたたび戻ります。動物は、「所与としての自己」、あるがままのおのれと、「あるべきおのれ」とのあいだの乖離《かいり》感に苦しむということがありません。(たぶん。)

「動物は自己について語ること、『我は……』と言うことができない」とヘーゲルは考えます。あるがままの自己を「超越」して、「自己を自己自身以上に高め」る、というような野心的なアイディアはおそらく動物の頭脳には浮かびません。(「空の飛び方」を習得した猫とか、飛翔法の改善を企てるカモメとかを描いた「お話」はありますが、もちろんこういうのは作家の作り出した「寓話」に過ぎません。)

動物は自己意識を持ちません。

ヘーゲルの言う「自己意識」とは、要するに、いったん自分のポジションから離れて、そのポジションを振り返るということです。自分自身のフレームワークから逃れ出て、想像的にしつらえた俯瞰《ふかん》的な視座から、地上の自分や自分の周辺の事態を一望することとです。人間は「他者の視線」になって「自己」を振り返ることができますが、動物は「私の視線」から出ることができないので、ついに「自己」を対象的に直観することができないのです。

想像的に鳥になってみれば分かるはずですが、地表から高く飛び上がれば飛び上がるほど、地上にいる「私」についての情報は増えます。「私」が空間的な布置のどこに位置を占めていて、どのような機能を果たしているのか、何を生み出し、何を破壊し、何を育み、何を損なっているのか……。想像的に確保された「私」からの距離、それが自己認識の正確さを保証します。「人間は彼によって創造された世界の中で自己自身を直観する」というマルクスのことばはそのように解釈するべきでしょう。

ヘーゲルもマルクスも、この自己自身からの乖離＝鳥瞰《ちょうかん》的視座へのテイク・オフは、単なる観想(一人アームチェアに坐って d チンシモッコウすること)ではなく、生産＝労働に身を投じることによって、他者とのかかわりの中に身を投じることによってのみ達成されると考えました。つまり「労働するものだけが、『私は』

ということばを口にすることができる」ということになります。

生産＝労働による社会関係に踏み込むに先んじて、あらかじめ本質や特性を決定づけられた「私」は存在しません。存在するのかも知れませんが、定義上、そのような「私」は決して私自身によって直観されることがありません。というのも、「私を直観する」ことは、他人たちの中に投げ入れられた「私」を風景として眺めることによってしか成就しないからです。（それは、⑥子どものいない人に内在する「親の愛」や、弟子を持たない先生に内在する「師としての威徳」とかと同じものです。潜在的にはあるのかも知れませんが、現実の人間関係の中に置かれないかぎり、それが「ほんとうにあるのかどうか」を検証する手だてはありません。）

私たちは自分が「ほんとうのところ、何ものであるのか」を、自分が作り出したものを見て、事後的に教えられます。私が「何ものであるのか」は、生産＝労働のネットワークのどの地点にいて、何を作り出し、どのような能力を発揮しており、どのような資源を使用しているのかによって決定されます。

自己同一性を確定した主体がまずあって、それが次々と他の人々と関係しつつ「自己実現する」のではありません。ネットワークの中に投げ込まれたものが、そこで「作り出した」意味や価値によって、おのれが誰であるかを回顧的に知る。主体性の起源は、主体の「存在」にではなく、主体の「行動」のうちにある。これが構造主義のいちばん根本にあり、すべての構造主義者に共有されている考え方です。それは見たとおり、ヘーゲルとマルクスから二〇世紀の思考が継承したものなのです。

ネットワークの中心に主権的・自己決定的な主体がいて、それがおのれの意思に基づいて全体をeトウギョしているのではなく、ネットワークの「効果」として、さまざまのリンクの結び目として、主体が「何ものであるか」は決定される、というこの考え方は、「脱―中心化」あるいは「非―中枢化」とも呼ばれます。

⑦中枢に固定的・静止的な主体がおり、それが判断したり決定したり表現したりする、という「天動説」的な

人間観から、中心を持たないネットワーク形成運動があり、そのリンクの「絡み合い」として主体は規定されるという「地動説」的な人間観への移行、それが二〇世紀の思想の根本的な趨勢である、と言ってよいだろうと思います。

（内田　樹『寝ながら学べる構造主義』による）

問一　a　ダラク　b　フクリュウ　c　ソウケン　d　チンシモッコウ　e　トウギョを漢字に直せ。

問二　①純粋に思弁的なものにとどまっていました　とは、どのようなことか、説明せよ。

問三　②その生活のあり方や人間観や世界の見え方そのものを異にしています　とあるが、そのようになるのはなぜか、理由を書け。

問四　③人間は「彼によって創造された世界の中で自己自身を直観する」　とは、どういうことか、書け。

問五　④ちょうど透明人間の～知らないように　とは、どのようなことをたとえているか、本文に即して説明せよ。

問六　⑤動物は自然的存在者である状態に自足して生きています　とは、どういうことか、書け。

問七　⑥子どものいない人に～とかと同じもの　とあるが、子どものいない人に内在する「親の愛」と弟子を持たない先生に内在する「師としての威徳」は、どのような点が共通しているか、書け。

問八　⑦中枢に固定的～人間観への移行　とは、どういうことか、書け。

（☆☆☆☆◎◎◎）

【二】次の文章を読んで、問一から問六に答えよ。

五年前に夫の悟を癌で亡くした小田由美は、十歳になる息子の茂と二人で暮らしている。ある日茂が所属している地元の野球チームの試合をこっそり見に行った由美は、茂が一度も試合に出してもらえず雑用ばかりしていた姿に落胆する。一ヶ月後、由美は再び試合を見に行くことにした。


グラウンドには一ヶ月前に見に来た時よりも大勢の子供たちがいた。

夏休みに入ったということもあるのだろうが、大人たちの数も先日来た時より多かった。

由美は息子のチームのユニホームを探した。チームはグラウンドの外にあるちいさな空地にいた。

茂の姿が見えた。キャッチボールをしていた。試合前のウォーミングアップというところなのだろう。茂のキャッチボールの相手はひどく小柄な子たった。キャッチボールをしていて、その子の投げるボールがしょっちゅう外にそれて、その度に茂がボールを拾いに行っている。茂の投げるボールは山なりだけど、ちゃんと相手の子に届いている。

――どうしてあんな子とキャッチボールをするんだろう。

しかしグローブを手にしてボールを投げている息子の姿は雑用をしている時より少しまぶしく見えた。

試合がはじまった。また茂はベンチにいる。由美は眉にしわを寄せた。もし今日もずっとベンチにいるようだったら茂に、

――無理をして野球に行かなくてもいいのよ。

と話してやろうと思った。

バットを片付けて、ヘルメットを並べて、グローブをレギュラー選手に運んでいる。ゲームの間中ずっと茂はそれを続けていた。

――そうだ、あの監督に茂がどうして一度もゲームに出してもらえないのかを聞いてみよう。

由美はその方が先決だと思った。ベンチの中央に座っている監督の顔を見た。この間見た時より若く見える気がした。

隣りにスーツを着た老人がステッキをついて座っていた。

――あの人が茂の言っていた佐々木さんという会長さんだろうか。

好々爺《a》といった感じだった。人の好さそうな笑顔をしている。

――あの人に話してみた方がいいかも知れない。あの人なら私の言ってることもわかってくれそうだ。

その時茂が監督に呼ばれた。

茂は ボウシを脱ぎ直立不動《b》の恰好で何か話を聞いていた。大声で返事をしている息子の声が由美のところまで届いた。

――叱られているのだろうか。

茂はボウシをかぶると、急に身体がはずんだように、バットケースのある場所へ行き、バットを取り出してスイングをはじめた。

――やった、とうとう出番が回ってきたんだわ。

由美は大声で息子の名前を呼んで応援してやりたかった。

――どうか神様、茂にラッキーを与えてやって下さい。

由美は両手を合わせて胸の中で祈った。野球のルールのことはよくわからなかったが、守備についている茂のチームが攻撃になったら、きっと茂がバッターとして登場するのだろう。

ところが相手チームのバッターが三振をすると、ベンチにいる全員が立ち上って拍手をした。ゲームセット、と審判の声が響いた。

——なんだったの今の茂のバットスイングは……、まさか子供を騙してるんじゃないでしょうね。

由美は自分の頭に血が昇って頬が熱くなって行くのがわかった。茂の様子はどうだろうかと見ると、もうグラウンド整備のT字棒を持って走り出している。

——ひどい連中だわ。

由美は無性に腹が立った。このまま監督のところへ行って話そうと思ったが、茂の手前それはできない。茂の姿を見るのが辛かった。


【中略】


由美が公園で待っていると、前掛けを外した冷泉*が急ぎ足でやって来た。

「すみません。おふくろがもう耳が遠くて、ちょっと出かけると説明するのが大変なんです」

「よかったんですか、店を放ったままで」

「牛乳屋は朝で仕事の半分は終るんですよ。おやじの代の時のようにいろいろはやってませんから……、で、お話と言うのは」

こうして間近に冷泉に接してみると、由美は自分が考えていた印象と彼が違った人柄のように思えてきた。

「親馬鹿だと思うんですが、実は私、先月から二度ばかり息子の野球の試合を見物に行ったんです」

「お見えになってたんですか。ベンチの方へ来て下されればよかったのに」

「いいえ、仕事へ出かける前にちょっとのぞいただけですから……。それで私息子の野球を見ていて」

そこまで言って、由美は言葉を切った。

「で、何ですか」

「ごめんなさい。息子は毎日野球に行くことを私の目から見ても、とても楽しみにしていました。きっと野球が面白くてしようがないのだと思っていましたから、どんな野球をしているのかと思って出かけたんです。そうしたら息子は試合にも出られず、バットを片付けたりグラウンドの石を拾ったりと、なんか息子が可哀相になりまして……」

「そうでしたか……」

冷泉はシャツのポケットから煙草を出して火を点けると、

「そうでしょうね、奥さんがおっしゃることよくわかりますよ。私もずっと野球をやっていたんですが、私の野球に対する考えも奥さんと同じだったんです。私は子供の頃から野球選手になることだけが夢だったんです……」

とけむりを吐き出しながら話をはじめた。

「――幸い親からもらった身体も同じ歳の連中より大きかったですし、好きだったスポーツだから上達も早かったんでしょう。高校へ入った時はもうプロ野球へ行くことしか考えていませんでした。私が一年生で野球部へ入部した時のキャプテンが奥さん、あなたのご主人だった小田先輩です。小田先輩も神奈川県下では指折りの投手でした。でも①先輩はエースの座を監督さんに話して私に譲ってくれたんです。私は一年生ですぐマウンドに立ちました。スピードはあったのですが、どうも頭《ここ》が悪くて一年の時は先輩に迷惑をかけました」

と太い指でこめかみをさして笑った。

「――夏の甲子園地区予選を三回戦で敗れた後で、先輩が私を呼んで『冷泉は将来プロ野球へ行きたいのか』って言われたんです。私がそうですと返事をすると『おまえならきっとプロの選手になれるよ、がんばれ』と言われてから最後に『冷泉、野球ってスポーツはいいだろう。俺は野球というゲームを考え出したのは人間じゃなくて、人間の中にいる神様のような気がするんだ。いろんな野球があるものな。おまえにもそのことをわかって欲しいんだ。自分だけのために野球をするなよ』って……、何か変な事を言う人だなって、その時は思いました。正直に言うと、自分にエースの座をcウバわれたくやしさを最後に話して行ったんだろうかって。私は甲子園へ行くことができずに、ノンプロチームに入りました。そこからプロ選手を目指しました。ところが二年目につまずきました。それでもなんとかプロへと三年頑張りました。プロのスカウトも様子を見に来てくれました。しかし上手く行きませんでした。野球以外は何もできない人間でしたから、遊ぶようになって、半分グレたような暮しになりました。そんな時に先輩が訪ねて来ました。『帰って来い冷泉、②田舎へ帰ってまた野球をやろう』と言われました。野球はもういいですよって、私が言ったら『そうだろう、つまんない野球はもうやめろ。神様がこしらえた野球をやろうや』と笑って言われました。それから半年先輩の言ったことを考えて、田舎に戻って来たんです。高校の監督も三年やらしてもらいました。甲子園へは行けませんでしたが、それだけが高校野球ではないこともなんとなくわかりました。そして何より楽しかったのは先輩たちとやった草野球でした。自分はもし先輩に逢うことがなかったら、きっとつまらない野球をした男で終っていたでしょう。そんな野球と出逢えてから、この町がひどく好きになったんです」

冷泉は空を流れる雲を眺めながら話を続けた。

「先輩に病室に呼ばれたのは、手術が終ってから二週間たった時でした。自分には先輩はひどく元気そうに見えました」

冷泉が言っているのは悟が手術後二週間して一度驚くほど回復した時のことを言っているのだと由美は思った。

「先輩は自分に『俺の息子がもし野球をしたいと言いはじめたら、冷泉、おまえが教えてやってくれ』と笑って言われました。私は先輩の息子だとおっかないと言って、先輩が教えた方が上達しますよと答えました。『冷泉、おまえの野球にはもう神様がついてるよ。頼んだぞ』って手を握られました。その時自分は先輩の身体がそんなだったとは気づかなかったんです。つくづく自分は馬鹿だなって思いました。いつもあとになって、わかるんですから……」

冷泉の目がうるんでいた。それよりもスカートを必死で握りしめて涙をこらえていた由美の手の甲に大粒の涙が堰を切ったようにこぼれ落ちた。

「かんべんして下さい、奥さん。辛いことを思い出させちゃって」

「す、すみません……」

言葉はd嗚咽にしかならなかった。

「すみませんでした。何も知らないで」

「もうすぐですよ。もうすぐ小田三塁手もゲームに出られるようになります。先輩の話をすると小田君は目がかがやきます。佐々木さんが『小田は目がいい』と賞めていました。会長さんですがね、先輩に野球を教えた人です。名選手にならなくったっていいんですよ。自分のためだけに野球をしない人間になればいいと思っています」

由美は立ち上って冷泉の前に起立すると、
「本当にすみませんでした。茂をよろしくお願いします」
と言って公園を飛び出した。

（伊集院　静『夕空晴れて』による）

＊冷泉…茂が所属する野球チームの監督。

問一　a 好々爺　d 嗚咽　の傍線部の読みを書き、b ボウシ　c ウバわれた　の傍線部を漢字に直せ。
問二　堰を切ったように　の文中での意味を簡潔に書け。
問三　①先輩はエースの座を監督さんに話して私に譲ってくれたんです　とあるが、悟がエースの座を譲ったのは、冷泉に対してどのような思いがあったからか、書け。
問四　②つまんない野球はもうやめろ。神様がこしらえた野球をやろうや　とあるが、「つまんない野球」と「神様がこしらえた野球」の違いを明らかにし、それぞれについて書け。
問五　由美の冷泉に対する気持ちは、【中略】の前と後ではどのように変化したか、書け。
問六　この本文を「国語総合」の教材として扱う際、高等学校学習指導要領解説　国語編（平成二十二年六月）の「読むこと」の指導事項のうち「文章に描かれた人物、情景、心情などを表現に即して味わうこと」について指導する場合、どのような発問や学習活動を設定するか。また、その意図も書け。

（☆☆☆◎◎◎）

【三】次の文章を読んで、問一から問八に答えよ。（本文の表記を一部改めたところがある。）

高野に年ごろ知り給へAる聖あり。三条の斎藤《さいとう》左衛門大夫《さゑもんのたいふ》以頼《もちより》が子に、斎藤滝口時頼《さいとうたきぐちときより》といひし者なり。もとは*小松殿の侍《さぶらひ》なり。十三の年*本所《ほんじよ》へ参りたりけるが、*建礼門院の雑仕《ざふし》横笛といふをんなあり。滝口是《これ》を最愛す。父是をつたへ聞いて、「a世にあらん者のむこ子になして、出仕なんどをも心やすうせさせんとすれば、世になき者を思ひそめて」と、あながちにいさめければ、滝口申しけるは、「*西王母《せいわうぼ》ときこえし人、昔はあつて今はなし。*東方朔《とうはうさく》といつし者も、名をのみ聞きて目には見ず。老少不定《らうせうふぢやう》の世の中は、石火の光にことならず。たとひ人長命といへども、七十八十をば過ぎず。そのうちに身のさかむなる事は、わづかに二十余年なり。夢まぼろしの世の中に、みにくき者をかた時も見て何かせん。思はしき者を見むとすれば、父の命にそむくに似たり。是*善知識《ぜんちしき》なり。しかじ、うき世を厭ひ、まことの道に入りBなん」とて、十九のとしもとどりきつて、嵯峨《さが》の*往生院《わうじやうゐん》にXおこなひすましてゐたりける。横笛これをつたへきいて、「①われをこそすてめ、様をさへかへけむ事のうらめしさよ。たとひ世をばそむくとも、などかかくと知らせざらむ。人こそ心強くとも、たづねて恨みむ」と思ひつつ、ある暮《くれ》がたに都を出でて、嵯峨の方へぞbあくがれゆく。ころはきさらぎ十日あまりの事なれば、*梅津《うめづ》の里の春風に、よその匂《にほひ》もcなつかしく、大井河《おほゐがは》のd月影も［　Y　］にこめておぼろなり。一方《ひとかた》ならぬ哀れさも、誰ゆゑとこそ思ひけめ。往生院とは聞きたれども、さだかにいづれの坊とも知らざれば、ここにやすらひかしこにたたずみ、たづねかぬるぞむざんなる。住みあらしたる僧坊に、念誦《ねんじゆ》の声しけり。滝口入道が声と聞きなして、「わらはこそ是までたづね参りたれ。様のかはりておはすらんをも、今一度見C奉らばや」と、具したりける女をもつていはせければ、滝口入道むねうちさわぎ、②障子のひまよりのぞいてみれば、まことに尋ねかねたるけしきいたはしうおぼえて、いかなる道心者も心よわくなりぬべし。やがて人を出して、「まつたく是にさる人なし。門たがへでぞあるらむ」とて、つひにあはでぞかへしける。横笛なさけなううらめしけれども、力なう涙をおさへて帰りけり。滝口入道、同宿の僧にあうて申しけるは、「是もよにしづかにて念仏の障碍《しやうげ》は候はねども、あかで別れし女に此住《すま》ひを見えて候へば、たとひ一度は心強くとも、又もしたふ事あらば、心もはたらき候ひぬべし。暇申して」とて、③嵯峨をば出でて高野へのぼり、*清浄心院《しやうじやうしんゐん》にぞ居たりける。横笛も様をかへたるよし聞えしかば、滝口入道一首の歌を送りけり。

　そるまではうらみしかどもあづさ弓まことの道にいるぞうれしき

横笛が返《かへり》ことには、

　Ⅰ　そるとてもなにかうらみむあづさ弓ひきとどむべきこころならねば

④横笛はその思《おもひ》のつもりにや、奈良の*法花寺《ほつけじ》にありけるが、いくほどもなくて、遂にはかなくなりにけり。滝口入道、かやうの事を伝へ聞き、弥《いよいよ》ふかくＺおこなひすましてゐたりければ、父も*不孝をゆるしけり。したしき者共もみな用ひて、高野の聖とぞ申しける。

（『平家物語』による）

＊小松殿…平清盛の嫡男、平重盛。
＊本所…蔵人所に属する滝口(清涼殿の北東)の詰所。「本所へ参る」は、滝口の武士に任ぜられること。
＊建礼門院…平清盛の娘、徳子。
＊西王母…中国の仙女。長寿で、漢の武帝に三千年に一度実る桃の実を献上したとされる。
＊東方朔…漢の武帝に仕えた仙術者。西王母の桃を盗んで食べ、不老長寿を得たとされる。
＊善知識…仏道発心のよい機縁。

＊往生院…現在の京都市右京区嵯峨にある浄土宗の寺。
＊梅津…現在の京都市右京区、桂川周辺の地名。
＊清浄心院…高野山の蓮華谷にある寺。
＊法花寺…現在の奈良市法華寺町にある寺。
＊不孝…子を勘当すること。

問一　a　世にあらん者　b　あくがれゆく　c　なつかしく　d　月影　の本文における意味を書け。

問二　A　る　B　なん　の文法的説明を(例)にならって書け。また、C　奉ら　の敬意の対象を本文中の語句を用いて書け。

(例)　京には見えぬ鳥なれば、みな人見知らず。　(説明)　断定の助動詞「なり」の已然形＋接続助詞

問三　［Y］に当てはまる語句として最も適するものを、次のア～オから一つ選び、記号で書け。

ア　霧　イ　雲　ウ　霜　エ　露　オ　霞

問四　①われをこそすてめ、様をさへかへけむ事のうらめしさよ　②障子のひまよりのぞいてみれば、まことに尋ねかねたるけしきいたはしうおぼえて　を口語訳せよ。

問五　③嵯峨をば出でて高野へのぼり、清浄心院にぞ居たりける　とあるが、斎藤滝口時頼がこのような行動をとった理由を書け。

問六　④横笛はその思のつもりにや　とあるが、わかりやすく口語訳せよ。

問七　X　おこなひすましてぞゐたりける　Z　おこなひすましてゐたりければ　とあるが、それぞれ「おこな

ひすまし」たのはなぜか。理由を書け。

問八　Ⅰの和歌に含まれる表現技法を二点、具体的に指摘せよ。

（☆☆☆☆◎◎◎）

【四】次の文章は北宋の文人、政治家である蘇軾の文章である。これを読んで、問一から問七に答えよ。（本文は設問の関係から訓点を省いたところがある。また、新字体に改めたところがある。）

天下者、器《うつは》也。天子者、有《たもツ》二此ノ器ヲ一者也。器ハ久シク不シテレ用ヰ而置ケバ二諸《これヲ》＊篋《けふ》笥《し》ニ一、則チ器ト与レ人不二相習ハ一。ａ是以＊扞《かん》格《かく》シテ而難シレ操《と》リ。Ⅰ良工者、①使手習‐知其器、而シテ器モ亦タ習二‐知ス其ノ手ヲ一。手ト与レ器相信ジテ而不二相疑ハ一。夫レ是ノ故ニ所ニシテレ為ス而成ル也。天下之患ヘハ、非ズシテ下経二‐営スル禍《くわ》乱《らん》ヲ一之足ルニ上レ憂フルニ、②而養安無事之可レシ畏ル。ｂ何者、懼ルレバ三其ノ一旦至ルヲ二於扞格《かく》シテ而難キニレ操リ也。

Ⅱ 昔之有ツ天下ヲ者ハ、日夜*淬《さい》励《れい》シ其ノ百官ヲ、撫《ぶ》摩《ま》シ其ノ人民ヲ、為シテ之ガ朝《てう》聘《へい》・会同・*燕《えん》享《きやう》ヲ、以テ交ヘ諸侯之歓ヲ、歳《さい》時《じ》月《げつ》朔《さく》ニ、致シテ民ヲ*読法・飲酒・*蜡《さ》臘《らふ》シテ、以テ遂グ万民之情ヲ。c 有レバ大事、自庶人以上、③皆得至於外朝以尽其詞。猶ホ以テ為シテ未ダシト也、而五載ニ一タビ巡《じゆん》狩《しう》シ、朝セシメ諸侯ヲ於*方《はう》岳《がく》之下ニ、親シク見テ其ノ耆《き》老《らう》賢士大夫ヲ、以テ周知ス天下之風俗ヲ。d 凡ソ此クノゴトキ者ハ、④非以為*苟労而已、将ニ以テ*馴《じゆん》致《ち》服《ふく》習《しふ》シテ天下之心ヲ、使メント不ラ至ラ於*捍格《かく》シテ而難キニ操リ也。

（『唐宋八大家文読本』による）

＊篋笥…書物や道具などを入れる箱。
＊扞挌…たがいにふせぎあうこと。双方が相手を寄せつけないことをいう。
＊淬励…きたえ励ますこと。
＊燕享…君主が酒宴を開いて臣下をもてなすこと。
＊読法…周代の制度で、各州の長官が毎年の祭祀の日に民を集めて、法令を読み聞かせること。
＊蜡臘…周代、十二月に行われた祭祀。「蜡」はよろずの神を祭り、「臘」は先祖を祭った。
＊方岳…四方の名山。
＊苟労…無意味に苦労する。
＊馴致服習…「馴致」は自然に適応すること。「服習」は従い習熟すること。返り点に従って上から下へ読み下す例外的な用法。「天下の心を馴致服習して」と訓読する。
＊捍挌…「扞挌」と同じ意。

問一　a 是以　b 何者　c 自　d 凡　の本文における読みを、送り仮名を含めて現代仮名遣いで書け。

問二　①使手習知其器　について、書き下し文を書け。

問三　②養安無事之可畏　とあるが、なぜこのように言うのか、理由を書け。

問四　③皆得至於外朝以尽其詞　について、「全ての者が天子のいる外朝に行って自分の意見を陳述することができた」という意味になるように、返り点を付けよ。（送り仮名は不要。）

皆 得 至 於 外 朝 以 尽 其 詞

問五　④非以為苟労而已　について、次の問いに答えよ。
(1)　全て平仮名で書き下し文を書け。
(2)　口語訳を書け。
問六　Ⅰ良工(器作りの優れた職人)とⅡ有天下者(天下をよく保っていた者)のそれぞれの特徴を踏まえて、どのような点が共通しているかを書け。
問七　「古典B」の授業でこの文章を扱うとき、「古典についての理解や関心を深めることによって人生を豊かにする態度を育てる」ためにどのような工夫をするか、書け。

(☆☆☆☆◎◎◎)

【五】次の問一から問五に答えよ。
問一　次の①②の語句の対義語を漢字で書け。
①　演繹　②　具体
問二　次の各グループの四字熟語には、異なる漢字が入るものが一つずつ含まれている。その選択肢を記号で答えよ。また、選んだ選択肢の□に入る漢字を書け。
①　ア　一□両断　イ　快□乱麻　ウ　単□直入　エ　□意即妙
②　ア　玉□混交　イ　金科□条　ウ　漱□枕流　エ　電光□火
問三　次の作品名と作者名の組み合わせが正しいものを、次のア～カから二つ選び、記号で書け。
ア　斜陽(谷崎潤一郎)　イ　山椒大夫(井伏鱒二)　ウ　春琴抄(川端康成)
エ　杜子春(芥川龍之介)　オ　明暗(志賀直哉)　カ　破戒(島崎藤村)

問四　次の表は、「万葉集」「古今和歌集」「新古今和歌集」についてまとめたものである。(1)~(3)の問いに答えよ。

	「万葉集」	「古今和歌集」	「新古今和歌集」
歌風	【Ⅰ】	たをやめぶり	幽玄・有心
調べ	五七調	七五調	七五調
傾向	現実的・直感的	観念的・技巧的	幻想的・余情的
成立	上代	中古	【Ⅱ】

(1)【Ⅰ】には、江戸時代の国学者である賀茂真淵らが主張した「万葉集」の男性的で雄大な歌風を表す言葉が入る。「古今和歌集」の「たをやめぶり」に対して、どのようにいわれるか、書け。

(2)「万葉集」「古今和歌集」の成立時代区分を参考に【Ⅱ】に入る時代名を漢字で書け。

(3) 次のア~オから六歌仙の和歌を一首選び、記号で書け。

ア　わが庵は都のたつみしかぞ住む世をうぢ山と人はいふなり　　喜撰法師

イ　瀬をはやみ岩にせかるる滝川のわれても末にあはむとぞ思ふ　　崇徳院

ウ　嘆けとて月やは物を思はするかこち顔なるわが涙かな　　西行法師

エ　あしびきの山鳥の尾のしだり尾のながながし夜をひとりかも寝む　　柿本人麻呂

オ　世の中よ道こそなけれ思ひ入る山の奥にも鹿ぞ鳴くなる　　藤原俊成

問五　次の漢詩について(1)(2)の問いに答えよ。

早発白帝城

李白

朝辞白帝彩雲間
千里江陵一日還
両岸猿声啼不住
軽舟已過万重[I]

(1) [I]に入る語として最も適するものを、次のア～オから一つ選び、記号で書け。
ア 山　イ 河　ウ 楼　エ 天　オ 雲

(2) 李白と同時期に活躍した詩人として最も適するものを、次のア～オから一つ選び、記号で書け。
ア 杜牧　イ 白居易　ウ 孟浩然　エ 陶淵明　オ 柳宗元

(☆☆☆◎◎◎)

解答・解説

【中学校】

【一】問一　①　しょうへい　②　れいめい　③　しっかい　④　きざ(し)　問二　①　畏怖　②　履歴　③　含蓄　④　凝(らす)　問三　(解答例)　意味…「木に縁りて魚を求む」とは、手段・方法がまちがっていたら絶対に目的を達せられないというたとえ。　短文…その方法で成果を得ようとすることは、「木に縁りて魚を求む」ようなものだ。　問四　(解答例)　中学校第一学年で、身近な文字を書く学習を行う。楷書の直線的な点画で構成された漢字を点や画の丸みや方向及び止め、はねの形の変化、連続や省略、筆順の変化を指導する。その際、字形の整え方、運筆の際の筆圧のかけ方、筆脈を意識した点画のつながりなどを身に付けさせるため、毛筆の活用に配慮する。また、生徒自らが、行書の特徴に気付き、これらの特徴を生かした書き方を工夫し、身近な文字を書く活動に役立てるような、主体的な学習に取組めるように配慮する。　問五　(1)　①　進んで　②　生活　③　向上　(2)　(解答例)　中学校第一学年での漢字の書きについては、①生徒の発達や学習の状況　②日常生活や各教科等の学習で多く使われる漢字などに配慮して指導すべき字種を決める。指導にあたっては、字体、字形、音訓、意味や用法などの知識を習得し、文脈に即して漢字を書くことや日常の会話の中での漢字の書きについて意識させること、書く活動を通して漢字を正しく用いる態度や習慣を養い、必要に応じて辞書を引くことを習慣づけることを考える必要がある。

(3)　(解答例)　少人数での話し合いは、多人数の場合に比べて一人一人の参加者が発言する機会が多くなるとともに、話し手と聞き手との距離が近く、聞き手の反応を捉えながら話しやすいという特徴をもつ。また、利点としては、話し合いの目的や進め方などを共有し円滑に話し合いができることである。

〈解説〉問一・問二　①の「招聘」は、「礼を尽くして人を招くこと。」、②の「悉皆」は、「残らず。すべて。」という意味。　問三　「木に縁りて魚を求む」は、「木に登って魚をとる」という意から、手段や方法がまちがっていたら目的が達せられないたとえである。　問四　毛筆を使用した書写の指導で、行書は、中学校で初めて指導する内容である。小学校における書く速さや点画のつながりについての学習をふまえ速く書くことのできる行書の基礎的な書き方を指導する。点や画の方向や止め・はね、払いの形の変化、点や画の連続、省略、筆順の変化などの行書の特徴を理解させ、学習や生活の中で使用させる。使用するときの筆圧のかけ方、点や画のつながりに注意させるとともに、行書の特徴に気付かせ、どうすれば行書の特徴を生かした書き方ができるかを工夫し、主体的な学習に役立てられるかを考えさせるような配慮をすることが大切である。

問五　(1)　学年目標の「学びに向かう力、人間性等」は、「言葉がもつ価値に気付くこと、読書をすること、我が国の言語文化を大切にして思いや考えを伝え合おうとする態度を養うこと」を学習段階に応じて系統的に示してある。　(2)　生徒の発達や学習の状況に応じて、日常生活や各教科等の学習の中で多く使われる漢字などに配慮する。　(3)　少人数で話し合う活動の形態としては、対話やグループでの協議など、多様な形態がある。対話的、主体的な深い学びに通した学習スタイルであり、参加者の発言の機会が多くなるとともに相手の反応や心情もとらえやすい特徴がある。また、話題の目的や進行が円滑になる利点がある。入学後の環境の変化や新しい人間関係の構築に、少人数での話し合いは効果的であるため、その特徴や利点を生かすことが大切である。

【二】問一　a　機嫌　b　さげす(み)　c　眩(き)　d　れんびん　問二　(解答例)　Aの「つい」は、突然風の吹きおこる様子を表したもので、Bの「つい」は、「思わず。うっかり。」の意の副詞。

問三　(解答例)　伯爵の「南極に立った人間」として、「アイヌが見直されるきっかけになるだろう」という言葉に対して、ヤヨマネクフは、改めて自分がアイヌ人であることを自覚するとともに、一方で今までアイヌ人として蔑視されてきた過去を思うと必ずしも同意しかねる気持ちがあったから。　問四　(解答例)　南極探検の任務を無事終えたことにより、得意満面の表情で伯爵のことばに同調している②と、アイヌ人は世界に適応して生きる人種であることへの自信を示した④は、「得意げな様子」を表す「顎を撫でる」という動作によって主人公の心情を効果的に示している。　問五　(解答例)　現実のアイヌ民族は、同化の圧力、異化の疎外や蔑視で苦悩し、困難な日々を送り先の見えない状態にあるが、アイヌ民族には、いかなる世界でも適応して生きていく力があるという輝く希望の光を暗示している。　問六　(解答例)　伯爵のいう「摂理」は、自然界を支配している道理にかなったきまりで、ヤヨマネクフの「摂理」は、「自分はアイヌ人であるという自覚をもつことで、アイヌは滅びないというきまり」。　問七　(解答例)　本文の伯爵とヤヨマネクフの対話を通して、両者のものの見方や考え方から人間や社会について思いを巡らせ自分の考えを形成することや他者の考えと比べるためのグループ学習を計画し、より広い視野をもって、自分の意見を形成できるように配慮する。

〈解説〉問一　dの「憐憫」は「あわれむこと。」の意。　問二　Aは、風が突然吹く際の表現で、状態を音声的に示した擬態語であり、Bは、「思わず、うっかり」の意の副詞で、「出た」(述語)を修飾する。　問三　ヤヨマネクフの「気のない返事」は、伯爵の言葉に嬉しさを感じたものの、自分がアイヌ人である自覚とともに心に重いもの(アイヌ滅亡の不安)がのしかかったためである。　問四　「顎を撫でる」とは「物事がうまくいって満足しているようす」をいう。②は、ヤヨマネクフが南極探検の任務を終えて満足しているようすであり、④は世界のどんな場所でも適応して生きていくアイヌ人の自負の心情を効果的に表現している。　問五　「まだ六分ほどに重たい雲に覆われていたが」は、「同化の圧力、異化の疎外、蔑視、憐憫、薄れる記憶」などのアイヌ民族の生きる上での様々な困難の暗示であり、「晴れ間からは力強い陽光が降り注いでいる」は、これからのアイヌ民族がどんな世界でも適応して力強く生きてゆく希望の光を暗示している。　問六　伯爵のいう「摂理」は、「弱ければ食われ、滅びる」という、自然界を支配する法理であり、ヤヨマネクフの「摂理」は、「アイヌ人としての自覚がなければ、アイヌは滅びる」という人間界の法理である。

問七　第3学年の「C　読むこと」の(1)のエは、「様々な文章を読むことを通して、そこに表れているものの見方や考え方から、人間、社会、自然などについて思いをめぐらせ、自分の考えをもつこと」である。日本人である伯爵とアイヌ人であるヤヨマネクフの生き方、考え方ものの見方を対比しながら、同国人の立場、異民族の立場を考え比較するために、基礎的知識を習得させたあと、例えば、「構造と内容の把握」や「精査・解釈」の学習過程を通して理解したことや評価したことを結びつけて自分の考えを形成し、グループ学習で他者との対話や他者の考えと比べたり、社会生活での様々な事象を広い視野で分析して自分の考えを再点検させ、自分の考えを広げたり深めたりする指導上の配慮が必要である。その際、〔知識及び技能〕の(3)「オ　自分の生き方や社会との関わり方を支える読書の意義と効用について理解すること」などとの関連も参考にしてみよう。

【三】問一　a　縛(り)　b　浸(り)　c　消耗　問二　ア　動詞　イ　連体詞　問三　(解答例)　(第6段落までに示された)現代の時代状況が生み出したモラトリアム的な生き方や、自己の多面性を活かす人生が、実は明治時代から存在していたことを、(第7段落の)夏目漱石の作品の引用や(第8段落の)森鷗外らの生き方の実例を通じて具体的に示し、そうした生き方を一方的に否定すべきではないという(第9段落以降の)意見につなげていく役割。　問四　(解答例)　社会の変動が激しい今日では、多くの若者が、様々な生き方の可能性を一つに封じ込めることができなくなり、一つの単線化した人生を選択できずに困惑してしまうという現状(=困惑して、モラトリアムから抜け出せなくなってしまうという現状)。　問五　(解答例)　生き方の可能性を一つに絞り込めず大人になりきれない若者の増加は、各自の単線化した労働の分業による社会の安定を損なうものだという考え方。　問六　(解答例)　社会変動が激しい現代では、単一のアイデンティティを志向しても社会の変化に適応できなくなる可能性があるので、さまざまな可能性を念頭に置き、試行錯誤や方向転換できる生き方を心がけて、状況に柔軟に対処すべきだから。　問七　(解答例)　この文章の主題をとらえるために、まず語句の解釈をふまえ、文と文のつながりを考え、段落相互の関係を検討し、大意や要旨をつかみ主題を把握する学習活動を設定する。この学習のあと本文の作者の考えについてグループによる主体的・対話的で深い学び(アクティブラーニング)を行い、自分の考えを確かなものにする。

〈解説〉問二　アの「ある」は、動詞。可能性が(主語)の述語である。イの「ある」は、連体詞。名詞(体言)の「意味」を修飾している。　問三　この文章の論展開として、第7段落の冒頭「大人になれない若者とか～現代という時代状況が生み出した現象といえる。」を押さえ、第9段落の論旨につなげていく文脈を押さえる。　問四　「社会の変動」(第5段落)により、「ひとつの可能性に封じ込める」「単線化した」人生をえらべなくなり(第4段落)、多様な人生の可能性にとらわれて戸惑ってしまう(第2段落・第3段落)ことを押さえる。「もてあます」の意味合いとして、戸惑いや困惑を出して解答を作成するとよい。　問五　第4段落の後半の「社会の安定」を損なう点がポイントとなる。　問六　第5段落の内容と第10段落の内容をつなげて解答する。「柔らかいアイデンティティ」は、個人をひとつの道に封じこめる「単線型の固いアイデンティティ」の対語であり、多様な可能性の中から自分に適した社会的役割を求め、試行錯誤や方向転換を続ける弾力性のある複線型のアイデンティティである。　問七　第1学年の「C　読むこと」のオは、「考えの形成」の指導項目である。本文の文章を読んで理解したことに基いて自分の考えを確かなものにするためには、文章の内容や構造を捉え、精査・解釈の学習過程を通して理解したことを基にしなければならない。また、他者の考えやその根拠を知り、その上で自分の考えを点検し確かなものにするように指導することが大切である。そのため、主体的、対話的な深い学びのためのグループによるアクティブ・ラーニングを導入することも必要である。指導に当たっては、〔知識及び技能〕の(3)「オ　読書が、知識や情報を得たり、自分の考えを広げたりすることに役立つことを理解すること」などと関連を図り、日常の読書活動と結びつくように配慮することが求められる。

【四】問一　(解答例)　話し手の一和尚が、浄土房(二和尚)が自分(一和尚)の死をどんなにか嬉しく思っているでしょう、と言っている。　問二　(解答例)　浄土房は一和尚を別当のように思い敬意を表していたが、一和尚の、自分の死を嬉しく思っているのではないか、私が死ねばあなたが私に代わって一和尚になれるといった意外なことを言われ、傷付けられたと思った。　問三　(解答例)　幼い頃から観音の名号をとなえるとこのような災難での不慮の死から免がれると信じて「南無観世音」と唱えたことが無事の原因だと考えている。問四　(解答例)　④は、山崩れで二和尚の浄土房の住んでいる庵室が埋没したが、師の浄土房が無事であったことへの弟子たちの喜びの涙。⑤は、命は助かったが、その折、「南無阿弥陀仏」と唱えて往生すべきであったのに、それがかなわず俗世を生き永らえることが実に損をした気持であると涙を流し、仏道への思いを深め、浄土へ行こうとする浄土房に共感した弟子たちの感涙。　問五　(解答例)「沙石集」の現代語訳を読ませ、そこに描かれている登場人物、一和尚や浄土房、および浄土房の弟子たちの心情についてグループによる主体的・対話的で深い学び(アクティブ・ラーニング)を行う。また、グループ相互の意見交換を行い、要点をまとめ文章化する。次に、現代社会と古典社会を比較し、共通点や相違点を人間の生き方や考え方を視点に全員で話し合い、古典に興味を感じさせ、古典に親しみ、尊重する態度を育てる。

〈解説〉問一　「法師が死せんことをいかに嬉しく思すらん」とは、「私が死ぬことをどんなにか嬉しく思っていらっしゃるでしょう」の意。二和尚が一和尚の死を嬉しく思っていると推測して、二和尚へ一和尚が話しかけたのである。　問二　二和尚の浄土房が、一和尚重病とのことで見舞に訪れたところ、一和尚から自分の死を喜ぶだろう、自分が死ねば次の一和尚になれるなどと言われ、もともと信仰心の強い浄土房は、自分が一和尚に傷つけられたと思ったのである。　問三　「つつがなうして居たり」とは、「無事な様子であった」の意。その原因を、幼少の時から観音の名を唱えると災難や不慮の死を免れると信じて『南無観世音』と一声唱えたためだと考えている。　問四　④は、自然災害により浄土房が住む庵室が埋没したにもかかわらず、本人は無事であったことへの弟子たちの嬉し泣き。⑤は、自然災害があったにもかかわらず無事であった浄土房が、深く仏道に思いをいたし、この世も身すら惜しまず、念仏を唱えて浄土へ行こうとする信仰心の深さに共感した感涙である。　問五　「沙石集」について、易しい現代語訳や語注のついた参考書を手掛かりにし、そこに描かれている情景や登場人物の心情をとらえさせる。古典社会と現代とで共通するもの、大きく異なるものをグループ学習で話し合わせ、新たな発見をしたり興味・関心を高めたりする授業の工夫をする。「古典に表れたものの見方や考え方」は、作品の登場人物や作者の思いと密接に関わっている。このことに留意した指導が大切である。

【五】問一　a　いずれか　c　ゆえん　問二　慮《ル》㆘生《ゼバ》㆓驕逸之端《ヲ》㆒、必《ズ》践《マンコトヲ》㆗危亡之地《ヲ》㆖

問三　（解答例）　bの「興」は動詞で「あたふ」と読む。dの「興」は助字で「と」と読む。

問四　（解答例）　房玄齢は、創業の時は天下が乱れ、群雄が割拠しそれを討ち平らげることで国が治まったことを考えると創業の方が困難であると述べ、魏徴は、帝王が起こる時は、混乱した世を平定した人を天が与えた人と迎えるので難しいこととは思わずと房玄齢の主張を否定している。　問五　(解答例)　創業の困難は過去のものになったので、これからは、守成の困難を臣下とともに行いを慎んで基礎を固めていくことが必要であると考えている。　問六　(解答例)　臣下の進言に謙虚に耳を傾け、その主張を認めながら、守成の困難をともに克服しようと誓う名君である。

〈解説〉問一　aの「孰」は、先行詞がある場合、選択の疑問詞。cの「所―以」は、「ゆえん」と読む。「ゆえに」の転。「理口」を表す。　問二　「生㆓(述語)＋驕逸之端㆒(目的語)」を挟んで、慮㆘＋践㆗＋危亡之地㆖。の返り点に従い、助詞と副詞の一字および動詞の活用語尾をつける。　問三　bは動詞、dは従属の関係を表す助字。　問四　房玄齢は、国家創業の当事は天下が乱れ、群雄が割拠しそれらを討ち平らげることで国が治まったことを考えると創業の方が困難であることを進言している。一方、魏徴は、帝王が起こる時は、混乱した世を平定した人を天が与えた人と迎えるので難しいこととは思わずと房玄齢の主張を否定し、帝王が地位を手に入れると勝手気ままになり、人民は安静な生活を望んでいるのに労役にかり出されて休む暇がない。国が衰えるのは常にこういう原因から起こるため、守成の方が困難であることを主張している。　問五　太宗の考えは、「今草創之難、既以往矣」と述べ、「守文之難者、當思與公等愼之」と述べている。「守文(守成)の困難のほうは、当然公等と一緒によく愼んでいこうということを思わねばならない」というのである。この太宗の配慮は、「驕逸を生ぜば」(おごり高ぶる心が少しでも起これば)、「必践危亡之地」(必ず危機滅亡の場面に出会うことに対して)のものである。　問六　臣下の進言に謙虚に耳を傾け、房玄齢と魏徴の主張を認めながら、将来における守成の困難を臣下とともに克服しようと誓う名君である。

【高等学校】

【一】問一　a　堕落　b　伏流　c　創建　d　沈思黙考　e　統御　問二　解答例　(余裕を持って)頭の中で思索するだけで、日常的現実における生き方と結びつかないものだったということ。　問三　(解答例)　すべての人間に共通する「普遍的人間性」は存在せず、ブルジョアとプロレタリアは、それぞれの階級特有の労働や行動を通じて、生き方やものの見方が規定されてしまうから。　問四　(解答例)　人間は、生産＝労働を通じて何かを創りだし、そうして制作されたものを媒介にして、自分が何ものであるかを知る存在だということ。　問五　(解答例)　人間が何ものであるかは、あらかじめ明らかなことではなく(＝あらかじめ明確に規定して可視化できるようなものではなく)、その人間が何かを創った後で、創ったもののあり方を通じて明らかになるということ。　問六　(解答例)　動物は、自然的、生物的、物質的な欲望をもつだけであり、その欲望充足を通じて、自然によって与えられたあるがままの自己に満足し、それを乗り越えようとしない存在だということ。　問七　(解答例)　実際に子や弟子と向き合う中で事後的に知るのが「親の愛」や「師としての威徳」であり、子や弟子をもたない者の心の中にある「親の愛」や「師としての威徳」は、空疎な観念にとどまるという点が共通している。　問八　(解答例)　あらかじめ(自己決定して)自己同一性を確定した固定的な主体があって、その意思に基づいて判断し行動して自己実現していくという人間観から、生産＝労働のネットワークを形成し、さまざまな関係性が生じ行動する中で自己が「何ものであるか」が決定されていくという人間観に移行したということ。

〈解説〉問二　傍線部①前後の内容がポイントとなる。「純粋に思弁的なもの」の「思弁的」とは、「実戦や経験によらず、理性を支えとして頭の中だけで考えて理論を考えるようす」のことをいう。　問三　傍線部②の直前の段落から、直後の三つの段落にかけての内容がポイントとなる。ブルジョア(有産階級・資本家)とプロレタリア(無産者・賃金労働者)は立場に違いがある。前者は、資本により企業経営にたずさわり利潤を追求するが、後者は、その利潤追求のため労働力を対価として生産=労働に従事する。生活のあり方や人間観や世界の見え方が異なるのはそのためである。　問四　傍線部③の直前の段落と、直後の段落の内容が傍線部の説明になる。人間は動物と異なり、意識的に行動し、生産=労働を通じて「物」を創り出す。このプロセスを媒介にして人間は自分は何ものであるかを自覚する。　問五　「透明人間」は、あらかじめ明らかに見える存在ではないことの比喩。ガラス窓の割れ具合から知られるとは、何かを創った後で明らかになることの比喩である。問六　「自足=やたらに欲しがらず、現状にみずから満足すること」なので、現状を乗り越えようとしない、現状肯定的なあり方を説明する。傍線部⑤の次の段落の内容に即して解答を作成する。　問七　問四や問五で見た、「生産により事後的に自己を知る」という内容を傍線部⑥直後の一文と結びつけ、「親の愛」や「師としての威徳」は実際にそうした「現実の人間関係に置かれないかぎり」、単なる空疎な想像に止まるという論点を押さえる。　問八　傍線部⑦直前の二つの段落から、「天動説」的な人間観と、「地動説的」な人間観に該当する部分を整理して解答する。

【二】問一　a　こうこうや　d　おえつ　b　帽子　c　奪(われた)　問二　(解答例)　我慢していたものがいちどに外に流れ出ること。　問三　(解答例)　プロの投手を目指し素質もある冷泉に、野球は自分だけのためではなく、チームの仲間とするものだという思いを理解してもらいたいと思ったから。
問四　(解答例)「つまんない野球」とは、プロの選手になるために技を磨くような、自分だけのためにする野球で、「神様がこしらえた野球」とは、野球はプロの一流選手を目ざすためのスポーツではなく、チームの仲間とともに楽しみ、人間的に心身を鍛えるためのスポーツである。　問五　(解答例)　息子の茂が一度も試合に出してもらえず、雑用ばかりしていることに落胆した由美の心中は、監督の冷泉への不満に包まれていたが、中略以後、冷泉に会い、夫との高校時代のエピソードや、夫から茂の野球指導を依頼されていたことなどを聞き、冷泉の茂に対する姿勢や取り組みが分かり、冷泉に感謝する気持へと変化した。

問六　(解答例)　文中の登場人物のものの見方、感じ方、考え方を、それぞれの人物の心情の変化とともに、どのようにとらえたかの学習を行う。その際、冷泉に言った悟の「自分だけのために野球をするなよ」という言葉をどのように受けとめるか、という発問を設定し、その答えに対する学習を、グループによる討論とする。

〈解説〉問二「堰を切ったように」とは、「今までこらえていたものが、一度に起こる。」という意味。冷泉が夫の悟から息子のことを依頼され、息子に野球のあり方を教えていたことに気づいた由美の反省と冷泉への感謝で心が激しくゆさぶられたのである。　問三　悟は、冷泉がプロの選手を目ざしていること、そして投手として素質があることを認めながらも、人間の生き方を教えようとしている。チームで互いに助け合い、自分の心身を鍛え健やかにするスポーツであることを理解してもらうための先輩としてのアドバイスである。　問四「つまんない野球」とは、一流選手を目ざす自分のためだけの野球であり、チームの仲間と協働し喜びや悲しみを分かち合うことのない野球のことであり、「神様がこしらえた野球」は、仲間と協働し、ともに喜び、悲しみ、互いに人間として成長するために心身を鍛えるための野球である。　問五　中略の前の由美は、息子の野球での活躍を期待しているが、その活躍が見られないために落胆している母親の心情である。中略の後では、冷泉が夫の悟から茂の指導を依頼され、自分のためだけに野球をしない人間づくりに努力していることを知り、反省と冷泉への感謝へと変化している。　問六　設問の「読むこと」の指導は、表現に即して読み味わうことに関する指導事項で、文学的文章を読む際の心得である。人物(だれが)、場面(いつ、どこで)、出来事(何を、どうした)などがどのように設定され、どのように描かれているかをまず把握し、次に、なぜこのように書かれているかを考える必要がある。人物については、その行動や性格をはじめ、ものの見方、考え方、ひいては生き方をとらえ、人物個々の心情の変化とともに人間関係についてその変容を読み取る必要がある。本文中の悟が冷泉に話した「自分だけのために野球をするなよ」を生徒たちがどのように受け止めるかは様々であることが考えられる。個人として一流選手を目ざして技を磨くことを否定する者は少ないと思われる。問題は、野球は集団によるスポーツであり、チームワークによる競技であり、連帯のスクラムを必要とする。相互理解と共助の人間関係を基盤にした野球は、人間関係構築のためのスポーツでもある。本文での学習意欲の視点をここに置いてよいだろう。

【三】問一 a 時流に乗って栄える人 b ふらふらとさまよい出た c 心引かれて、好ましくて d 月の光 問二 A 完了(存続)の助動詞「り」の連体形 B 強意の助動詞「ぬ」の未然形＋意志の助動詞「ん(む)」の終止形 C 滝口入道 問三 オ 問四 (解答例) ① 自分を捨てるのはよいとして、姿を変えて出家までしたことがほんとうにうらめしい。 ② 障子のすき間からのぞいて見ると、本当に尋ねかねた様子なのがかわいそうに思われて。 問五 (解答例) 昔の恋人である横笛に居留守を使って会わないで帰した滝口時頼は、横笛が再度自分を慕って訪ねて来たら修行の妨げになることを考えて、嵯峨を出て高野山の清浄心院へ修行の場を変えたのである。 問六 (解答例) 横笛は、愛人の時頼と別れた思いが積もったせいであろうか。 問七 (解答例) Xは、時頼は、自分が好ましいと思う横笛と連れ添えば父の命に背くことになることなどを疎ましく思い、仏道に入るよい機縁と考えたから。Yは、自分を訪ねてきた横笛は出家しまもなく亡くなったことを伝え聞いたから。 問八 ・「あづさ弓」は、「ひき(引く)」にかかる枕詞。 ・「そる(反る)」「弓」「ひき(引く)」は縁語。

〈解説〉問一　a「世にあらん者」の「世にある」は、「時めいている。栄えている」の意。「世にあらん者」の「ん(む)」は、婉曲表現の助動詞「む」の連体形。　b「あくがれゆく」は、「あこがる」と同じ意で「ふらふらと出て行く」こと。　c「なつかしく」は、「なつかし」(形容詞・シク活用)の連用形で、「心が引かれて。好ましく。」の意。　d「月影」は、「月の光」のこと。　問二　A「る」は、完了(存続)の助動詞「り」の連体形で「聖」を修飾する。四段活用動詞「給ふ」の已然形につく。　B「な」は、強意の助動詞「ぬ」の未然形。活用語の連用形につく。「ん」は、意志の助動詞の終止形で、活用語の未然形につく。　C「奉ら」は、謙譲の補助動詞「奉る」の未然形で「見」の謙譲表現「拝見する」の意。敬意の対象は、滝口入道。

問三　Yに当てはまる語は、この前にある「ころはきさらぎ(二月)」「梅津の里の春風に」から「霞」が適切。

問四　①「われをこそすてめ」の「こそ〜め」は係り結びで「め」は、推量の助動詞「む」の已然形。強意の意味で「わたしを捨てるのは仕方がないが。わたしを捨てるのはよいとして。」と訳す。「様をさへかへけむ事」とは、「姿を変えて出家までした事」をいう。　②「障子のひまよりのぞいてみれば」の「ひま」は「障子の隙(間)」。「まことに尋ねかねたるけしき」とは、「ほんとうに尋ねかねた様子」の意。「いたはしうおぼえて」の「いたはしう」は、「いたはし」(形容詞・シク活用)のウ音便で、「かわいそうに」の意。　問五　斎藤滝口時頼が往生院を出て高野山の清浄心院へ修行の場を変えた理由は、同宿の僧への「是もよにしづかにて〜暇申して」までに書かれている。往生院での修行はここで十分だが、横笛が再度自分を慕って訪れることがあれば、心動かされ修行の妨げになる、というのである。

問六　「横笛はその思のつもりにや」の「その思」とは、「愛人の時頼と別れた悲痛な思い」をいう。「にや」は、断定の助動詞「なり」の連用形「に」＋疑問の係助詞「や」で、以下に「あらむ」が省略されている。「や〜む」(推定の助動詞「む」の連体形)で係り結びである。　問七　「おこなひすます」は「仏道修行に専念する」という意味。Xでは、時頼は、横笛との恋に父親以頼からきびしい訓戒を受け、「夢まぼろしの世の中で、人命も短いのに醜い女と連れ添っても意味がなく、横笛と連れ添えば父の命令に背いてしまう。これこそよい機縁。真の仏道に入るにこしたことはない」と考えたからである。Yでは、時頼は往生院まで訪ねてきた横笛を追い返したが、修行の妨げになることを懸念し、高野山の清浄心院へ修行の場を変えている。横笛も出家し、まもなくして亡くなってしまった。これを聞き滝口入道はいよいよ深く修行に専念したのである。

問八　枕詞は五音で和歌に情緒的なものを与えたり、句調を整えたりする修辞法である。「あづさ(梓)弓」は、「ひく。いる。本(もと)末。かへる。音。」などの枕詞。「そる(剃る・反る)」「いる(入る・射る)」は、「あづさ弓」の縁語(歌中の語句に縁のある語を詠みこみ、両者を照応させる修辞法)である。

【四】問一　a　ここをもって　b　なんとなれば　c　より　d　およそ　問二　手をして其の器を習知せしめ　問三　(解答例)国家が安定し保持されていて無事であっても、一旦うまく合わなくなると扱いにくくなるから。　問四　皆得下至二於外朝一以尽中其詞上

問五　(1)　もつていやしくもろうするをなすのみにあらず　(2)　(解答例)これらはすべてかりそめにも無意味な苦労というわけのものではなく　問六　(解答例)Ⅰ　良工は、自分の手を器になじませ、器のほうからも手になじみ、互いに信じ合っているから思うような器をつくりあげる。Ⅱ　有天下者は、自分に仕える多くの官人を励まし、人民を慈しみ、五年に一度巡行し、人民の心を適応させ、従いなれさせて、人民との関係が扱いにくくならないように努めている。両者は、ともに信じあい、互いの関係がうまく合うように対応している。　問七　(解答例)良工と有天下者の共通点を考えさせ、冒頭の「天下者、器也。天下者、有此器者也。」という筆者のテーマを分析させる。次に、古典社会と現代とを対比させ、人間としての生き方や考え

方、ものの見方についてグループワークにして話し合い、そこでの学びをまとめさせ、グループごとに発表し意見交換を行う。

〈解説〉問一　a「是以」は、「かようなわけで。それで」の意。　b「何者」は、上の語を受けて、その理由を述べることば。「なぜかというと。なぜならば」の意。　c「自」は、「起点を表す。　d「凡」は、「おおよそ。大体」の意。　問二「使㆔手ヲシテ習‐㆓知セ其ノ器ヲ㆒」、読点のため連用中止法に従い、「使」(しむ)の連用形(しめ)の最後の一字を送る。　問三「養安無事之可畏」とは、「安定が保持されていて無事であることこそが怖い」の意。その理由は、以下の「何者、懼其一旦至於扞格而難操也」である。　問四　③は、口語訳が示されているが、書き下し文は、「皆外朝に至りては以て其の詞を尽くすを得」である。「至於外朝」は、一・二点。「得～尽其詞」には、上・中・下点をつける。　問五　(1)「非㆘以テ為㆓苟モ労スルヲ㆒而已ニ㆖」の書き下し文。「苟」は「いやしくも」、「而已」は「のみ」と読む。　(2)否定文でかつ連用中止法のため、「あらず」は、「～でなく」と訳す。「而已」は限定の意で「ただ～苦労するだけのものでは」と訳す。「苟」は、「かりそめにも、かりにも」の意。　問六　良工も有天下者も共通するのは、相互信頼による円滑な関係づくりを大切にしていることである。前者は、自分の手を器になじませ器のほうからも良工の手になじんでくるようにして、思いどおりの器を作っている。後者は、自分に仕える官人を励まし、人民を慈しみ、大事があると人民の意見を聞き、地方の故老たちに謁見するなど巡行し天下の人民の心を自分に適応させて国を治めている。

問七　設問は、「古典B」の目標の一部である。生徒が古典をはじめとする我が国の伝統文化について十分に理解し、それによって自己の内面を見つめ発展させ人生をより豊かにしていこうとする態度を育成することがねらいである。「天子者、器也」という筆者のものの考え方、ものの見方、感じ方を学習で理解することで、先人が何を感じ、何を考え、いかに生きたかを学べる。当時の社会の国を治める天子と人民、現代の民主主義社会での為政者と国民との関係について比較検討させ、生徒一人一人に主権者としてのあり方やこれからの生き方を考えさせる授業を計画してみる。例えば、グループでの主体的・対話的な学びは、古典についての理解や関心を深め、古典に親しむ態度、我が国の伝統文化を尊重する態度を身につけさせることができる。

【五】問一 ① 帰納 ② 抽象 問二 ① 記号…エ 漢字…当 ② 記号…イ 漢字…玉

問三 エ、カ 問四 (1) ますらをぶり (2) 中世 (3) ア 問五 (1) ア (2) ウ

〈解説〉問一 ①「演繹」とは、「一般的・普遍的原理から特殊な理論や事実を導き出すこと。」 ②「具体」とは、「物事が考えの上だけでなく、はっきりした形・形態を備えていくこと。」 問二 四字熟語では、読みとともに意味を理解しておく。 ① ア、イ、ウは、「刀」。 ② ア、ウ、エは、「石」。 問三 アは太宰治、イは森鷗外、ウは谷崎潤一郎、オは夏目漱石。 問四 (1)「ますらをぶり」は、「丈夫振り、益荒男振り」と書く。賀茂真淵やその一門の歌人が理想とした力強い男性的な歌風で、「万葉集」の歌をその典型とした。(2)「新古今和歌集」の成立は、元久二年(一二〇五年)頃」である。 (3) 六歌仙は、平安時代前期に生存した遍昭、在原業平、文屋康秀、喜撰法師、小野小町、大伴黒主の6人の歌人である。 問五 (1) 押韻は、七言絶句では、最初の句末と偶数句末(第二・第四句末)で、ここでは「間」「還」(—an)である。空欄には「山」が適切である。 (2) 李白は盛唐。杜牧は晩唐、白居易は中唐、孟浩然は盛唐、陶淵明は東晋、柳宗元は中唐である。

二〇二〇年度　実施問題

【中学校】

【一】次の問一～問六に答えよ。

問一　次の漢字の読み方を平仮名で書け。

①　静謐　②　翻る　③　逼塞　④　穿つ

問二　次の片仮名部分を漢字で書け。

①　小動物のビンショウな動作。

②　論文をテンサクする。

③　士気をコブする。

④　当時の心境をジュッカイする。

問三　次の語句の意味を書き、状況が分かるようにこの語句を使った短文を書け。

気もそぞろ

問四　次の語の片仮名部分を漢字に直し四字熟語を完成させ、その四字熟語の意味を書け。

切磋タクマ

問五　次の①、②の「れる」の品詞の違いを説明せよ。

①　少しでも速く走れるように練習する。

②　なつかしい故郷が思い出される。

問六 「中学校学習指導要領(平成二十九年三月告示)」に関する次の(1)～(4)の問いについて、「中学校学習指導要領解説国語編(平成二十九年七月文部科学省)」を踏まえて答えよ。

(1) 国語科の目標について、空欄に当てはまる適切な語句を書け。

> 言葉による見方・考え方を働かせ、(①)を通して、国語で正確に理解し適切に表現する資質・能力を次のとおり育成することを目指す。
> (1) 社会生活に必要な国語について、その特質を理解し適切に使うことができるようにする。
> (2) 社会生活における人との(②)の中で伝え合う力を高め、思考力や想像力を養う。
> (3) 言葉がもつ価値を認識するとともに、言語感覚を豊かにし、我が国の言語文化に関わり、国語を(③)してその能力の向上を図る態度を養う。

(2) 第3学年の〔知識及び技能〕(2)「ア 具体と抽象など情報と情報との関係について理解を深めること。」では、生徒がどのようなことができるようにすることを求めているか、説明せよ。

(3) 第2学年の〔思考力、判断力、表現力等〕「A話すこと・聞くこと」(1)「ア 目的や場面に応じて、社会生活の中から話題を決め、異なる立場や考えを想定しながら集めた材料を整理し、伝え合う内容を検討すること。」の「異なる立場や考えを想定」するとはどういうことか、説明せよ。

(4) 第1学年の〔思考力、判断力、表現力等〕「B書くこと」(1)「イ 書く内容の中心が明確になるように、段落の役割などを意識して文章の構成や展開を考えること。」を指導する際、「内容の中心」を明確にするために、生徒にどのようなことを考えさせればよいか、説明せよ。

(☆☆☆☆◎◎◎)

【二】次の文章を読んで、あとの問一〜問八に答えよ。

「私」は、『糸白風土記』という郷土史の続編を出版する谷津彦治郎さんの取材を手伝っている。彦治郎さんは、取材の道中、幽霊や人魂などの記憶を「私」に語る。

峠のマークのある標識を左に折れて村道に入る。もう七時を過ぎていた。闇の深さがまた一段あがる。墓原はないから、人魂に出会う心配はなかった。遠目のライトに切り替えないと、道がどう曲がっているのかさえ把握できない。むかしは人魂のかわりに狐があらわれたもんだ、と彦治郎さんはまた闇に手を伸ばして、あの辺り、と丸を描いた。これが a クセなのだ。公民館の話で古い地図を映写したりすると、あの辺り、この辺り、と言って説明をする。彦治郎さんによれば、「あの辺り」こそが正確な物事の示し方なのだった。「あの辺り」という、漠然とした記憶と気持ちを詰めた袋が破れてから、世の中はおかしくなってきた。数字のまちがいは直さなけりゃならん、でも、あんたがたはたまに、①「あの辺り」を壊すような真似をする、大事なことは「あの辺り」で済ませればいいんだ。彦治郎さんは私に何度もそう繰り返した。そのとおりだと思う。しかし、記事にするとなると、そういうわけにもいかない。

示された辺りには杉林があって、湿った赤土のようなものが一瞬目に入り、それから②消えた。そこが b 獣道なのかどうかの見当もつかなかった。おまけに道路標識は狐ではなく、あいかわらず狸である。*寒念《かんねん》仏《ぶつ》を復活させた頃は、狐がたくさんいて人を化かすこともあったと、彦治郎さんは真面目な口調で言う。その話は『糸白風土記』にもいくつか出てくるのだが、幽霊列車の運転手も狐だったとの説があった。当時、狐はまだいまみたいに畑を荒らしたりしなかった。餌は山のなかで調達できたからだ。罠を仕掛けるのはよほどの理由があったときで、狐を殺《あや》めると一族みなにお稲荷様の祟りがあるという古老がまだ少なからずいた。

「糟汁《かすじる》の油揚げは、狐のために用意したものの、余りさ」

「行《ぎょう》でまわっていると、あとをついてきたりするんですか」

「それは聞いたことがないな。油揚げは、昼のうちに寺と裏の林の境目あたりに置いておくんだ。鳶《とび》がさらっていくんじゃなければ狐が食べる。無事に食べると、御礼にコンと鳴く」

「ほんとうですか」

　私が彦治郎さんにおける真実と呼んでいる世界があって、基本的にはそれを信じることにしている。いや、自然にそういう気持ちになると言ったほうがいいだろうか。彦治郎さんの真実とは、要するに「あの辺り」にあって、説明や分析を拒むたぐいのものだ。それをわかったうえで、職業柄、念のために聞いておくのである。こぎつねコンコンという歌をむかし習ったくせに、また、小説のなかで地唄の「*こんかい」という言葉を覚えたくせに、私は狐が現実にどう鳴くのか聞いたことがない。

「雌の狐はコンコンと鳴く。ころころ転がるような声で鳴く。雄はそうじゃない」

　ヘッドライトを近く遠く切り替えても、動物の目に当たって照り返しを受けることはなかった。闇の道はじきに開けて、田舎家がならぶ一角に出る。あぜ道沿いをしばらく走って、c砂利を敷いた私道に折れると、金太郎の吠える声が聞こえた。利巧な柴犬だ。利巧すぎて、主人が帰ってきたときしか吠えない。狸が出ても猪の臭いがしても、気配のする方向をじっと見つめてdイアッするだけだ。昼間、はじめてここへ来たとき、私は客として吠えられた記念すべき第一号になった。ふつうは吠えられなかった者が褒められるのだが、ここでは常識が通じない。車をとめて外に出ると、耳たぶが切れるような冷気がいっぺんに身を包んだ。予報どおり、今夜は降りそうだ。早いうちに*スパイクタイヤに履き替えておいたのは正解だった。

彦治郎さんについて土間に入ると、もわっと、鍋の気配がした。いやしい期待が高まる。十二畳ほどの広い居間の座卓のうえ(ア)で、しづ子さんが鍋を準備していた。お帰りなさい、と声がかかる。

「寒かったでしょ、菱山さんも。はやくあったまって」

まずはふたりとも、熱いお茶を出してもらう。添えられた白菜の漬け物を、私は意地きたなく、ばりばりと食べた。彦治郎さんは、お茶には半分手をつけただけ(イ)で、熱燗を要求する。くいっと一杯飲み、もう一杯くいっとやって、また鍋を作るしづ子さんの様子をじっと眺めている。

「なにか新しいこと、わかりましたか」

彦治郎さんは、板根の寺の住職から聞いた話をかいつまんで報告し、親父は、寒念仏のとき*鉦《かね》で酒を受けてたかもしれないと、③愉快そうに話した。

「なるほどそうかと合点がいったな、無住の寺を守る云々は、半分まじめ、半分は道楽で、農作業も手を抜かずにやってたんだから、文句を言われる筋あいはない。けれど、そう感謝されるような話でもなかったんだ。人のいい親父だったことには変わりないが」

「いろいろわかって、よかったじゃありませんか」

彦治郎さんを見ないでしづ子さんは答えた。

「まあ、そうだ。それから、この人はな、寒念仏でまわったあと、お袋が豪勢な糟汁を作ってくれたって話をしたときから、お腹をぐうぐう言わせてた」

「聞こえてたんですか」

恥じ入りたい気持ちではあったけれど、素直に、そのとおりです、と告白した。私が大食いであることは、もうふたりに知られている。

「夜は糟汁を頼むって、言われてたんですよ」
④日焼けしてなめされたような細く節くれ立った手が、小動物みたいに動く。鮭、にんじん、大根、ゴボウ、こんにゃく、エノキ、白菜。真っ白い汁のなかに紅と黒が顔を出し、酒糟の匂いがぷうんと部屋中にひろがる。ほんとなら、囲炉裏《いろり》でやってあげたいけど、こっちの部屋のほうがあったかいし、お手洗いも近いから、としづ子さんが言う。さっきまでずっと喋っていた彦治郎さんは、おちょこ二杯で落ちついたのか、住職に糟汁の思い出を話していたときとおなじ、⑤人魂を見るようなやさしい目で、無言のまましづ子さんの動きを追っている。八十過ぎの男性が、こんな目で妻を見るのか。ぐつぐついう音の向こうで、戸の揺れる音がする。風が出てきたのだろう。子狐や雌狐のコンコンはさすがに聞こえない。しづ子さんが小皿にだし汁をすくって、唇をとがらせ、ず、と啜《すす》る。満足できなかったのか、白味噌をちょっと足してかきまぜ、もう一度すくって、ちゃっ、と舌を鳴らし、さらにもうひとすくいした小皿を、はい、と彦治郎さんに差し出した。やはり、八十を過ぎた男の目ではなかった。寒念仏に出かけた夫を待って糟汁を用意していた母を見る少年の目だった。一瞬、しづ子さんが、艶やかな白い肌の若々しい母親になり、またもとのしづ子さんにもどった。小皿を手にした彦治郎さんは、しかし、子狐の目でじっと母親を見ている。味見もしないで、じっと見ている。

（堀江《ほりえ》　敏幸《としゆき》『あの辺り』による）

[注]　＊寒念仏…寒中の三十日間、早朝や夜間に鉦をたたき念仏を唱えながら寺参りをすること
＊こんかい…「吼噦」狐の鳴き声を表す語
＊スパイクタイヤ…滑り止めの金属鋲を植えたタイヤ
＊鉦…伏せておいてたたき鳴らす、小さな金だらい状の仏具

問一　本文中のa、dの片仮名部分は漢字に、b、cの漢字は平仮名に、それぞれ直して書け。
　a　クセ　b　獣道　c　砂利　d　イアツ
問二　②消えた　の主部を書き抜け。
問三　ア　で　イ　での品詞の違いを説明せよ。
問四　「あの辺り」について、次の問いに答えよ。
(1)　①「あの辺り」を壊すような真似　とはどのようなことか、本文中の語句を用いて具体的に書け。
(2)　「私」が、彦治郎さんの「あの辺り」に対する考え方を信じるようにしているうちに、物事の見え方まで同化しつつあることが分かる一文を、本文中から書き抜け。
問五　③愉快そうに話した　のはなぜか説明せよ。
問六　④日焼けしてなめされたような細く節くれ立った手が、小動物みたいに動く　という描写から分かるしづ子さんの人物像を書け。
問七　⑤人魂を見るようなやさしい目　という比喩の意味と効果を書け。
問八　「中学校学習指導要領（平成二十九年三月告示）」第1学年の〔思考力、判断力、表現力等〕「C読むこと」
(1)「イ　場面の展開や登場人物の相互関係、心情の変化などについて、描写を基に捉えること。」について指導する際に留意することを、「中学校学習指導要領解説国語編（平成二十九年七月文部科学省）」を踏まえながら、本文中の描写を基に具体的に説明せよ。

（☆☆☆◎◎◎）

【三】次の文章を読んで、あとの問一～問七に答えよ。

われわれの目からみたら、自然はけっこう平らに見えるかもしれない。ただし、ここで忘れてならないことは、ヒト[ア]という生き物は、大変に大きい生き物だということである。一六〇センチの高さから世界を見ている動物は、そう多くはない。われわれのサイズだからこそ、直径六〇センチ以上もある車輪を使って、一六センチの凸凹でも問題にせずにすむ。ネズミが車輪を使うとしたら、車輪の直径が六センチ程度になるだろうが、それなら一・五センチの小石や枯れ枝に[a]ナンジュウすることになる。アリが四ミリの車輪を使うとしたら、一ミリの砂粒や落ち葉一枚に立往生してしまうだろう。

地面の凸凹を調べた結果によると[イ]、どうも、大きい凸凹ほど数が少なく、小さいものになればなるほど、数が多くなっていくものらしい。だから、われわれの目に平らと見えるところでも、小さな凸凹はたくさんあり、動物のサイズが小さくなればなるほど、地面は[b]キフクに富んだ世界となる。つまり、車輪はますます使いにくくなっていくのである。

サイズの大きいものにとっても、車輪はそうそう使い勝手のいいものではない。車でロッククライミングをやろうったって、それは無理だ。車輪は地面との[c]マサツ力がないと働けないので、垂直な壁を登ることはできない。手足なら、しがみついて登れる。車輪はジャンプすることもできない。車椅子の例では、幅二〇センチの溝でも越えられない。マウンテン・シープは一四メートルもジャンプして谷を越す。

車輪の大きな欠点は、小回りのきかないことだ。まず、向きを変えるのがむずかしい。車椅子の場合、一八〇度回転するのには、一五〇センチ四方もの空間がいる。また、二台の車椅子がすれ違うには、二台の幅だけの道幅がどうしても必要となる。ヒト二人がすれ違うときを考えてみれば、横向きになってすれ違ってもいいし、やむを得なければピョイと飛び越してもいいので、車とはえらく違う。

ただ速いばっかり速くても、小回りがきかなければ、木立や岩などの障害物の多いところでは、車輪は立ち往生してしまうだろう。車輪動物が二匹狭い山道でばったり出会ったら、すれ違うこともできず、さりとて廻れ右してもどることもできず、二匹とも進退きわまるということに、ならぬともかぎらない。

①こう見てくると、車輪というものは、われわれヒトのような大きな生き物が、山をけずり、谷をうめて、かたい平坦でまっすぐな幅広の舗装道路を造ってはじめて使い物になる、ということが分かると思う。

舗装道路を帝国内にあまねく造り、車を走らせたのはローマ人である。しかし帝国が崩壊し、道路の維持補修がなされなくなった後には、その道をラクダやロバが背に荷物を積んで歩いていた。がたがたの道では、車は使えなくなったのである。

広く、まっすぐで、かたい道。階段のない、袋小路のない、道幅の広い町並み。これらは車に適した設計であり、戦前には、ほとんど見られなかったものである。

私は長く沖縄に住んでいたが、小さな離島を訪ねるたびに、島が変わっていくのが、よくわかる。白いサンゴの砂を敷きつめた福木《ふくぎ》の並木が涼しい影を落とす美しい道が、次に訪れたときには、ただ広いだけのコンクリート道路に変わっている。日中など、焼けた鉄板の上にいるのと同じで、とても歩けたものではない。なんでこんなことをするのかと聞くと、狭い島で公共事業をやろうとすれば、道路を②「良くする」のと、砂浜の海岸をコンクリートで固めて③「護る」しか、やることはないのだそうだ。

技術というものは、次の三つの点から、評価されねばならない。(1)使い手の生活を豊かにすること、(2)使い手と相性がいいこと、(3)使い手の住んでいる環境と相性がいいこと。

産業革命以来、技術はわれわれの生活を豊かにしてきた。エンジンはわれわれの筋肉を増強し、その結果、われわれは楽に大きな力を出せるようになった。望遠鏡や顕微鏡は目の力を増強し、遠くのものや小さいものを見えるようにしてくれた。コンピュータは脳の力を増強し、おかげではやく複雑な計算をしたり、大量の記憶を処理できるようになった。

これらの技術がわれわれの暮らしを豊かにしてきたのは、間違いのない事実である。しかし、使い手を豊かにするという観点ばかりに重きをおいて技術を評価する従来のやり方を、考え直すべきときにきているのもまた事実である。自動車というものは、これまでの基準からすれば完成度のかなり高い技術なのだけれど、人間との相性や環境との相性を考えに入れると、④まだまだ未熟な技術と言っていい。

人間との相性ということからみれば、道具が、手や足や目や頭の、すなおな延長であれば、それに越したことはない。作動する原理が、道具と人間とで同じならば、相性はよくなる。残念ながら、コンピュータやエンジンは、脳や筋肉とはまったく違った原理で動いている。だから操作がむずかしいのである。自動車学校にみんなが行って免許をとらなければいけないこと自体、車というものが、まだまだ完成されていない技術だという証拠であろう。

環境と車との相性の問題は、大気汚染との関連で今まで問題にされることが多かった。しかし、ここで論じてきたように、車というものは、そもそも環境をまっ平らに変えてしまわなければ働けないものである。使い手の住む環境をあらかじめガラリと変えなければ作動しない技術など、上等な技術とは言いがたい。

環境を征服することに、人類の偉大さを感じてきたのが機械文明である。だから山を拓き、谷をうめ、「良い」道路をつくることは、当然よいこととして、問題にされてこなかったようだ。⑤車は機械文明の象徴と言っていい。*アッピア街道やアウトバーンを造った人たちが、征服せねばやまぬ思想の持ち主だったことは、まさに象徴的なことである。

（本川《もとかわ》　達雄《たつお》『ゾウの時間ネズミの時間　サイズの生物学』による）

［注］＊アッピア街道…紀元前三世紀中頃までに作られた古代ローマの国道

問一　本文中のa、b、cの片仮名部分を漢字で書け。

a　ナンジュウ　b　キフク　c　マサツ

問二　ア　と　イ　との品詞について、違いが分かるように説明せよ。

問三　①こう見てくると　より前の五つの段落の本文における役割について、説明せよ。

問四　②「良くする」　③「護る」　とあるが、このように示した筆者の意図について具体的に説明せよ。

問五　④まだまだ未熟な技術　とあるが、筆者が自動車をこのように評する理由を説明せよ。

問六　⑤車は機械文明の象徴と言っていい　と筆者が主張する理由を説明せよ。

問七　この文章を用いてどのような学習活動を設定するか。「中学校学習指導要領解説国語編(平成二十九年七月文部科学省)」第2学年の〔思考力、判断力、表現力等〕「C読むこと」(1)「オ　文章を読んで理解したことや考えたことを知識や経験と結び付け、自分の考えを広げたり深めたりすること。」の内容を踏まえ、具体的に説明せよ。

(☆☆☆☆◎◎◎)

【四】次の文章を読んで、あとの問一～問五に答えよ。

＊いま一所の女君こそは、①いとはなはだしく心憂き御有様にておはすめれ。父大将のとらせたまへりける＊処《そう》分《ぶん》の領所《らうしよ》、近江にありけるを、人にとられければ、すべきやうなくて、かばかりになりぬれば、もののはづかしさも知られずや思はれけむ、夜、かちより御堂にまゐりて、うれへ申したまひしはとよ。

殿*の御前は、阿*弥陀堂の仏の御前に念誦《ねんず》*しておはしますに、夜いたくふけにければ、御脇息《けふそく》*によりかかりて、少し眠らせたまへるに、犬防《いぬふせぎ》*のもとに人のけはひのしければ、あやしと思し召しけるに、女のけはひにて、忍びやかに、「もの申しさぶらはむ」と申すを、御僻耳《ひがみみ》*かと思し召すに、あまた度《たび》になりぬれば、まことなりけり、と思し召して、いとあやしくはあれど、「誰《た》そ、あれは」と問はせたまふに、「しかじかの人の、申すべきことさぶらひて、まゐりたるなり」と申しければ、いといとあさましくは思し召せど、あらく仰せられむも、さすがにいとほしくて、「何事ぞ」と問はせたまひければ、「知ろしめしたることにさぶらふらむ」とて、ことの有様こまかに申したまふに、いとあはれに思し召して、「さらなり、皆聞きたることなり。いと不便《ふびん》なることにこそはべるなれ。いま、しかすまじきよし、すみやかに言はせむ。かくいましたること、あるまじきことなり。人してこそ言はせたまはめ。とく帰られね」と仰せられければ、「さこそはかへすがへす思ひたまへさぶらひつれど、申しつぐべき人のさらにさぶらはねば、さりともあはれとは仰せ言《おほせごと》さぶらひなむ、と思ひアたまへて、まゐりさぶらひながらも、いみじうつつましうさぶらひつるに、かく仰せらるる、②申しやるかたなくうれしくさぶらふ」とて、手をすりて泣くけはひに、ゆゆしくも、あはれにも思し召されて、殿も泣かせイたまひにけり。

出でたまふ途《みち》に、南大門に人々居たる中をおはしければ、なにがしぬしの引き留められけるこそ、いと無愛《ぶあい》*のことなりや。後に、殿も聞かせたまひければ、いみじうむつからせたまひて、いとひさしく御*かしこまりにていましき。さて、御うれへの所は、長*く論あるまじく、この人の領にてあるべきよし、仰せ下されにければ、もとよりいとしたたかに領じたまふ、③きはめていとよし。「さばかりになりなむには、ものの恥しらでありなむ。かしこく申したまへる、いとよきこと」と、口々ほめ聞こえしこそ、④なかなかにおぼえはべりしか。

（『大鏡』による）

［注］＊いま一所の女君…小一条の大将(藤原済時)の次女
＊処分の領所…お与えになっていた遺産の領地
＊殿の御前…藤原道長
＊阿弥陀堂…藤原道長の建立した法成寺という、荘厳広大な寺院の中の一堂
＊念誦…心中で仏を祈念し、口に経文や仏名を唱えること
＊脇息…ひじかけ
＊犬防…仏堂内の内陣と外陣との境に据えてある丈の低い柵
＊僻耳…聞き違い
＊無愛…薄情
＊御かしこまりにて…ご勘当を受けて
＊長く論あるまじく…いつまでも苦情が出ないように

問一　ア　たまへ　イ　たまひ　の意味の違いを説明せよ。

問二　①いとはなはだしく心憂き御有様にておはすめれ　について、次の問いに答えよ。

(1)　口語訳せよ。

(2)　なぜ、そのような状況になったのか説明せよ。

問三　②申しやるかたなくうれしくさぶらふ　とあるが、なぜそのように思ったのか説明せよ。

問四　③きはめていとよし　④なかなかにおぼえはべりしか　とあるが、それぞれについて語り手が、何を、どのように評価しているか説明せよ。

問五　この文章を用いてどのような学習活動を設定するか。「中学校学習指導要領解説国語編(平成二十九年七月文部科学省)」第2学年の〔知識及び技能〕(3)「イ　現代語訳や語注などを手掛かりに作品を読むことを通して、古典に表れたものの見方や考え方を知ること。」の内容を踏まえ、具体的に説明せよ。

(☆☆☆☆◎◎◎)

【五】次の文章は、『孟子』の一節で、梁の惠王(中国の戦国時代における魏の国の王)と孟子の対話の場面である。これを読んで、あとの問一～問七に答えよ。なお、本文には新字体を用いた漢字と、設問の都合により訓点を省いた部分がある。

梁ノ惠王曰ク、*晉國ハ天下莫シレ強キハレ焉ヨリ。*叟之所レ知ル也。及ビ二[a]寡人之身一ニ、東ハ敗レ二於*齊一ニ、長子死ス焉。西ハ喪フコト二地ヲ於*秦一ニ七百里。南ハ辱メラル二於*楚一ニ。寡人恥ヅレ之ヲ。①願ハクハ比《ため》ニ二死者ノ一タビ洒《すす》ガンレ之ヲ。如レ之ヲ何セバ[b]則可ナラント。孟子對ヘテ曰ク、地方百里ニシテ而可シ三以テ王タル一。王[c]如シ施シ二仁政ヲ於民一ニ、省キ二刑罰一ヲ、薄クシ二*税斂《れん》一ヲ、深ク耕シ易《をさ》メ*耨《くさぎ》ラシメ、壮者ハ以テ二暇日一ヲ修メ二其ノ孝悌忠信一ヲ、入リテハ以テ事ヘ二其ノ父兄一ニ、出デテハ以テ事ヘバ二其ノ長上一ニ、可シレ使ム三制シテレ梃ヲ以テ撻《う》タ二秦・楚之堅甲・利兵ヲ一矣。彼ハ奪ヒ二其ノ民時ヲ一、^A^使不得耕《こう》耨《どう》以養其父母。父母凍餓シ、兄弟妻子離散ス。^②^彼ハ陥《かん》二‐溺《でき》ス其ノ民ヲ一。王往キテ而征セバレ之ヲ、夫レ誰カ與レ王敵セン。故^d^曰ク、^③^仁者ニ無シトレ敵。王請フ勿^e^レ疑フコト。

（『孟子』による）

［注］
＊晉國…魏の国の旧名
＊齋、秦、楚…中国の戦国時代の国名
＊耨…除草すること
＊堅甲・利兵…堅固な甲冑と鋭利な武器
＊叟…孟子のこと
＊税斂…租税を取り立てること
＊制梃…杖を手に提げること
＊民時…民が農業に専念しなければならない時季

問一　b 則　d 故　e 勿の本文における読みを送り仮名を添えて平仮名(現代仮名遣い)で書け。

問二　a 寡人　c 如　は本文中でどのような意味を表しているか説明せよ。

問三　A 使不得耕耨以養其父母　について、次の書き下し文となるように、白文に訓点を施せ。

(書き下し文) 耕耨《こうどう》して以て其の父母を養ふことを得ざらしむ

使不得耕耨以養其父母

問四 ①願比死者一洒之 について、恵王がどのようなことを願っているのかを「之」の部分の内容を明らかにして説明せよ。

問五 ②彼陥溺其民 について、どのような状況をたとえているか、「彼」が示しているものを明らかにして説明せよ。

問六 ③仁者無敵 について、「仁者に敵無し」は現代でも用いられている言葉であるが、孟子がこの言葉によって、恵王に伝えようとしたことを、本文に即して具体的に説明せよ。

問七 中学校3年生の授業で、この文章を用いてどのような学習活動を設定するか。「中学校学習指導要領解説国語編(平成二十九年七月文部科学省)」第3学年の〔知識及び技能〕(3)「イ 長く親しまれている言葉や古典の一節を引用するなどして使うこと。」の内容を踏まえ、具体的に説明せよ。

(☆☆☆☆◎◎◎)

【高等学校】

【一】 次の文章を読んで、問一から問五に答えよ。

シンギュラリティ(技術的特異点)とは、人間を超える優れた知性がコンピュータに宿るため、その時点を超えると世界がわれわれ人間にとって理解不能になるという、SF作家ヴァーナー・ヴィンジが一九八〇—九〇年代に言い出した概念である。これはある意味で恐ろしい予測でもあるが、カーツワイル*はその著書『ポスト・ヒューマン誕生(The Singularity Is Near)』において、①これを極め付きの楽観主義で塗り変えてしまった(Kurzweil 2005)。カーツワイルによれば、二〇四五年にシンギュラリティが到来し、AIが人類の知能を超越するが、それは人類に幸福をもたらすという。シンギュラリティ以降、文明は驚異的な速度で進歩していく、というのがカーツワイルの主張である。

いかにして二〇四五年という数字をはじき出したのかというと、ここで登場するのが「収穫加速の法則(LOAR/Law Of Accelerating Returns」である。これは能力や収穫が指数関数的に増加していくという経験則であり、もっとも有名なのは一年半ごとに半導体集積回路の密度が二倍になるという「ムーアの法則」である。カーツワイルは、これ以外にも、生物進化や技術文明進歩でもこういった経験則が成り立つと述べる(ibid., Ch. 2)。そして、コンピュータの論理素子や記憶装置と人間の脳の神経細胞について、その処理速度や量的スケールを比較する。大雑把にいうと、②前者が指数関数的に増大をつづけるとき、後者を上回る時点がシンギュラリティということになる。

LOARにもとづくシンギュラリティの到来予測を、あまりにも粗雑な立論であるとして批判することはaヨウイだろう(たとえば、第五章で見るジャン=ガブリエル・ガナシア*の議論を参照)。カーツワイルは、強いAIが人間の知力を凌駕していく具体的な技術として、遺伝学、ナノテクノロジー、ロボット工学の三つをあげ、詳細な記述をおこなっている。だが、そこで紹介される技術の多くは、一部に確立し実用化されたものもあるが、まだ実験試作段階の技術や、bホウガ的希望にすぎない技術も混在しており、学問的に緻密な議論とは言い難い。それらの詳細なcトウヒについて立ち入るのは本書の目的ではないが、ここで着目すべきは、カーツワイルのシンギュラリティ仮説が、素朴実在論をふまえた徹底的な人間機械論に立脚しているという点である。③人間の知力が、脳の物理的機能として外側から捉えられているわけだ。そこには人間と機械を区別する視点は存在しない。

興味深いことに、カーツワイルの議論のなかには一見して奇妙な矛盾がみられる。以上述べたように、シンギュラリティ仮説のもとでは、約三〇年後に強いAIの知力が人間を超え、その後も生物的限界を超えて、どこまでも進化していくという。だが、このことは、宇宙のどこかに人間では捉えられない超越的な知性が存在し、それが強いAIの方向性を導いているという図式を思わせずにはいない。もし絶対的真理に到達できる超越的な知性が存在しなければ、いったい強いAIはどこを目指して進化していくというのだろうか。つまり、カーツワイルのいうAIとは、普遍的な絶対知の実現に他ならないのだ。カーツワイルは「AIがAIをつくる」と主張するが、これは、人間がつくるかぎり、AIは人間の知力の限界を超えられないことを含意しているのだろう。

にもかかわらず、カーツワイルの議論のなかには、「絶対知の実現」とならぶいま一つのAIの定義である「人知の模倣」という側面も明瞭にみられるのである。まず、AIのアプローチとして言及されているのは「(脳の)リバースエンジニアリング」である。この言葉は本来、機械製品を分解したり動作を観察したりして、それと同等の機能をもつ製品を設計し製造することだ。今の場合、技術的にはいわゆる全脳エミュレーション*に近い。脳の内部を精査し、モデル化し、すみずみまでコンピュータ上でシミュレートするのである。これだけでも、人知の模倣であり人知以上の機能は実現が難しいという気がする(ただ、これは出発点であって、できあがったAIが自己改良していく、というシナリオを描くことはできるだろうが)。

もっと問題なのは、カーツワイルの主張のなかで最も衝撃的な「マインド・アップローディング」という機能である。これはリバースエンジニアリングに似ているが、人間の一般的な脳でなく、より個人的な脳のコンピュータへの写しこみである。それは「脳の目立った特徴を全てスキャンして、それらを、十分に強力なコンピューティング基板に再*インスタンス化すること」であり、ある特定の人物の「人格、記憶、技能、歴史の全てが取り込まれる」(Kurzweil 2005／二四二頁)という。となると、そこには本人の身体がdハンエイされるはずだが、カーツワイルによると、このマインド・アップローディングで最も重要なのは、われわれの個々の知能だの個性だの技能だのを非生物的な知能へ少しずつ移し換えていくことなのである。要するに、マインド・アップローディングによって個々の人間は不死になれる、とカーツワイルは断言するのだ。

　明らかにカーツワイルの議論には人間中心主義とうけとれる箇所がある。実際、『ポスト・ヒューマン誕生』の最終章は次のような文章で終わっている。「結局のところ中心にあるのは人間だ。〔…〕こうした技術の発展によって、生物進化とともに始まった加速ペースが持続されてきたのだ。この加速は宇宙全体がわれわれの指先の意のままになるまで続くだろう」(ibid.／五九三頁)。したがって、カーツワイルは、人間の模倣(リバースエンジニアリングやマインド・アップローディング)を方法として用いながらも、より高次の超知性体への進化、絶対的真理への到達を目指している。

　だが生物進化史から見て、ホモサピエンスが特有の不完全さをもつことは明らかだろう。知覚だけに限っても、われわれより優れた動物はいくらでもいる。ホモサピエンスは、大脳新皮質がアンバランスに発達した一種の奇形にすぎないという見方もできる。そういうわれわれが観察者であることを考えると、④これはAIという概念における根本的な矛盾ではないだろうか。

　これに類した矛盾は、カーツワイルだけでなく、多くのトランス・ヒューマニスト*に共通している。そこで、もう一歩踏み込んでいかなくてはならない。素朴実在論にもとづくトランス・ヒューマニズム(超人間主義)における観察者の視点は、「人間」を標榜しながらも、実はひそかに一神教の絶対神の視点に重ねられているのではないだろうか……。

右に引用した一節は、おもてむき、人間が宇宙にeクンリンするという子供じみた構図に見えるかもしれない。だが、その奥には、人間を一種のエージェントとして宇宙が進化し、知的で普遍的な究極の絶対秩序が体現されるという、強烈な宗教的確信のようなものが感得されるのである。

（西垣　通『ＡＩ原論　神の支配と人間の自由』より）

＊カーツワイル…人工知能研究の世界的権威。本文中の「Kurzweil」はカーツワイルの著書を指す。
＊ジャン＝ガブリエル・ガナシア…哲学者。シンギュラリティに懐疑的な立場をとる。
＊エミュレーション…コンピュータシステムの全部または一部を別種のハードウェアやソフトウェアで擬似的に動作させること。
＊インスタンス…プログラミングの分野で使う概念のひとつで、クラス(設計図)に値を入れたもの。
＊トランス・ヒューマニスト…新しい科学技術を用い、人間の身体と認知能力を進化させ、人間の状況を前例のない形で向上させようという思想を持つ人。

問一　a ヨウイ　b ホウガ　c トウヒ　d ハンエイ　e クンリン　を漢字に直せ。

問二　①これを極め付きの楽観主義で塗り変えてしまった　について、次の問いに答えよ。

(1)　「これ」の内容を説明せよ。

(2)　「極め付きの楽観主義」という言葉から、筆者がカーツワイルの論の、どのような点に対して、どのような見方をしていると読み取れるか、書け。

問三　②前者　は何を指すか書け。

問四　③人間の知力が、脳の物理的機能として外側から捉えられている　とあるが、具体的にどのような考えか。本文を踏まえて書け。

問五　④これはＡＩという概念における根本的な矛盾ではないだろうか　とあるが、筆者はカーツワイルの「矛盾」の背景に何があると捉えているか。「矛盾」の内容を明らかにして書け。

（☆☆☆☆◎◎◎）

【二】次の文章を読んで、問一から問六に答えよ。

若き脚本家である野島は、友人の仲田の妹である杉子に心を寄せており、親友で野島のよき理解者である小説家の大宮にそのことを打ち明ける。大宮は野島の杉子への思いを理解し応援していたが、不意に、西洋に勉強しに行くことを決意する。

その後大宮は外国にゆくのに忙《いそ》がしかった。

九月の末にはたつことにきまった。その日野島は横浜まで送ることにした。東京駅に大宮を送る人は五六十人来て居た。武子*の父も母も来て居た。武子は大宮の母について横浜迄《まで》ゆくことになっていた。雑誌記者や、文士も見えていた。新聞記者も来て大宮と何か話していた。しかし野島はそれ等の人のことは気にならなかった。彼の気になったのは勿論《もちろん》同じく送りに来ていた杉子だった。杉子にしてはいつもより厚く化粧《けしょう》していて、いつもより美しくは見えたが、aムジャキには見えなかった。そして誰《だれ》とも話をせずに一人淋しく立っていた。つつましく、だが何か考ているように。少し痩《や》せたのではないかと思った。

　武子がそれに気がついて近づくとさすがに笑って見せた。大宮は野島に近づいた。

「僕は君の幸福を祈《いの》っているよ」大宮はそういきなり云った。彼は泣きたいような気がした。大宮も涙《なみだ》ぐんでいるように見えた。

「ありがとう。君は身体を大事にしてくれないといけないよ」

「ありがとう。僕が向うへ行っている内に二人で来給《きたま》え。旅費位、どうでもするよ」

「そういけば」

　①野島はそのさきは云えなかった。其処へ大宮の母が来て、野島に挨拶《あいさつ》して、

「何とかさんがお見えになったから、挨拶しておいで」と大宮に云った。

「一寸失敬する」

「どうぞ」

　切符《きっぷ》を切る様になったので皆《みな》、我勝ちに入った。

　野島の一生忘れることの出来なかったのは杉子のこの日の態度と目だった。杉子は誰にも気がつかれない処《ところ》に立って、気がつかれないように、一つのものを見つめていた。

　それは大宮を見つめているのだった。野島は杉子の心がすっかりわかったように思った。

　ここで自分は少し筆をはしょる。野島は杉子が大宮を恋《こい》していることを瞬間的《しゅんかんてき》に直覚した。汽車は動き出して皆万歳《みなばんざい》を云って、手をふったり、帽《ぼう》をふったりした。杉子も人々のかげで謹《つつし》み深くはんけちをふっていた。

彼女の姿は人々の動くので見えたり、見えなかったりした。しかしその目は汽車の窓《まど》から首を出して皆に返礼している大宮にそそがれていた。野島は大宮の目をぬすみ見た。しかし大宮は杉子を時々見るようでもあり、見ないようでもあった。野島は大宮が立ったあとでも、仲田の処に時々出かけて、杉子に逢った。杉子の態度は別にかわらなかった。大宮の話も時には出たが、別に野島には気にならなかった。ピンポンもした。トランプもした。しかし前程《まえほど》のり気になれなかった。野島は段々おちつかなかった。彼はいつ何時、杉子が人妻になるかわからない気がした。彼はとうとう一年後に間に人をたてて杉子の家に結婚《けっこん》の申込《もうしこ》みをした。だが体裁《ていさい》よく断られた。彼はそれでもあきらめられなかった。それで仲田に、「杉子さんの本当の意志を知らしてほしい」と手紙をかいた。仲田からは、「当人も今結婚する意志はまるでない」と云って来た。彼はそれから仲田の家にはゆくことが出来なくなった。彼は段々仲田の手紙だけでおちつけなくなった。仲田は如才ない男だ。当人の本当の意志でないことも当人の意志のように書き兼ねない男だ。本当に杉子さんの意志を知らない内は思い切りたくも思い切れないと思った。

　彼は其処で思い切って杉子に手紙をかいた。

「私は貴女《あなた》なくしてこの世に生きることの淋しさをあまり強く味わされております。私はそれに耐《た》え兼ねて失礼も顧《かえり》みず手紙をかきます。私の心は貴女は既《すで》に御存知《ごぞんじ》と思います。私は何にも申しません。唯々《ただただ》お願いします。貴女の本当の意志を御知らせ下さい。私は何年でもお待ちします。少しは望みがあるのですか。少しも望みはないのですか。何もかも正直に云って下さい。私はこわいのです。しかし貴女の言葉をきかない内は、少しもおちつきません。少しでも希望のある言葉を私は望んでおります。私は知らぬ神に祈《いの》ります。泣いて祈ります。少しでも希望がありますように。ですが本当のことを知らして下さい。私も男です。本当のことを知れば、あきらめなければならない時はあきらめます。そんな時のこないことを祈っておりますが。どうぞ御返事下さい。私は貴女からの宣告を恐《おそ》る恐る希望に燃えながら待っております」

　杉子はそれに簡単に答えた。

「御手紙拝見いたしました。あなたのような尊敬すべき方にか程迄《ほどまで》云って戴《いただ》くことは勿体《もったい》なく思います。しかし父や兄のお答え申した通りより私も御返事が出来ませぬ。どうぞあしからず。心であやまっております」

　野島はこの冷たい手紙を繰返《くりかえ》しよんだ。そして A絶望だと云うことを本当に感じた。彼はすっかり参ってむせび泣いた。その二三日後に彼はベートオフェンの肖像《しょうぞう》に次のベートオフェンの言葉の原文を乱暴にかいて柱に鋲《びょう》でとめた。

「お前は人間ではない。自分の為《ため》に生きる人間ではない、ただ他人の為にのみ。お前には自分自身の内、芸術より他《ほか》に幸福はない。神よ、私に克《か》つ力を私に与《あた》えて下さい。私を人生に結びつけるものは何にもありません。Aとこうなってはすべてが失われました」ただAのかわりにSがつかわれていた。

　彼はこのことを巴里《パリ》にいる大宮には勿論報告した。大宮からは時々たよりがあったり、本や画《え》の類を送って来たが、その頃からばったり杉子のことはかいて来なくなった。彼はそれを自分の傷にふれない為ととった。

　それから一年程たって、既に結婚した武子が夫と西洋へゆく時不意に杉子も一緒《いっしょ》に洋行することを野島は聞いた。

　野島はそれを本当にはしなかった。彼は文壇《ぶんだん》からは少しずつ認められて来、彼の芝居《しばい》も二つ三つ演じられた。元よりそれは一般《いっぱん》の注意をひく力はなかったが、一部からは大いに期待され、恐れられもした。しかし野島はそれで満足は出来なかった。彼はただ淋《さび》しかった。そして杉子のことが忘れられなかった。

　一度彼は往来で杉子に出逢《であ》った。まばゆいように美しくなったと彼は思った。杉子は彼に気がついた。そして謝罪するように彼に辞儀《じぎ》をした。彼も bテイネイに ②罪人のようにお辞儀をした。一こともまじえなかった。

彼はもう心を失った人のように立ちどまって、彼女の方をふり向いた。彼女はふり向かずに一番近い四つ角を右の方へ曲って行った。彼は杉子が御辞儀してくれたことが、嬉しかった。そして感謝した。B しかし同時に失ってはならないものを失ったことに気がつかないわけにはゆかなかった。自分は実に全世界を失ったのだと云う気がした。彼は丸善*へ行こうと思って出たのだがすぐやめて家に帰って、泣いた。そして大宮から送ってくれたベートオフェンのマスク*に顔をあてた。それはベートオフェンの肖像を柱に鋲でとめたことを知らした時、少しおくれて大宮から送って来たので、彼は大宮の友情に感謝して涙ぐんだ。その時の彼にこれ程ありがたい贈《おく》りものはないと思えたので。彼は持つべきものは友だと思った。杉子の洋行は事実だった。彼はあることを感じはしたが、それはうち消していた。彼はまるで誰とも逢わず、散歩と読書とものをかくのと泣くのとで日を送っていた。

杉子がたって三四カ月たった時、彼は大宮からへんな手紙をうけとった。それはミケルアンゼロのピエター*のエハガキの裏全面に英語でかかれていた。大宮は仏語と英語が出来た。野島は独逸《ドイツ》語と英語が出来た。それで英語でかかれていた。

「尊敬すべき、大《おお》なる友よ。自分は君に謝罪しなければならない。すべては某《ぼう》同人雑誌に出した小説(?)を見てくれればわかる。よんでくれとは云えない。自分の告白だ。それで僕達を裁《さば》いてくれ」

この僕達と云う言葉が野島にはへんに気になった。某同人雑誌は大宮を尊敬する人々によって出されている雑誌で野島もその寄贈《きぞう》をうけている。彼はその雑誌をうけとると、すぐ大宮のものをひらいた。そしておどろいた。目まいがした。それには③次のようなことがかかれていた。

（武者小路実篤『友情』より）

＊武子…大宮の従姉妹で、杉子と同じ学校に通っていた。武子と杉子は、野島も含めて、大宮や仲田と交流があった。
＊丸善…東京の日本橋にある書店。
＊マスク…デスマスクのこと。死者の顔から型をとってつくった仮面。多くは石膏で制作する。
＊ピエター…キリスト教美術の、キリストの受難を表す場面の一つ。聖母マリアがキリストの死体をひざに抱いているもので、彫刻や絵画の主題にしばしば使われている。ミケランジェロの彫刻が最も名高い。

問一　a　ムジャキ　b　テイネイ　について、傍線部を漢字に直せ。
問二　如才ない　の文中での意味を簡潔に書け。
問三　①野島はそのさきは云えなかった　とあるが、なぜか。その理由を書け。
問四　②罪人のように　という比喩は、野島のどのような心情を表現しているか。それまでの杉子との経緯を踏まえて書け。
問五　Bしかし同時に失ってはならないものを失ったことに気がつかないわけにはゆかなかった　とはどういうことか。A絶望だと云うことを本当に感じた　という段階を踏まえた上で、説明せよ。
問六　③それには次のようなことがかかれていた　とある。「現代文B」において、「どのようなことが書かれていたのか」を、推測していく授業を設定したい。どのような手順で学習活動を展開していくか、書け。また、生徒たちの考えを、説得力のあるものに収束させていくための具体的な手立てを書け。

(☆☆☆◎◎◎)

【三】次の文章は、『紫式部日記』の一節である。夫の死後、数年物思いに沈んでいた作者は、中宮のもとへ出仕することになった。本文は、宮中は自分にとって分不相応な世界であると感じながら宮廷生活を送っていた作者が、里下がりをして、あれこれと感慨にふける場面である。これを読んで、問一から問八に答えよ。

御前の池に、水鳥どもの日々におほくなりゆくを見つつ、*入らせたまはぬさきに雪降らなむ、この御前の有様、いかにをかしからむと思ふに、aあからさまに*まかでたるほど、二日ばかりありてしも雪は降るものか。見どころもなき古里の木立《こだち》を見るにも、ものむつかしう思ひみだれて、*年ごろつれづれにながめ明かし暮らしつつ、花、鳥の、色をも音《ね》をも、春、秋に、行きかふ空のけしき、月の影、霜、雪を見て、そのとき来Aにけりとばかり思ひわきつつ、いかにやいかにとばかり、行末《ゆくすゑ》の心ぼそさはやるかたなきものから、はかなき物語などにつけて、*うち語らふ人、おなじ心なるは、あはれに書きかはし、すこしけ遠きたよりどもをたづねてもいひけるを、ただこれをさまざまにあへしらひ、そぞろごとにつれづれをばなぐさめつつ、世にあるべき人かずとは思はずながら、さしあたりて、恥づかし、いみじと思ひしるかたばかりのがれたりしを、さも残ることなく思ひ知る身の憂さかな。

こころみに、物語をとりて見れど、見しやうにもおぼえず、bあさましく、あはれなりし人の語らひしあたりも、われをいかにおもなく心浅きものと思ひおとすらむと、おしはかるに、それさへいと恥づかしくて、①えおとづれやらず。心にくからむと思ひたる人は、*おほぞうにては文《ふみ》や散らすらむなど、うたがはるべかめれば、②いかでかは、わが心のうちあるさまをも、深うおしはからむと、ことわりにて、cいとあいなければ、*中絶ゆとなけれど、おのづからかき絶ゆるもあまた。住み定まらずなりにたりとも思ひやりつつ、おとなひくる人も、かたうなどしつつ、すべて、はかなきことにふれても、あらぬ世に来たる心地ぞ、*ここにてしもうちまさり、ものあはれなりける。

ただ、えさらずうち語らひ、すこしも心とめて思ふ、こまやかにものをいひかよふ、さしあたりておのづからむつび語らふ人ばかりを、③すこしもなつかしく思ふぞものはかなきや。

*大納言の君の、夜々は、御前にいと近う臥したまひつつ、物語したまひしけはひの恋しきも、*なほ世にしたがひぬる心か。

Ⅰ　④浮き寝せし水の上のみ恋しくて　鴨の上毛にさへぞおとらぬ

かへし、

Ⅱ　うちはらふ友なきころのねざめには　⑤つがひし鴛鴦《をし》ぞ夜半《よは》に恋しき

書きざまなどさへいとをかしきを、dまほにもおはする人かなと見る。

「⑥雪を御覧じて、をりしもまかでたることをなむ、いみじくにくませたまふ」と、人々ものたまへり。*殿の上《うへ》の御消息《せうそこ》には、「まろがとどめしたびなれば、ことさらにいそぎまかでて、疾《と》くまゐらむとありしもそらごとにて、ほどふるBなめり」と、のたまはせたれば、⑦たはぶれにても、さ聞こえさせ、たまはせしことなれば、かたじけなくてまゐりぬ。

*入らせたまはぬさきに…中宮が宮中にお帰りになる前に。中宮は御産のため宮中から離れていた。

*まかでたるほど…作者が実家に退出した間

*年ごろ…夫と死別してからの日々のこと。以下五行後の「のがれたりしを」までは、作者が夫に死別してから宮仕えに出るまでの回想である。

*うち語らふ人、おなじ心なる…ちょっと話をする人で気心の合う人、の意。十行目の「あはれなりし人の語らひしあたり」も同じ意味である。

＊おほぞう…「大様《おほざま》」、「大煩《おほざふ》」などの転。いいかげん、おおざっぱの意。宮仕え女性の一般的性格のことを述べている。
＊中絶ゆ…交際が途絶える
＊ここにてしも…里下がりをした我が家であっても
＊大納君の君…中宮の女房。源扶義の娘簾子のこと。
＊なほ世にしたがひぬる心か…宮仕えについてとやかく言いながらも、やはり世のならわしに順応してしまった我が心であるよ
＊殿の上…藤原道長の北の方。作者は土御門邸(道長邸)から実家に帰っていた。

問一　a あからさまに　b あさましく　の本文中における意味を書け。また、c いとあいなければ　d まほにもおはする人かな　の本文中における解釈を書け。
問二　Aに　Bな　について、それぞれ(例)にならって、文法的に説明せよ。
(例)　三の君のもとへおはせし人なれば　過去の助動詞「き」の連体形
問三　①えおとづれやらず　は、「手紙を出すことができない」という意味である。作者がこのように考えた理由を書け。
問四　②いかでかは、わが心のうちあるさまをも、深うおしはからむ　を口語訳せよ。
問五　③すこしもなつかしく思ふ　とあるが、作者は何に対して「なつかしく」思っているのか、書け。
問六　和歌Ⅰは作者が大納言の君に贈った歌であり、和歌Ⅱは大納言の君から作者への返歌である。和歌Ⅰ、Ⅱについて、次の問いに答えよ。

(1)　④浮き寝せし水の上のみ恋しくて　という表現から、作者はどのようなことを伝えたかったのか、説明せよ。

(2)　⑤つがひし鴛鴦　という表現を用いることで、大納言の君は何を伝えたかったのか、説明せよ。

問七　⑥雪を御覧じて、をりしもまかでたることをなむ、いみじくにくませたまふ　とは、女房たちが作者に手紙で伝えた内容である。動作の主体を明らかにして口語訳せよ。

問八　⑦たはぶれにても　とあるが、作者が「たはぶれ」と表現している内容を現代語で書け。

(☆☆☆☆◎◎◎)

【四】次の文章を読んで、問一から問五に答えよ。(本文は設問の関係から訓点を省いたところがある。また、新字体に改めたところがある。)

晋ノ霊公不君ナリ。厚ク*斂《れんシテ》以テ*彫《きざミ》㆑牆《しょうニ》、従リ二臺《だい》上一弾ジテ㆑人ヲ、而観ル二其ノ避クルヲ㆑丸ヲ也。*宰夫胹《にテ》二*熊蹯《いうはんヲ》一不㆑熟セ。殺シ㆑之ヲ、寘《おキ》二諸ヲ*畚《ほんニ》一、使ム二婦人ヲシテ戴キテ以テ過ギ㆑朝ヲ。*趙盾・士季見二其ノ*手ヲ一、問ヒテ二其ノ故ヲ一而患ヒ㆑之ヲ、将ニ㆑諫ⓐメントス。士季曰ク、「諫メテ而不ンバ㆑入ラ、則チ莫カラン二之ヲ継グコト一也。*會請フ先ンゼン。①不ンバ㆑入ラ則チ子継ゲト㆑之ニ。」三タビ進ンデ及ビ㆑*溜ニ、而シテ後ニ視テ㆑之ヲ曰ク、

「吾知所過矣。②将改之。」稽首而b対曰、「人誰無過。過而能改、善莫大焉。詩曰、『靡《なシ》不有初。c鮮克《よク》有終。』夫d如是、則能補過者鮮矣。君能有終、則社稷之固也。③豈唯群臣頼之。又曰、『*袞《こん》職《しょく》有闕、惟*仲山甫補之。』能補過也。君e肯補過、袞不廃矣。」猶不改。*宣子驟《しばしば》諫。公患之、④使*鉏《しょ》麑《げい》*賊之。晨《あしたニ》往。寝門闢《ひらケリ》矣。盛服将朝。尚早。坐而*仮《か》寐《びス》。麑退而歎而言曰、「不忘恭敬、民之主也。賊民之主、不忠。棄君之命、不信。有一於此、不如死也。」⑤触*槐而死。

（『春秋左氏伝』による）

*斂…税を取り立てること。
*彫牆…土塀に彫刻を刻むの意。

*弾…石を弾き飛ばすの意。

*宰夫…料理人。

*熊蹯…熊の掌。

*畚…もっこ。わらや縄などで編んだ四角い網の四隅に吊り紐を付け、農作物などを盛って運ぶ道具。

*趙盾・士季…霊公の家臣の名。

*手…もっこの中から出ている死人の手。

*會…士季のこと。

*溜…軒下の雨だれの所。

*稽首…頭を地にこすりつけるの意。

*衮職…衮服を着用する職にある者。天子や大官のこと。

*仲山甫…周の宣王の名臣。

*宣子…趙盾のこと。

*鉏麑…鉏麑という名の力士。

*賊…殺害するの意。

*仮寐…仮寝のこと。

*槐…えんじゅの木。

問一　a 諫　b 対　c 鮮　d 如是　e 肯　の本文における読みを現代仮名遣いで書け。ただし必要に応じて送り仮名を適切に補って書くこと。

問二　①不入則子継之　②将改之　とあるが、主語を補い、指示語の内容を明らかにして、それぞれ口語訳を書け。

問三　③豈唯群臣頼之　について、すべて平仮名で書き下し文を書け。

問四　④使鉏麑賊之　について、次の問いに答えよ。

(1)　返り点を施せ(送り仮名は不要)。

(2)　主語を補って、口語訳を書け。

問五　⑤触槐而死　とあるが、鉏麑がそのような行動をとった理由を書け。

(☆☆☆☆◎◎◎)

【五】次の問一から問三に答えよ。

問一　次の①～③について、(　)に当てはまる対義語を漢字で書け。

①　秩序　―(　)　②　分析　―(　)　③　普遍　―(　)

問二　次の(　a　)～(　c　)に当てはまる作品名を漢字で書け。

三代集……古今和歌集・(　a　)・拾遺和歌集

四鏡　……大鏡・(　b　)・(　c　)・増鏡

問三　次の①・②の四字熟語の読みと意味を書け。

①　道聴塗説　②　自家撞着

(☆☆☆◎◎◎)

解答・解説

【中学校】

【一】問一　①　せいひつ　②　ひるがえ(る)　③　ひっそく　④　うが(つ)　問二　①　敏捷　②　添削　③　鼓舞　④　述懐　問三　意味…(解答例)　何となく落ちつかない様子。そわそわする様子。　短文…明日の遠足が楽しみなのか、子どもたちは気もそぞろといった様子だ。　問四　漢字…琢磨　意味…(解答例)　学問や道徳の修養などに励んでやまぬこと。(友人や仲間同士が互いに励まし合って学徳をみがき競争して向上すること。)　問五　(解答例)　①の「走れる」の「れる」は、可能動詞「れる」の連体形の活用語尾で、②の「思い出される」の「れる」は、自発の助動詞である。　問六　(1)　①　言語活動　②　関わり　③　尊重　(2)　(解答例)　具体と抽象という概念を理解するとともに、具体的な事例を抽象化してまとめたり、抽象的な概念について具体的な事例で説明したりすることができるようにすること。

(3)　(解答例)　自分とは異なる立場や考えの聞き手がいることを踏まえ、聞き手から反論されたり意見を求められたりすることを予想すること。　(4)　(解答例)　内容の中心としたい事柄が際立つように構成や展開を考えさせる。そのため、段落の役割を具体的に考え、書く内容の中心となる段落を文章全体のどこに位置づけることが適切であるか、その前後の段落にどのような内容を書くかなど、構成や展開を考えさせる。

〈解説〉問四　四字熟語には故事成語が多く、「切磋琢磨」もその一つである。修養に励んでやまないさまを形容したもので、出典は「詩経」である。論語の学而編でも孔子の門弟の子貢がこの言葉を引用して孔子に問うている。　問六　国語科の目標は、国語科において育成を目指す資質・能力を「国語で正確に理解し適切に表現する資質・能力」と規定するとともに、「知識及び技能」「思考力、判断力、表現力等」、「学びに向かう力、人間性等」の三つの柱で整理されている。この柱の(1)は、「知識及び技能」に関する目標で、言語能力を育成する中心的な役割を担う国語科では、「言語活動」を通してその能力を育成することを示している。(2)は、「思考力、判断力、表現力等」に関する目標である。「伝え合う力」を高めるとは、人と人との関わりの中で互いの立場や考えを尊重し、言語を通して正確に理解し適切に表現する力を高めることである。(3)は、「学びに向かう力、人間性等」に関する目標である。生徒の言語能力を向上させていく中で、国語を愛護し、尊重する精神は不可欠である。　(2)　学年の目標は、教科目標と同じく「知識及び技能」、「思考力、判断力、表現力等」「学びに向かう力、人間性等」の三つの柱で整理されている。また、従前、「話すこと・聞くこと」「書くこと」「読むこと」の三領域及び〔伝統的な言語文化と国語の特質に関する事項〕で構成していた内容は〔知識及び技能〕及び〔思考力、判断力、表現力等〕に構成し直され、「話すこと・聞くこと」「書くこと」「読むこと」は〔思考力、判断力、表現力等〕の内容を構成する。第3学年の〔知識及び技能〕の(2)のアは、情報の扱い方の指導で、「具体と抽象の概念の理解」を踏まえ、具体的事例の抽象化、抽象的な概念を具体的事例で説明したりする能力を育成することを示している。　(3)　第2学年の〔思考力、判断力、表現力等〕の「A話すこと・聞くこと」の(1)のアは、全学年を通して、目的や場面に応じて、伝え合う内容を検討することを示している。その中で「異なる立場や考えを想定」するとは、自他の立場や考えの異なる聞き手がいることを踏まえ、相手からの反論や意見を求められることを予想することである。社会生活での多様な出来事や事象は、様々な価値観や文化を背景にしているため、自分の考えを相手に伝える際には、異なる立場や考えをもつ聞き手の存在を意識し対応することが重要である。　(4)　第1学年の〔思考力、判断力、表現力等〕「B書くこと」の(1)のイは、小学校での学習を踏まえ、書く内容の中心を明確にすることを示している。そのためには、段落の役割(①問題や課題について述べる段落、②材料を分析する段落、③材料を分析する段落を基に自分の考えを述べる段落、④書く内容の中心となる段落)を具体的に考え、④の段落の位置付けを意識して文章の構成や展開を考えさせることが必要である。

【二】問一 a 癖 b けものみち c じゃり d 威圧 問二 湿った赤土のようなものが 問三 (解答例) アは格助詞、イは助動詞。 問四 (1) (解答例) 彦治郎さんにとって「あの辺り」は説明・分析を拒む真実であるが、他の人はあいまいだとして、ないがしろにしていること。 (2) 一瞬、しづ子さんが、艶やかな白い肌の若々しい母親になり、またもとのしづ子さんにもどった。
問五 (解答例) 無住の寺を守る仕事を半分まじめ、半分道楽でやりながら農作業にも精を出していた自分の父親の人間くさい生き方を漠然とした記憶を通して思い出し、父親に親しみを感じたから。
問六 (解答例) 長年の農作業で日焼けした手で、てきぱきと糟汁を作る心温かな主婦。
問七 (解答例) 今は亡き母親が糟汁を作ってくれたことと、しづ子さんの糟汁作りを重ね合わせ、母を懐かしく思い出すような表情を比喩を使って効果的に描写している。 問八 (解答例) 登場人物の心情は、直接的に描写される場合と行動や会話、情景を通して暗示的に表現されている場合がある。本文では、父親のことを彦治郎さんが「愉快そうに話した」、しづ子さんを「人魂を見るようなやさしい目」で見た、など彦治郎さんの心情を直接的、暗示的に表現した部分、また、しづ子さんについて「日焼けしてなめされたような～小動物みたいに動く」と描写した部分などを取り上げ、登場人物の行動や心情の変化、物事の様子や場面などを丁寧にとらえていくように指導する。
〈解説〉問一 aの「癖」の部首は「やまいだれ」であることに注意して書く。bの「獣道」は、山野で野生動物(獣)が通る道のこと。 問二 「消えた」の主部は、主語とそれを修飾する文節からなる。「湿った赤土のような」と主語の「もの」と助詞の「が」がこれに該当する。　問三　アの「で」は、その動作がどんな場所で行われているかを表す格助詞。イの「で」は、断定の助動詞の「だ」の連用形。　問四　(1)　①の前に、「あの辺り」という言葉は、彦治郎さんにとって、正確な物事の示し方だとある。また、「ほんとうですか」という会話の後で、「彦治郎さんの真実とは、～『あの辺り』にあって、説明や分析を拒むたぐいのものだ。」とある。　(2)　「私」が彦治郎さんの「漠然とした記憶と気持ち」に同化しつつある描写は、八十過ぎの男性である彦治郎さんの目に、若き日の母親の姿が想起されたことを感じ取った場面にある。　問五　亡くなった父親の無住の寺を守るためのまじめさと道楽半々の生活に人間くささを感じながら一方で、精一杯農作業をして生きた姿を懐かしく思い出し、気持ちが和んだのである。　問六　「日焼けしてなめされたような」とは、おそらく長年の農作業などによるものであろう。「細く節くれ立った手」も同様である。「小動物みたいに動く」という比喩も、日常の炊事に手慣れた主婦の姿である。　問七　「人魂を見るようなやさしい目」は、「私」の彦治郎さんの表情に対する印象であり、後述の「母を見る少年の目」に関わる。彦治郎さんが寒念仏でまわったあと、母親が豪勢な糟汁を作ってくれたという話から、彦治郎さんは糟汁を作るしづ子さんに亡き母の姿を重ねて懐かしく思い出しているのである。　問八　第1学年の「C読むこと」の(1)のイは、文学的な文章に関する指導事項である。文学的文章を読むためには、言葉を手掛かりにしながら文脈をたどり、観点を定めて読むことが必要である。描写とは、物事の様子や場面、登場人物の行動や心情などを読み手が言葉を通して具体的に想像できるように描いたもののことである。直接的に描写された表現は、この作品の「私」の目や心で描写されているが、人物相互の関係に基づいた行動や会話などを通して暗示されている場合もある。第1学年では、細部の描写にも着目しながら物事の様子や場面、登場人物の行動や心情の変化を丁寧に捉えていくよう指導することが大切である。

【三】問一　a　難渋　b　起伏　c　摩擦　問二　(解答例)　アの「と」は、説明の対象を示す格助詞で、イの「と」は、前件を前提にして後件が生ずることを表す接続助詞である。　問三　(解答例)　文章の中心的部分である車輪の存在価値を説明するための付加的部分の役割を果たしている。
問四　(解答例)　筆者は、その土地の自然と調和しない公共事業の道路づくりに対し否定的な考えを示し、使い手や使い手の住んでいる環境と相性のいい道路づくりを求めている。　問五　(解答例)　車は、使い手の生活を豊かにする利便性はあるが、機械であり、人間の脳や筋肉とはまったく違った原理で動いている。そのため使い手との相性がいいという評価にはならない。また、使い手の住んでいる環境を車が使える環境に変えなければ作動しない、完成されていない技術だから。　問六　(解答例)　機械文明は環境を征服し人類の生活を豊かにした。その象徴的な機械が車である。この活用のため、人類は山を拓き、谷をうめ「車道」をつくり交通の利便性を高めたから。　問七　(解答例)　この文章を読んで、自分の生活で身につけた知識や経験を想起しグループによるアクティブラーニングを行う。この学習では、他者の考えやその根拠を示して話し合いをさせ、共感したり疑問を持ったり自分の考えと対比したりすることを通し、自分の考えを広げたり深めたりする活動を行う。

〈解説〉漢字の問題では文脈に整合するように同音異義語に注意する。また、字形に注意して書く。
問二　「と」には、格助詞と接続助詞がある。アは格助詞で、文中の体言「ヒト」が他の言葉「生き物」とどんな関係でかかわり合うかを示している。イは接続助詞で、前件が後件にどんな関係で続くかを示している。
問三　傍線部①「こう見てくると」で始まる段落は、文章の中心的部分であり、その前の段落は、「車輪」についての付加的説明の部分である。　問四　「良くする」、「護る」は、公共事業での「道路づくり」のための名目であるが、筆者はこれを「ただ広いだけのコンクリート道路」「焼けた鉄板の上にいるのと同じ」と述べ、使い手と使い手の住んでいる環境との相性がよくないことを例示して否定的である。　問五　「まだまだ未熟な技術」という筆者の自動車に対しての評価は、筆者の技術評価の基準である三つの点、(1)使い手の生活を豊かにする点、(2)使い手と相性がいい点、(3)使い手の住んでいる環境と相性がいいことを踏まえてのもので、作動する原理が車は機械であるため異なり相性がいいとは言えない。また車との意思の疎通を欠き操作上のミス等が生じる不都合がある。④は、このような完成した技術のない車への評価である。　問六　⑤は、最終段落のまとめである。車は、使い手の生活の豊かさのための文明の利器として誕生し、人類は、その使用価値を高めるため、山を拓き、谷をうめて、かたい平坦な幅広い舗装道路を造り、車を活用した。その意味で「車は機械文明の象徴」なのである。　問七　第2学年の〔思考力、判断力、表現力等〕「C読むこと」(1)オは、文章を読んで理解したことや考えたことを知識や経験と結び付ける際には、関連する知識や経験を想起して列挙するのみでなく、それらと結びつけることによって理解したことや考えたことを一層具体的で明確なものにしていくことが重要である。生徒たちの知識は一人一人異なり、同じ文章でも読んだ上での考えは異なるため、互いの考えやその根拠や考えの道筋を話し合い、対比させることで、物事に対する新たな視点を持つことにつながる。こうした学習をグループによるアクティブラーニングで行い、自分の考えを広げたり深めたりする活動を考えてみよう。

【四】問一　(解答例)　アは謙譲の補助動詞、イは尊敬の補助動詞。　問二　(解答例)　(1)　まことにもってお気の毒な身の上でいらっしゃるようです。　(2)　近江の国にあった父の大将がお与えになっていた遺産の領地が人に横領されて落ちぶれたことによる。　問三　(解答例)　小一条の大将の女君(次女)が、父から与えられた近江にあった領地を人に横領されたことを道長公に嘆願するために、ある夜、法成寺の阿弥陀堂にいる道長を人も介さず訪れたが、その不心得な嘆願を道長は寛大な心で受け入れ、適切な処置をすることを約束してくれたことへの次女の喜びである。　問四　(解答例)　③　女君が道長に嘆願した領地が、いつまでも他から苦情がないように道長によって沙汰されたために、以前よりもずっと多く土地を所有することになったことへの語り手の評価。　④　世間の人々が、女君が恥も外聞もなく道長へ直訴したことを好評することへの語り手の評価。　問五　(解答例)　「大鏡」のこの文章部分を現代語訳し、情景や登場人物の心情などをとらえるためのグループ学習を行う。そのために関連する本や文章を紹介したり、音読して古文独特のリズムを理解させ古典への親しみの感情を育てる。また、文中の登場人物の心情や作者の思いについて、話し合いや討論の場を設け、そこで出た意見などをもとに、現代と共通するもの、大きく異なるものについて気付きや発見を導き、古典への興味・関心を高める学習活動を設ける。

〈解説〉問一　アの「(思ひ)たまへて」の「たまへ」は、「見る」「聞く」「思ふ」などについて道長を敬い、女君の動作を謙遜する意の謙譲の補助動詞(ハ行下二段活用)である。イ「泣かせたまひ」の「たまひ」は、「泣く」の未然形＋尊敬の助動詞「す」の連用形「せ」についた尊敬の補助動詞(ハ行四段活用)の連用形で、作者の道長への敬意を表す。「せたまひ」は、最高敬語である。　問二　(1)　「いとはなはだしく」の「いと」は「大変に」の意の副詞。「はなはだしく」は「はなはだし」(形容詞・シク活用)の連用形で、「程度を越えている」の意。「心憂き」は「心憂し」(形容詞・ク活用)の連体形で、「気の毒な。心に辛いと思う。」の意。「御有様にて」の「に」は断定の助動詞「なり」の連用形。「おはすめれ」の「おはす」(サ行変格活用・終止形)は「あり」の尊敬語。「めれ(めり)」は婉曲・推定の助動詞。　(2)　①以下の文「父大将のとらせたまへりける処分の領所、近江にありけるを、人にとられければ～かばかりになりぬれば」の理由を解釈し要約する。父大将から与えられた遺産の領地を人に奪われて女君は落ちぶれてしまったのである。　問三　冒頭から二文目に「もののはづかしさも知られずや思はれけむ、夜、かちより御堂にまゐりて、うれへ申したまひしはとよ」とあるように、恥も外聞もかまわず、道長に嘆願するために、ある夜、徒歩で法成寺に出かけたことをはじめ、道長と人も介さず対面し、「さらなり、皆聞きたることなり。」以下、道長の「しかすまじきよし、すみやかに言はせむ」（そのようなことはまかりならぬ旨を、申し伝えさせよう）という約束ごとを取りつけた女君の喜びの様子である。これを要約する。②は「なんとお礼の申しあげようもなくうれしゅうございます」と訳す。
問四　③の「きはめていとよし」は、「この上なく結構なことでしたよ」の意である。「さて、御うれへの所は、長く論あるまじく～もとよりいとしたたかに領じたまふ」とあるように、道長のはからいで領地を末長く他からの苦情のないように所領として存続するだけでなく、以前より多くの土地を女君が手にしたことに対しての評価である。④の「なかなかにおぼえはべりしか」は、「かえってどうか（ほめられた話ではない）と思われましたよ」と訳す。「さばかりになりなむには、ものの恥しらでありなむ。かしこく申したまへる、いとよきこと」と口々のほめ言葉に対しての評価である。落ちぶれ果てた女君の恥も外聞もかまわない行動（直訴）をほめたたえる人々の声に対して、語り手は首をかしげているのである。　問五　中学校学習指導要領解説国語編（平成二十九年七月）の第2学年の〔知識及び技能〕(3)は、古典に表れたものの見方や考え方を知るために、古典の易しい現代語訳や語注、古典について解説した文章を手掛かりとすることを示している。また、関連する本や文章などを紹介したり、音声や映像メディアを活用したりするなどの指導の工夫をする必要がある。作品を音読したり暗唱したりして古文独自のリズムを味わい、古典への興味・関心を高め、古典に親しむような指導のための学習活動を設定してみよう。

【五】問一　b　すなわち　d　ゆえに　e　なかれ　問二　(解答例)　a　諸侯の自称。　c　仮定の副詞。　問三　使《ム》レ不《ラ》レ得二耕耨《シテ》以《テ》養《フコトヲ》二其《ノ》父母《ヲ》一　問四　(解答例)　惠王は、晋の国が、齋や秦、楚の国との戦いに破れ、戦いで死んだ人たちのためにも、ぜひ一度仇討ちをして受けた恥をすすぎたいと願っている。　問五　(解答例)　秦や楚は、農事に民に夫役を課しているため、その父母を養うことができず、父母は困窮し、さらに兄弟妻子は離散している状況を、民を落とし穴におとし入れたり水の中で溺れさせたりするような状況で苦しめていることにたとえている。　問六　(解答例)　孟子は惠王に対し民衆の刑罰を軽くし、税の取り立てをひかえめにして農事に精を出し、農事のひまに、孝悌忠信の徳を修め、家庭内や他の人との豊かな人間関係を築くように仁政を行えば、軍備はなくとも秦・楚を打ち負かすことができる、と伝えようとしている。　問七　(解答例)　文中の孟子の「仁者に敵なし」についてグループ学習を行い、その言葉について、当時の中国での仁政を説いた背景と今日の我が国や世界の情勢と孟子の説について述べた感想文の発表やスピーチの場を設け、古典に親しむ態度と古典への興味や関心とこれを継承・発展する態度を育てる。また、グループでのアクティブラーニングのために、中国の古典から生まれた故事成語の「株守」「蛇足」を調べさせ、それを紹介する文章を書く指導を行う

〈解説〉問一　bの「則」は「～ならば、すれば、」の意の接続詞。dの「故」は、「それだから。こういうわけで。」の意の接続詞。　問二　aの「寡人」は、「徳の少ない人」の意で、①諸侯の自称。②諸侯の夫人の自称があるが、ここは①。b「如」には、①「ごとし」、②「しく」、③「もし」の意があるが、①、②には返り点がつく。③は副詞のため返り点はつかない。　問三　Aは使役形である。書き下し文の平仮名は「送りがな」、「使」「不」は返読文字。「得」「養」は動詞。「使《ム》二A《ヲシテ》B《セ》一」の使役形の応用であることを意識して一・二・三点とレ点および送りがなをつける。　問四　①「願比死者一洒之」の「死者」は、齋・秦・楚との戦いでの死

者。「之」は、この戦いに敗れた恥辱。自国のために戦死した者たちのために仇討ちをして受けた恥をすすぎたいと願っている。という惠王の言葉である。　問五　「彼ハ陥《かん》二—溺《でき》ス其ノ民ヲ一」の「彼」は、秦・楚をさす。「彼奪其民時、使不得耕耨以養其父母」（民の農事に夫役を課し、そのため農作業による豊作で父母を扶養できないようにさせている）。そのため、「父母凍餓、兄弟妻子離散」の状況にある。秦・楚の国民が困窮状態に陥っていることを「彼は其の民を陥溺す」と述べている。「陥溺」とは、「（民を）落とし穴におとし入れたり、水の中に溺らせること」をいう。　問六　「仁者無敵」とは、「仁者に対しては、皆その徳になびいて、敵する者がいない」の意で、孟子が当時の戦国武力主義の時代に惠王が秦・楚に対し、武力で復仇しようとするのを見て、王道仁政を説き天下に敵なしの状態に到達できることを諭したのである。文中の「王如施仁政於民、省刑罰、薄税斂、～出以事其長上」の仁政（王道の根本）がその内容である。　問七　本資料の第3学年の〔知識及び技能〕(3)のイは、ことわざや慣用句、故事成語を含め、世に広く知られている文学的な文章や韻文等にある言葉や一節を引用するなどして使うことを示している。「引用するなどして使う」とは、例えば、その言葉や一節を基に感想文や作品を紹介する文章を書くこと、スピーチすること、手紙を書くこと、座右の銘を書くことなどが考えられる。このような学習活動を通じて、我が国の言語文化であることわざや慣用句、古典などに一層親しむ態度を育てるとともに、我が国の伝統や文化についての関心を深め、これを継承・発展させようとする態度を育成する内容でまとめる。

【高等学校】

【二】問一　a　容易　b　萌芽　c　当否　d　反映　e　君臨　問二　(1)　（解答例）人間を超える優れた知性がコンピュータに宿り、シンギュラリティを超えると世界が理解不能になるという概念。

(2)（解答例）二〇四五年にシンギュラリティが到来して、ＡＩが人類の知能を超越するという点に対して、このことが人類に幸福をもたらすという見方をしている。　問三（解答例）コンピュータの論理素子や記憶装置の処理速度や量的スケール　問四（解答例）人間の知力を、脳の神経細胞の処理能力などのように、脳の内部を外部から精査して把握できる機械的な力とみなす考え。　問五（解答例）ホモサピエンスは、知覚面を含め、生物進化史上不完全な存在であるのに人間を超え生物的限界を凌駕していくＡＩを人間が観察するという矛盾。

〈解説〉問二　(1)「これ」の指示内容は、冒頭の一文で述べられている、ヴァーナー・ヴィンジの「シンギュラリティ」についての概念である。　(2)「極め付きの楽観主義」の内容は、カーツワイルの、二〇四五年にシンギュラリティが到来し、ＡＩが人類の知能を超越するが、「それは人類に幸福をもたらす」という考えである。　問三　②の直前の文との対比を押さえる。「コンピュータの論理素子や記憶装置」の「処理速度や量的スケール」が前者、「人間の脳の神経細胞」の「処理速度や量的スケール」が後者に該当し、前者が後者を上回るのが二〇四五年だというのである。　問四　本文を踏まえて「脳の物理的機能」を具体的に示す。（解答例）以外に、問三で説明した「後者」を拡大し、第五段落の内容を加味して、「人間の知力を、脳の内部を外部から精査して疑似的に再現できる、機械的な力としてとらえる考え。」としてもよい。　問五　ホモサピエンスは、生物進化史から見れば特有の不完全さをもつ生物である。一方、ＡＩは「普遍的な究極の絶対秩序の実現」をめざす人類の知的所産である。果して人間はＡＩが人間を超え、生物的限界を超え進化するのを操作し見守るということができるのか、の疑問を踏まえてこの生物的不完全な人間がＡＩの方向性を導き見守るという矛盾を述べている。

【二】問一　a　無邪気　b　丁寧(叮嚀)　問二　抜け目がない　問三　(解答例)　大宮の「二人で来給え」の言葉に、野島はうれしさを感じたが、杉子の自分への思いが不確かで即答できなかったから。
問四　(解答例)　杉子への愛の告白により彼女の心を傷つけたかのような、罪の意識をもった心情。
問五　(解答例)　愛の告白の手紙への杉子の拒絶の返事に、野島は絶望した。しかし、野島は杉子を忘れることができないでいたが、のちに往来で出逢った杉子から謝罪するようなお辞儀をされ、完全に失恋したことを自覚したのである。　問六　(解答例)　学習活動の展開の手順…「現代文B」の指導事項イ「書き手の意図や描写されたことを的確にとらえ、表現を味わうことに関する指導事項」を踏まえてグループによる学習を設ける。　具体的な手立て…傍線部③についてグループごとに話し合いをさせ、そのまとまりをグループごとに発表し合う。その際、大宮の告白の小説であること。また、大宮の野島への手紙の内容を踏まえ、大宮の小説の内容を推測することを事前に確認しておく。③以下は、恐らく大宮と杉子が結婚したことをほのめかす大宮の告白文であろう。
〈解説〉問二　「如才ない」は、手抜きがなかったり、愛想がよかったり、気がきいていたりする抜け目のない様子。　問三　野島の「そういけば」は、大宮の「僕が向うへ行っている内に二人(杉子と一緒に)来給え」に対しての返事である。「そういけば」は、大宮の誘いに対し、杉子の野島への気持ちが不確かなために、言葉を継げなかったのである。　問四　②「罪人のように」という直喩表現は、野島が杉子へ愛の告白をし、杉子の心を傷つけたかもしれないという反省とそれによる自虐的な心情を表している。　問五　Aの野島の絶望感は、杉子への愛の告白が杉子の冷たい返事で受け入れられなかったことへの心情である。Bは、杉子と往来で出逢い、彼女の「謝罪するようなお辞儀」に感謝したものの杉子の愛(失ってはならないもの)を失ったこと(失恋したこと)に気づいたのである。　問六　「現代文B」は、近代以降の様々な文章を的確に理解し、適切に表現する能力を高めるとともに、思考力や想像力や認識力を伸ばし感性や情緒をはぐくむ選択科目である。指導事項イは「文章を読んで、書き手の意図や人物、情景、心情の描写などを的確にとらえ、表現を味うこと」が示されている。傍線部③以下の文章を想像(推測)する授業では、表現された人物の状況や人物の行動場面の情景や心情を的確に把握させる指導が大切である。グループによるアクティブラーニングを活用して、傍線部③以前の文章内容を踏まえ、設問の学習活動を考えてみること。

【三】問一　a　ほんのちょっと　b　あきれるほど味気なくて　c　たいそうつまらない気がするので　d　申し分のない方でいらっしゃるなあ　問二　A　完了の助動詞「ぬ」の連用形　B　断定の助動詞「なり」の連体形「なる」の撥音便の撥音無表記　問三　(解答例)　親しく語り合った友が宮仕えに出た自分をどんなにかあつかましくあさはかなものと軽蔑しているだろうと推量すると、そんな邪推すら恥ずかしく思うから。　問四　(解答例)　どうして私の内心や今の有様を深く推察してくれようか。推察してはくれまい。　問五　(解答例)　宮仕えでやむをえず話をして、多少なりとも心をかけて思う人やねんごろにものを言い交わす人、さしあたって自然と仲良く話し合う人たちに対する思い。　問六　(解答例)　(1)　中宮と仮寝した夜々を恋しく思い里居の寂しさを伝えたかった。　(2)　いつも一緒にいたあなたがいなくて恋しい気持。　問七　(解答例)　中宮様が雪をご覧になって、折も折、あなたが里に退出したことをひどく残念に思われていますよ。　問八　(解答例)　「私がひき止めた里帰りだから、ことさら急いで退出し、すぐに帰参しましょうと言ったのもうそで、実家にいつまでもいるようね」という道長の北の方の言葉を冗談として受けとめている。

〈解説〉問一　aの「あからさまに」は、「あからさまなり」(形容動詞・ナリ活用)の連用形で、「ちょっとかりに。

ほんのかりそめに。」の意。bの「あさましく」は、「あさまし」(形容詞・シク活用)の連用形で、「予想外で。あまりのことで。」の意。cの「いとあいなければ」の「いと」は、「大変。非常に。」の意の副詞、「あいなけれ」は、「あいなし」(形容詞・ク活用)の已然形で「つまらない。不本意だ」の意。「ば」は、確定条件を表す接続助詞。dの「まほにもおはする人かな」の「まほ」は、「かたほ」(物事が不完全なこと)の対で、「よく整って欠点のないこと」。「おはする」は、「おはす」(サ行変格活用)の連体形で、「あり」の尊敬語。
問二　A「に」は、完了の助動詞の連用形。「にけり」は、「けり」が詠嘆の意があることから慣用化された表現である。B「な」は、断定の助動詞「なり」の連体形「なる」が撥音化し、「なン」の「ン」の無表記。他に「あめり」「多かめり」「静かめり」などがある。　問三　①の文中の前半に「あはれなりし人の語らひしたりも～それさへいと恥づかしくて」とあるように、筆者は以前愛着を感じた親友も宮仕えに出た自分を軽蔑しているだろうと邪推することも恥ずかしく思い、手紙を出せないでいるのである。　問四　「いかでかは、わが心のうちあるさまをも、深うおしはからむ」の「いかでかは」は、「どうして～か」の反語を表す副詞で、「らむ」と呼応した係り結び。「深うおしはからむ」は、「(私の内心や今の有様を)深く推察してくれようか。いや推察してくれまい」と解釈する。　問五　筆者がなつかしく思うのは、③の文中の前半の「えさらずうち語らひ、すこしも心とめて思ふ(人)、こまやかにものをいひかよふ(人)、さしあたりておのづからむつび語らふ人」である。　問六　(1)「浮き寝せし水の上のみ恋しくて」の「浮き寝」「水の上」と下の句の「鴨の上毛」は「鴨」の縁語。「浮き」と「憂き」は掛詞。この歌は、筆者が大納言の君に贈った歌で、「ご一緒に仮寝した中宮さまの御前ばかりがひたすら恋しく思われて、ひとり里居の身にしみ入る冷たさは、鴨の上毛に置く霜の冷たさにも劣りません」の意。中宮の御前の夜々を恋つつ里居の寂しさを大納言の君に伝えたかったのである。
(2)「うちはらふ～」の歌は、大納言の君の筆者への返歌である。贈歌の鴨を鴛鴦に言いかえ、それが常に一つがいでいる習性を踏まえて、いつも一緒にいたあなたがいなくて恋しいと伝えた歌である。　問七　「雪を御覧じて」の主語は、「中宮様」。「御覧じて」は「(雪を)御覧になって」の意。「をりしもまかでたることをなむ」で、「をりしもまかでたる」の「まかでたる」は、「まかづ」(ダ行下二段活用)の連用形＋完了の助動詞「たり」の連体形で、「折も折、(あなたが)里に退出したことを」と訳す。「なむ」は係助詞で、「にくませたまふ」の「たまふ」を結辞とする。「いみじくにくませたまふ」の「いみじく」は、「いみじ」(形容詞・ク活用)の連用形で「大変。ひどく。」の意。「せたまふ」は、尊敬の助動詞＋尊敬の補助動詞で二重敬語(最高敬語)。「ひどく残念に思われておられる」と解釈する。　問八　「たはぶれにても」とは、道長の北の方の言葉が「たとえ冗談だとしても」の意。⑦の前の会話文中の「まろがとどめしたびなれば～ほどふるなめり」がその内容である。「たび」とは、筆者が里帰りしたこと。「とどめしたび」は、北の方が筆者の里帰りをひき止めたことをいう。すぐに帰参しますといった筆者の言葉を「そらごと」(うそ)だった、と北の方は言い、そのため「ほどふるなめり」(実家にいつまでもいるようだけど)と伝えてきたのである。この内容をまとめる。

【四】問一　a　いさめんと　b　こたえて　c　すくなし(と)　d　かくのごときは　e　あえて

問二　(解答例)　①　もし私が、(霊公を)諫めて聞き入れにならないときは、あなたが私のあとを継いで諫めてください。　②　今後は誤ちを改めましょう。　問三　あにただぐんしんのみこれにたよらんや

問四　(1)　使㆓鉏麑賊㆒㆑之　(2)　(解答例)　霊公は鉏麑という力士に命じて宣子(趙盾)を殺害させようとした。

問五　(解答例)　霊公の命令を受けた鉏麑が趙盾を殺すために趙盾の邸内にしのびこんだが、趙盾は礼服を着用し出仕の支度をしたまま仮寝をしていた。これを見た鉏麑は、趙盾の君主に仕える恭敬の心を忘れない姿に民の主を感じ、彼を殺すのは不忠、さりとて殺さないのは君命を守らないのは不信である、と考え死を選んだ

のである。

〈解説〉問一　a「諫」は、終止形は「いさむ」であるが、再読文字「将」(まさニ～ントす)の読みのため、「いさめんと」と読む。「忠告せんと」の意である。b「対」は、「こたふ(う)」と読むが、「曰」にかかるために「こたえ(へ)て」と読む。c「鮮」は、「すくなし」と読む。「少」と同義。d「如是」は、「かくのごとし」と読むが、ここは前の文を受けて「かくのごときは」と読む。e「肯」は、「あえ(へ)て」と読む。「承知して。心からそう思って。」の意。　問二　①は、霊公の家臣、士季が同じく家臣の趙盾に言った言葉である。「不入」とは、士季の霊公への諫言を聞き入れなかったら、の仮定である。「子継之」の「子」は、趙盾のこと。「私に代わり霊公を諫めてくれ」の意である。②の「将改之」(まさに之を改めんとす)は霊公の士季への言葉である。「之」は「過ち」を指す。　問三　「豈」(あニ～ンヤ)の反語形の副詞で、文末に疑問の助字の「哉・乎」等をとることが多い。「唯」は「ただ」と読み、「ただ～(ノミ)」の形で限定の意を表す。「頼之」の「頼」は、「たよる。よる。」の読みがある。「よる」は、「拠り所とする」の意。　問四　④「鉏麑賊之」は、「鉏麑をして之を賊せしめんとす」と書き下す使役形。「使ム二AヲシテBセ一」の応用。「使二鉏麑(A)　賊レ之(B)一」で、主語は霊公。「賊」は「殺害する」の意。「之」は趙盾。　問五　鉏麑は、君命を受けて趙盾を殺害するために彼の邸を訪れたが、趙盾が出仕のため礼服を着用し君主を恭敬する姿に心打たれ、殺意をなくす一方で君命に従わなければ背信の汚名を着せられることの心痛から死を選んだのである。

【五】問一　①　混沌　②　総合　③　特殊　問二　a　後撰和歌集　b　今鏡　c　水鏡　(b・c順不同)　問三　①　読み…どうちょうとせつ　意味…聞いたことをすぐに知ったかぶって話すこと。
②　読み…じかどうちゃく　意味…自分の言行のつじつまが合わずに食い違うこと。

〈解説〉問一　①の「秩序」は、「1、物事の正しい順序・筋道。2、社会が乱れていない状態。」をいう。②の「分析」は、「1、化学的あるいは物理的方法を用いて、物資の組成を明らかにすること。2、複雑な事物をいくつかの要素や成分に分けてその構造を明らかにすること。」をいう。③の「普遍」は、「全体に広く行き渡ること。特に、個々にではなく、すべてのものに共通してあてはまること」をいう。　問二　「三代集」は、「古今和歌集」(九〇五年ごろ)、「後撰和歌集」(九五一年ごろ)、「拾遺和歌集」(一〇〇五年ごろ)の三集をいう。「四鏡」は、歴史物語で平安後期の「大鏡」「今鏡」を受け、鎌倉初期に「水鏡」、南北朝期に「増鏡」が書かれた。　問三　①の「道聴塗説」とは、「道で聞きかじったことをすぐに知ったかぶりをして人に話すこと。」で、身についていない、受け売りの学問にたとえられる。「塗」も「道」の意。②の「自家撞着」とは、自分の言動が前と後でくい違って、つじつまの合わないこと」をいう。類語に「自己矛盾」がある。

二〇一九年度　実施問題

【中学校】

【二】次の問一～問六に答えよ。

問一　次の漢字の読み方を平仮名で書け。

①　畢竟

②　鷹揚

③　睥睨

④　蒙る

問二　次の片仮名部分を漢字で書け。

①　不安をフッショクする。

②　ヒンパンに連絡を取る。

③　キョウキンを開いて語り合う。

④　砂上のロウカク

問三　次の語句の意味を書き、状況が分かるようにこの語句を使った短文を書け。

二の句が継げない

問四　次の語の片仮名部分を漢字に直し四字熟語を完成させ、その意味を書け。

朝令ボカイ

問五　次の①と②の「と」の文法上の違いが明らかになるように、それぞれについて品詞名を用いながら説明せよ。

① 文房具屋でペンと手帳を買った。

② 窓を開けた。すると、風が入ってきた。

問六 「中学校学習指導要領(平成二十年三月告示)」に関する次の(1)～(4)の問いについて、「中学校学習指導要領解説国語編(平成二十年九月文部科学省)」を踏まえて答えよ。

(1) 第2学年「A話すこと・聞くこと」の目標について、空欄に当てはまる適切な語句を書け。

(1) 目的や場面に応じ、（　①　）にかかわることなどについて立場や考え方の違いを踏まえて話す能力、考えを（　②　）聞く能力、相手の立場を（　③　）して話し合う能力を身に付けさせるとともに、話したり聞いたりして考えを広げようとする態度を育てる。

(2) 第1学年「C読むこと」の指導事項「カ　本や文章などから必要な情報を集めるための方法を身に付け、目的に応じて必要な情報を読み取ること。」に示された「必要な情報を集めるための方法」とは、具体的にはどのようなことか、説明せよ。

(3) 第3学年「B書くこと」の指導事項「ウ　書いた文章を読み返し、文章全体を整えること。」では、どのようなことを重視しているか、説明せよ。

(4) 「第3　指導計画の作成と内容の取扱い」の3の(5)に「古典に関する教材については、古典の原文に加え、古典の現代語訳、古典について解説した文章などを取り上げること。」が示されている。中学校の古典の指導において、現代語訳や古典について解説した文章を取り上げる理由を説明せよ。

（☆☆☆◎◎◎）

【二】次の文章を読んで、あとの問一～問九に答えよ。

添島歩《あゆみ》は、生徒から「ソータツ」と呼ばれている顧問の宗田達也の指導に興味をもち、美術部を見学する。そこには、歩が休日に通う教会の牧師の息子、工藤一惟《いちい》が既に入部していた。

背後に気配を感じてふりかえると、窓際に工藤一惟がa坐っていた。一惟はとっくに気づいていたはずなのに、歩に声をかけるわけでもなく、ただスケッチブックに向かって黙って手を動かしていた。もう美術部員の顔をしているのがどことなくおかしく、①歩の頬が自然にゆるむ。

一惟の前にはサボテンのbハチが置かれてあった。全体に白く細い棘《とげ》がひろがっているサボテンで、短く刈り込まれた白髪の頭のようでもあり、白カビの生えたおおきなチーズのようにも見えた。

歩は遠慮なく一惟に近づいて、「見ていい？」と聞いた。一惟は、うん、と言った。「まだ全然できてないけど」

一惟のうしろにまわって、歩はおどろいた。細い鉛筆で描かれているサボテンは、目の前にあるサボテンそのものに見えた。②光を受けて明るくみえるところと、陰で暗くみえるところ、その中間のグラデーションも、見たままだった。この一本の鉛筆だけで描いたのだとしたら、明るい部分はどうやって表現するのだろう。

「上手ね……昔から描いてたの？」

話しかけられたらあきらめるしかない、という顔をして一惟は鉛筆を机の上におき、スケッチブックを閉じた。一惟はこういうときでも音を立てないように物をあつかう。その静けさを破るように、ゴールが決まったらしいグラウンドから何人もの歓声が束になって聞こえてきた。

「図工の時間に描いてただけだよ」

「すごくちゃんと見て、描くのね」

一惟は黙っていた。ソータツのことばが頭に残っていてそう言ったのだが、一惟がどう受け取ったかはわからない。すると突然あることに思い当たり、歩の声はひとりでにおおきくなった。

「教会の、お知らせの絵も描いてるの？」

礼拝堂の入り口の脇に毎週、画用紙に書かれた枝留《えだる》教会からの「お知らせ」が貼りだされる。歩はいつも、お知らせの内容より先に、下の余白に描かれた絵に目が吸いよせられた。一惟が③生真面目な顔と手つきで傾きがないように貼り替えているのは何度も見ていたが、絵を描いているのが一惟だとは思いもよらなかった。牧師先生が描いているのか、輪読会に誰か絵のうまい人がいるんだとばかりおもっていた。筆書きの文字は工藤牧師の筆跡だった。

不思議なのは、聖書に関係のあるものが描かれているようには思えなかったことだ。どんぐり、水差し、一部にあざやかな青がさすカケスの羽根、河原の丸い石、とんぼの羽根、といった静物が背景もなく、そのまま細密に描かれていた。傷のあるc黒革の古い聖書が描かれていたこともあったが、あとはいつも単なる静物だった。聖書も、静物のひとつとして描いていたのではないか。

一惟とは中学校からいっしょだったが、同じクラスになったことがなかったので、とびぬけて絵がうまいとは知らなかった。日曜学校で週に一回、顔をあわせていたけれど、一惟は無口だったし、歩はどこかで一惟になれなれしくしないように遠慮していた気もする。日曜学校に通いはじめたころ、一惟からもらった手紙が、ふたりを微妙に遠ざける結果になっていたかもしれない。

歩はいままでになく、気安い声で一惟に聞いた。

「どうしていつも、ああいう絵を描いてたの」

一惟は腕組みをして答えた。

「そのへんに落ちてたものをひろってきて描いてただけだけど」

そう言っていったん口を閉ざしたが、もう一段小さな声で「……きれいだなと思って」とつけくわえた。

歩がお知らせの絵を見ていたことを知って、④一惟はわずかに表情をゆるませたように見えた。

歩はこの日、美術部に入ることに決めた。美術部に入って、自分もデッサンをしてみたいとおもったのだ。

毎週、ソータツの許可をもらい、外でデッサンをするようになった。校舎の階段の古い手すり、下駄箱の蓋、跳び箱、水道の蛇口、用務員のおじさんの乗っている古い自転車の革のサドルを描いたりした。一惟の絵の真似をしていろいろなものを描いてみたら、⑤どんどんおもしろくなっていった。

美術部員のうち一惟と歩だけが、ひたすらデッサンをつづけていた。抽象画を描いたりポスターを描いたりしている⑥ほかの部員にはどんくさく見えていたかもしれないが、歩はそんなことはどうでもいいとおもっていた。見せたいものを描いているのではなく、描きたいものを描いているのだから。

夏休み明けの最初のクラブ活動の日だった。終了間際に、ソータツが突然、一惟と歩に声をかけ、自分の机に呼んだ。「おまえらのデッサンは、うまいのはうまい。それは認めるんだけど、写真で撮ったほうがもっと似てるじゃないかって言われたら、なんて答えるんだ」

歩は「おまえら」という言いかたに少しムッとして、イボンヌ・グーラゴング*のバックハンドのように即座にラケットを振りぬき、ソータツにボールを打ち返した。

「写真は全部写ってますけど、絵はほんの一部しか描いてないし、ぜんぜんちがうとおもいます」

歩はそう答えてから、ソータツの質問への答えになっていないのに気づいたが、黙ってそのままにした。一惟も黙ったままだった。

「工藤はどう思う」

一惟は腕組みをした。なにかを考えているようだった。ソータツはすぐに答えを求める教師とはまるでちがうから、一惟がなにか言うまで、首をぐるぐるまわしたり、頭を掻いたり、ほかの生徒に「*トルソ、もとの位置にかならずもどせよ」と怒鳴ったりしていた。一惟がやっと口をひらいた。

「見た目はたしかに写真のほうが現物に近いです。でも、写真のピントは厳密に言えば、一か所にしか合っていません。レンズをdシボらないで開放で撮ったら、輪郭さえボケてしまいます。ほくの絵も、添島さんの絵も、⑦全部にピントがあっているという意味では、カメラにはぜったいできないことをやっているとおもいます」

ソータツは一惟をじっと見て、呟くような低い声で言った。

「そのとおりだ。……じゃあまた来週な」

ソータツはさっさと机から離れて、美術室のカーテンを閉めはじめた。スケッチブックと鉛筆と消しゴムを、ゆっくり手提げカバンにしまう一惟の手もとを、自分も片づけの手を動かしながら歩は見ていた。⑧一惟の耳のふちが、うっすらと赤らんでいた。

（松家《まついえ》　仁之《まさし》『光の犬』による）

［注］
＊イボンヌ・グーラゴング…一九七〇〜八〇年代に活躍したオーストラリアの女子テニス選手
＊トルソ…胴体だけの彫像

問一　本文中のa、cの漢字部分は平仮名に、b、dの仮名部分は漢字に、それぞれ直して書け。
a　坐って
b　ハチ
c　黒革
d　シボらない

問二　②光を受けて明るくみえる　とあるが、これを例にならって、文法的に説明せよ。

(例)　大きな夢がある。

連体詞「大きな」＋名詞「夢」＋格助詞「が」＋動詞「ある」の終止形

問三　③生真面目　と組み合わせ方が同じ熟語を、次のア〜エの中から一つ選んで書け。
ア　土産話
イ　一昨昨日
ウ　日和見
エ　相部屋

問四　①歩の頬が自然にゆるむ　と　④一惟はわずかに表情をゆるませた　とあるが、二人がそうなった共通の要因を説明せよ。

問五　⑤どんどんおもしろくなっていった　とあるが、歩がデッサンのおもしろさを感じる以前の、静物に対する見方が具体的に表れている表現を、本文中から抜き出して書け。

問六　⑥ほかの部員にはどんくさく見えていたかもしれない　とあるが、歩がこのように考える理由を説明せよ。

問七　⑦全部にピントがあっている　という一惟の捉えを直感的に言い当てている歩の言葉を、本文中から抜き出して書け。

問八　⑧一惟の耳のふちが、うっすらと赤らんでいた　とあるが、その理由を、一惟の人物像が分かる本文中の他の描写と関係付けて書け。

問九　この文章を使って、「中学校学習指導要領(平成二十年三月告示)の第2学年「C読むこと」の指導事項「イ　文章全体と部分との関係、例示や描写の効果、登場人物の言動の意味などを考え、内容の理解に役立てること。」を指導する際のねらいと、ねらいの達成に向けた言語活動について、「中学校学習指導要領解説国語編(平成二十年九月文部科学省)」を踏まえて具体的に説明せよ。

(☆☆☆◎◎◎)

【三】次の文章を読んで、あとの問一～問七に答えよ。

現在の日本ブームには、世界的な文明の趨勢《すうせい》と、自然環境や伝統的な生活との間に発生する軋《きし》みが大きくかかわっていると思う。日本風が見事に形づくる伝統とモダンの調和が、諸国で注目されるようになっているのも、その一つの表われではないだろうか。

八〇年代の頃までは、「伝統的な昔はよかった」という伝統回帰主義的な主張と、「文明や科学が発達した今がよい」という文明進歩主義的な主張は、①相容れずに対立することが多かったと思う。それが近年では、この二つの正反対の主張をぶつけ合うのではなく、両立させていこうとする傾向がかなり見られるようになってきたと思う。つまり、伝統を見直していくことと、未来への展望を開いていくことが、けっして矛盾するのではなく一致していくような思考が求められはじめている。

　未来についての視野を広くするためには、今から先のことばかりに目を向けようとするのではなく、過去をできるだけ深く掘り下げていくことが肝心なのではないか。過去の掘り下げの深さが、未来の展望をもっと先までのばすことができるのではないか。そうした発想に至れば、伝統回帰主義と文明進歩主義はこれまでの対立をやめ、一体化した新しい考えを形づくっていく可能性が出現する。そんな新しい流れが、さまざまな分野で生み出されていると感じる。

　たとえばエネルギーの分野でいうと、将来の自動車の動力源として期待されている水素を原料とする燃料電池の開発は、これまでの自然環境をめぐる考え方の対立を越えて、その両立へと向かおうとする意識の流れと深くかかわっていると思う。風車か原発かといった自然環境問題をめぐる主義の対立は、燃料電池のような新しい観点に立った技術開発の努力によって、しだい ア に消え去ろうとしているよう イ に思われる。その過渡期《かとき》に日本から登場したのが②ハイブリットカーなのだろう。

　東洋、日本には古くから、「地球＝自然」もまた、ある意味での意志を持っている、という考え方があった。より古くは、すべての自然物に人間と同じように魂が宿っているという考えがあり、そこからさらに、土地には土地の意志があり、川には川の意志があるという考えに立った、西洋近代のエコロジー（生態学）とは異なる、東洋的な自然環境の理念があった。

漢方や風水などがその[a]テンケイである。漢方では気脈《きみゃく》の流れを感受して治療が施された。風水では地脈《ちみゃく》の流れを感受して住居や都市が形成された。そこには、人間の意志によって身体に働きかけているのでも、人間の意志によって自然環境に働きかけているのでもないという思想がある。自然な身体の側からの働きかけを人間が受けて、自然環境の側からの働きかけを人間が受けて、適切な治療を施し、適切な場所に生活拠点を形づくったのである。

そこでは主体は、人間の側ではなく自然の側に想定されている。これは、自然の意志を受けてはじめて適切な人間の働きが見いだせる、という世界観といってよいだろう。

東アジアでは「人倫の道」の優位を説く儒教の興隆によって、こうした世界観は社会の片隅へ追いやられていったが、これに異議を唱えたのが老荘思想に代表される道教的な哲学だった。道教的な哲学では、人間の意志を超越した自然意志のようなものが、「道」という気脈や地脈を連想させる概念をもって、盛んに論じられた。儒教でいう理念的な「人倫の道」優位主義が[b]テッテイ的に批判され、実際的な「自然の道」の優位が説かれている。しかしながら、政治的国家の理念にまで上り詰めた儒教の位置は、ついに[c]ユるがなかった。

東洋には、自然《じねん》(おのずからそうであること)という言葉はあったが、天然自然の意味をもつネイチャーに相当する言葉がなかった。日本でも自然という言葉は近代以前にはなく、自然を表わすには多くの場合、花鳥風月、草木虫魚などのいい方をした。どこかに自然という「もの=事物」があるのではなく、個々具体的な場所としての大地や海と固有に結びついて花鳥風月、草木虫魚が生きているという「こと=事象」がある。自然をそう感じ取っていたのが伝統的な日本人だったろう。

日本風が形づくる伝統とモダンの調和の「伝統」は、そうした花鳥風月、草木虫魚の自然観にまでとどくものといえる。そしてこの伝統的な自然観は、民間の祭礼習俗や神道的な宗教観を通して、いまなお③日本人の自然観として生き続けていると思う。

そこに、日本人特有の「細部に対する繊細な目配り」の発信場所が想定できる。そこには、自然の細かな隅々《すみずみ》にまで神が宿るという、微細な領域へ分け入っていこうとする精神性、小さな存在をいつくしむ精神性がある。これが「もののあわれ・わび・さび、いき」という、「どの国とも違う美意識」を生み出してきた。

（呉《お》　善花《そんふぁ》『日本の曖昧力』による）

問一　本文中のa、b、cの片仮名部分を漢字で書け。

a　テンケイ　b　テッテイ　c　ユるがなかった

問二　アに　イに　の違いについて、品詞名を用いながら文法的に説明せよ。

問三　①相容れずに対立する　とあるが、「意見が対立したままで、話し合いがつかない」という意味を表す慣用句を考えて書け。

問四　②ハイブリッドカー　が登場した背景を、伝統回帰主義と文明進歩主義の関係と関連付けながら説明せよ。

問五　漢方や風水などが　で始まる段落の役割について説明せよ。

問六　③日本人の自然観　とはどういうものか、説明せよ。

問七　この文章を使って、「中学校学習指導要領（平成二十年三月告示）の第2学年「C読むこと」の指導事項「エ　文章に表れているものの見方や考え方について、知識や体験と関連付けて自分の考えをもつこと。」を指導するとき、「知識や体験と関連付け」る際の留意点を、「中学校学習指導要領解説国語編（平成二十年九月文部科学省）を踏まえ具体的に説明せよ。

（☆☆☆◎◎◎）

【四】次の文章は、『十六夜日記』の一節で、京から鎌倉へ向かう筆者（*藤原為家《ためいえ》の側室、阿仏《あぶつ》。為家を亡くして四年になる。）の旅立ちの場面である。これを読んで、あとの問一～問七に答えよ。

目離《めか》れせざりつる程だに荒れまさりつる庭も籬《まがき》も、ましてと見まはされて、慕はしげなる人々の袖のしづくも、なぐさめかねたる中にも、*侍従《じじゅう》・*大夫《たいふ》などの、あながちにうち*屈《くむ》じたるさま、いと心苦しければ、さまざま言ひこしらへ、閨《ねや》のうちを見やれば、昔の*枕のさながら変らぬを見るも、今更《いまさら》悲しくて、傍《かたは》らに書きつく。

　とどめおく古き枕の塵《ちり》をだに我が立ち去らば誰《たれ》か払はむ

代々《よよ》に書きおかれける歌の草子どもの、奥書《おくがき》などしてあだならぬ限りを、選《え》りしたためて、侍従の方《かた》へ送るとて、書きそへたる歌、

　①和歌の浦にかきとどめたる藻塩草《もしほぐさ》これを昔のかたみとは見よ
　②*あなかしこ横波かくな*浜千鳥《はまちどり》ひとかたならぬ跡を思はば

これを見て、侍従の返事《かへりごと》いととくあり。

　つひによもあだにはならじ藻塩草かたみを③三代《みよ》の跡に残さば
　迷はまし教へざりせば浜千鳥ひとかたならぬ跡をそれとも

この返事、いとおとなしければ、心安くあはれなるにも、昔の人に聞かせ奉りたくて、又④うちしほたれぬ。
大夫の、傍ら去らず馴《な》れ来つるを、ふり捨てられなむ名残、*あながちに思ひ知りて、*手習《てならひ》したるを見れば、

　はるばると行く先遠く慕はれていかに其方《そなた》の空をながめむ

と書きつけたる、物よりことにあはれにて、同じ紙に⑤書きそへつ。

　つくづくと空なながめそ恋しくは道遠くともはや帰りこむ

とぞなぐさむる。

*山より、侍従の兄a の、折しも出立《いでたち》見むとておはしたり。それも、いと物心細しと思ひたるを、この手習どもを見て又⑥書きそへたり。

　*あだにただ涙はかけじ旅衣《たびごろも》心の行きて立ち帰る程

とは事忌《こといみ》しながら、涙b のこぼるるを、荒らかに物言ひまぎらはすも、さまざまあはれなるを、*阿闍梨《あざり》の君は山伏《やまぶし》にて、この人々よりは兄なる、この度c の道のしるべに送らむとて出でたるめるを、「この手習にまじはらざらむやは」とて書きつく。

　立ちそふぞ嬉しかりける旅衣かたみに頼む親の守りは

*女子《をんなご》はあまたもなし。ただ一人にて、この近き程の女院《にょうゐん》に侍《さぶら》ひ給ふ、*院の姫宮一所《ひめのみやひとところ》生れ給へりしばかりにて、心づかひもまことしきさまに、おとなおとなしくおはすれば、宮の御方の御恋しさもかねて申しおくついでに、侍従・大夫などの事、育み思《おぼ》すべき由も細かに書き続けて、奥に、

　⑦君をこそ朝日と頼め故郷《ふるさと》に残る撫子《なでしこ》霜に枯らすな

と聞こえたれば、御返りもこまやかに、いとあはれに書きて、歌の返しには、

　思ひおく心とどめば故郷の霜にも枯れじ大和《やまと》撫子

とぞある。

五つの子供の歌、残るなく書き続けぬるも、*かつはいとをこがましけれど、親の心にはあはれに覚ゆるままに、書きあつめたり。

さのみ心弱くてもいかがとて、つれなくふり捨てつ。

（『十六夜日記』による）

［注］
＊藤原為家…歌人。祖父は藤原俊成、父は藤原定家
＊侍従…息子、為相《ためすけ》(十七歳)
＊大夫…息子、為守《ためもり》(十五歳)
＊うち屈じたる…憂鬱《ゆううつ》になっている
＊昔…昔の人(すなわち為家)
＊藻塩草…製塩のために海水をそそぐ海藻。詠草・歌書の意をこめる
＊あなかしこ…決して(〜するな)
＊あながちに…程度をはずれて
＊手習…心にまかせて思うことを書きつけること
＊山…比叡山延暦寺
＊あだに…無益に
＊阿闍梨の君…筆者の息子。「阿闍梨」は人の手本になり得る高僧
＊女子…娘。院の姫宮を一人お生みした方
＊院…後深草院
＊かつは…一方では

問一　aの‖　bの‖　cの‖　のうち、他と異なる意味のものを一つ選び、記号を書け。
問二　①と②の和歌に共通する心情を書け。
問三　③三代《みよ》　は掛詞である。文字通りの「三代」の意味と、掛けられているもう一つの意味を書け。

問四　④又うちしほたれぬ　は「また涙を流してしまう」の意であるが、なぜ涙を流してしまうのか、説明せよ。

問五　⑤書きそへつ　⑥書きそへたり　について、動作の主体を次から選び、それぞれ記号を書け。

ア　侍従

イ　大夫

ウ　侍従の兄

エ　筆者

問六　大夫、侍従の兄、阿闍梨の君の三人のうち、一人だけ異なる心情であることが読み取れるのは誰か。また、それはどのような心情か、他の二人との違いを明確にして説明せよ。

問七　⑦の和歌を、たとえられていることをすべて明確にして口語訳を書け。

（☆☆☆◎◎◎）

【五】次の文章を読んで、あとの問一～問六に答えよ。なお、本文には新字体を用いた漢字と、設問の都合により訓点を省いた部分がある。

欲《セバ》レ治《メムト》二其《ノ》内《ヲ》一、置《キテ》而勿《レ》レ親《シム》。欲《スルトキハ》レ治《メムト》二其《ノ》外《ヲ》一、官《ニ》置《キ》二一人《ヲ》一、不《バ》レ使《メ》二

自《ラ》恣《ほしいままニセ》一、安 a ‖ 得《ム》二＊移《い》拚《へいスルヲ》一。大臣之門、唯恐《ル》レ多《カラムコトヲ》レ人。凡 b ‖《ッ》治之極《バ》、下不レ能《ハ》レ

得《ルコト》。*同二‐合《セバ》刑名《ヲ》一、民之《レ》守《ル》レ職《ヲ》。去《ツテ》レ此《ヲ》更《ニ》求《ムル》、是《ヲ》謂《ヒ》二大惑《ト》一、猾民愈c衆《ク》、姦邪満《ツ》レ側《ラニ》。故《ニ》曰《ク》、毋《レ》二富《マシ》レ人《ヲ》而《シテ》貸《スコト》一焉、毋《レ》二貴《クシ》レ人《ヲ》而《シテ》逼《せまラシムルコト》一焉、①毋専信一人、而失其都国焉。②*腓《ひ》大《ナラバ》二於*股《こヨリ》一、難《ク》二以《テ》趣走《しゅそうシ》一、主失《ハバ》二其《ノ》*神《ヲ》一、虎随《ハム》二其《ノ》後《ニ》一。主上不《シテ》レ知《ラ》、虎将《ニ》レ為《ラムト》レ狗《くト》、主不《バ》二蚤《はやク》止《メ》一、狗益《まシテ》無《ケム》レ已《やム》。虎成《シテ》二其《ノ》群《ヲ》一、以《テ》弑《ス》二其《ノ》母《ヲ》一。為《リテ》レ主《ト》而無《クバ》レ臣、奚《ソ》国《ヲ》之《レ》有《たもタム》。主施《シテ》二其《ノ》法《ヲ》一、大虎将《ニ》レ怯《レムト》、主施《シテ》二其《ノ》刑《ヲ》一、大虎自《ラ》寧《トナル》。法刑d苟信《ナラバ》、③虎化《シテ》為《リ》レ人《ト》、復二‐反《セム》其《ノ》真《ニ》一。

（『韓非子』による）

［注］
＊移拚……官職を移ったり、兼職をしたりするということ
＊同合刑名…「形名参同」と同義で、臣下の言ったことと実行とを照らし合わせ、その合否によって賞したり罰したりすること
＊腓………ふくらはぎ

＊股……………大腿部
＊神……………神威

問一　b 凡‖ソ　c 衆‖ク　の本文における読みを送り仮名を添えて平仮名(現代仮名遣い)で書け。
問二　a 安‖　d 苟‖　は本文中でどのような意味を表しているか説明せよ。
問三　①毋専信一人、而失其都国焉　について、次の書き下し文となるように、以下の白文に訓点を施せ。
(書き下し文)　専ら一人を信じ、而して其の都国を失ふこと毋れ

毋　専　信　一　人　、　而　失　其　都　国　焉

問四　②腓大二於股一、難二以趨走一　について、意味を明らかにした上で、比喩を用いてどのようなことを伝えようとしているか説明せよ。
問五　③虎化為レ人、復二反其真一　とあるが、作者は誰が、どのようなことをすることで、こうした変化が生まれると述べているか説明せよ。
問六　この文章を中学校第3学年の国語の授業で扱う場合、興味・関心を高めたり、内容の理解を助けたりするために、どのような配慮が必要かを「中学校学習指導要領解説国語編(平成二十年九月文部科学省)」の指導事項〔伝統的な言語文化と国語の特質に関する事項〕(1)「ア　伝統的な言語文化に関する事項」に基づいて説明せよ。

(☆☆☆◎◎◎)

【高等学校】

【一】次の文章を読んで、問一から問五に答えよ。

常識の言葉で語れば、練習とは要するに、正しい習慣を形成し、維持し、回復する行動のことであるが、そのさいの「正しさ」が絶対的、客観的に存在するものではないことはいうまでもない。仕事のスキルであれ、[a]レイギ作法の嗜みであれ、科学研究の規律であれ、おしなべて行動を正しく導くものは大小の共同体の規範であり、共同体それ自体が共通の習慣として遵守しているものである。

ひとりひとりの個人にとって、この共同体の習慣はつねにすでにできあがった約束事であって、従順に従うほかない行動の設計図になっている。音楽の演奏家や舞踏家が楽譜や振り付け記譜に導かれるように、すべての行動者は各種の共同体からどう振る舞うべきかを暗黙のうちに指導されている。そのさいの指導は社会的な非難や賞賛など、必ずしも有形の矯正である必要はない。共同体がみずからのリズムで行動している現実、そのリズムの波動そのものが個人の身体に響くのであって、*第一章以来の用語法を使えば、①前者が後者にたえざる共鳴を求めているのである。

このことはまた、個人があるときなぜ練習の必要を思い立ち、練習の開始を「決意」するのかをも説明する。正確にいえばこの「決意」という表現が常識の通弊なのであって、後にすべての行動について詳述するように、厳密にはおよそ人が意識的にみずから行動を開始することはありえない。常識も半ばはこの真相に気づいているらしく、日常用語でもあらゆる行動の動機について、「する気になる」と言い慣わしている。練習も当然、人が「する気になって」始まるものであり、個人と共同体のリズムが共鳴し輻輳しあい、新しいリズム単位をつくるべく身体を駆り立てたときに始まるというべきだろう。

そしてそこで養われるのが正しい習慣なのだが、それがどういうものかを知るには、矯正されるべき悪い習慣を観察するのが早道かもしれない。すでに暗示したように悪い習慣には正反対の二種類があって、一方に未熟でぎごちない習慣があり、他方には逆に慣れすぎてbソザツになった習慣がある。常識の言葉でいえば、前者は人が細部を意識しすぎつつ反復する行動、後者は惰性として細部について無意識に繰り返す行動のことである。

②正しい習慣は両者の危うい中間にあるのだが、この危うさはおそらくリズムそのものの繊細で壊れやすい本質を反映している。未熟でぎごちない習慣は、分節性が過剰で停滞に瀕したリズムに対応し、慣れすぎて惰性化した習慣は、流動性が過剰で弾みに乏しいリズムに対応していると見ることができる。どちらの過剰もある程度までは許され、むしろリズムの多様性を生みだす要因となるが、これが限度を超すとリズムは壊れて、ただの沈滞かあるいは純粋流動に化してしまう。

これに関連してcフゲンすれば、リズムの分節性が許容範囲内で流動性に勝ったとき、その微妙な過剰によって習慣のなかから記憶が切り出され、ゲシュタルト*の「図」として浮かびあがる、と考えることができるだろう。記憶と習慣は本質的には同一の営みであり、どちらも過去と現在をリズミカルに区切りながら結合する働きであるが、その同じ作用のなかで、記憶は区切りに傾き、習慣は連続を強めているといえる。③習慣は過去を内に含みこんだ現在であるが、記憶された過去は現在の外に置かれているといいかえてもよい。

じっさい記憶と習慣の関係がどれほど微妙であるかは、たとえば算術の「九九」がどちらによって保持されているかを考えてみればわかる。「二二んが四」「三三が九」とdロウショウするとき、その音声の流動は明らかに習慣を形成しているが、「二二んが四」を別の計算(たとえば二の三乗)の文脈に移して使おうとすれば、この一句はたちまち独立した「図」として区切りとられる。そしてこれを使って新しい計算をする人には、この一句は過去の記憶と化しているはずである。

面倒な寄り道に見えたかもしれないが、この記憶と習慣の関係を知ることは、じつは練習とは何かを考えるうえで決定的に重要な鍵となる。なぜなら練習とは習慣を形成し、保持し、eシュウフクすることだったが、習慣とは過去を内に含みこんだ現在のことなのだから、それを養うには記憶された過去を現在の行動へと流しこまなければなるまい。いわば④記憶によって分節され「図」として浮上した過去を融解し、現在の一瞬ごとに所作の「地」として沈潜させなければならないだろう。

（山崎正和『リズムの哲学ノート』より）

＊　第一章以来の用語法…「前者」「後者」を用いた表現方法

＊　ゲシュタルトの「図」…分割すると消滅するような全体像、まとまった模様の単位をゲシュタルトと呼び、「ルビンの壺（黒地の背景に白の花びんが描かれているが、黒地のほうに意識を集中すると、左右から人の向き合う横顔が浮き出てくるだまし絵の一種。心理学者エドガー・ルビンが考案した。）」の絵などにおいて、目を惹く絵柄のほうを「図」と名づけ、その周辺に隠れた絵柄を「地」と呼んでいる。

問一　a　レイギ　b　ソザツ　c　フゲン　d　ロウショウ　e　シュウフク　を漢字に直せ。

問二　①前者が後者にたえざる共鳴を求めている　とあるが、どういうことか、「前者」と「後者」が示す内容を明らかにして書け。

問三　②正しい習慣は両者の危うい中間にある　とあるが、どういうことか、書け。

問四　③習慣は過去を内に含みこんだ現在であるが、記憶された過去は現在の外に置かれているといいかえて

もよい　とあるが、どういうことか、書け。

問五　④記憶によって分節され「図」として浮上した過去を融解し、現在の一瞬ごとに所作の「地」として沈潜させなければならない　とあるが、どういうことか、「九九」の例を用いて説明せよ。

（☆☆☆◎◎◎）

【二】次の文章を読んで、問一から問六に答えよ。

> 登山家である田名部淳子は、東日本大震災の被災地の高校生たちと富士山に登るプロジェクトを、がんを患いながらも続けていた。喜寿を迎えようとする頃の四回目のプロジェクトで、淳子は居心地悪そうにしている女の子に気付く。声をかけたところ、女の子は「もうしんどいことはたくさん」と、抑えていたものを吐き出すように震災の経験を語り出した。女の子を襲った衝撃的な出来事に、淳子は言葉を見つけられないでいた。

黙っていると、女の子がわずかに顔を向けた。

「言わないんですか？」

「えっ？」

「頑張れって」

淳子は女の子を見返した。

「だって、こういう話をすると、いつも返って来るのは『頑張れ』に決まってるから」

女の子の口調は硬かった。

「それ言われるの、いやなんだ」

「もう、うんざり」

A小さな動物が毛を逆立てて精一杯主張するように、その身体から怒りが発されている。

「そうだよね」

頑張れ、は確かに励ましの言葉だ。けれども言葉は道具でもある。どんなに便利なナイフでも、使い方を間違えれば相手を傷つける。

「そうそう」と、話を変えるように、淳子はザックを開いてタッパーを取り出した。

「いいものがあるの。食べてごらん、元気が出るよ」

中には干し柿が入っている。女の子は面食らったようだった。

「ほら、aエンリョしないで」

勧めると、おずおずとした仕草でひとつを口にした。

「あ、おいしい」

「でしょう。私の故郷、三春町*の干し柿なのよ。太陽の光をいっぱい浴びてるから、その分、エネルギーもいっぱい詰まってて、疲労回復に最高なの」

「うちも毎年冬に軒先で干し柿を作ってました。その時はあんまり食べる気にはなれなかったけど、こんなにおいしかったんだ。ちょっとびっくり」

ようやく少女らしい笑みが浮かんで安堵した。淳子も口に運んだ。自然の甘みが口の中に広がってゆく。

「あの、田名部さんって、病気なんですよね」

女の子が不意に尋ねた。

「そうよ。よく知ってるね」

「ネットで見たから」

病については公表しているが、子供たちには関心のない出来事と思っていた。

「それなのに、何でこんなしんどい思いをして山に登るんですか？」

「うーん、①難しい質問ね。そうだな、何でだろう」

淳子は逆に問い返してみた。

「何でだと思う？」

答えを探って欲しかった。そこに、彼女が置かれた状況に繋がる何かがあるように思えた。

「そんなの、わかんない」

ぶっきらぼうに女の子は返した。

「そっか、わかんないか。そうだよね」

あはは、と、淳子は笑い声を上げた。

「その前に、聞かせてもらってもいいかな。あなたはどうしてこの富士山登山に参加しようと思ったの？」

「おかあさんに勧められたから」

「それだけ？　仕方なくってこと？」

「まあ」

「だったら、行かないって言えばよかったじゃない」

「そうだけど」

言ってから、次の言葉までに、女の子は少し間を置いた。

「でも、もしかしたら、山に登ることで自分が変われるかもしれないって思ったんです」

それは淳子にとって嬉しい答えだった。

「よかった」

「何がですか？」

「変われるかもしれないって思うのは、変わりたいって望んでるってこと。あなたはもうちゃんと一歩を踏み出している。大切なのは、その一歩よ」

女の子は言葉の代わりに、瞬きを返した。

「私の答えも同じ。私もいつも、山に登ると自分が変われるような気がするの。子供の頃からそうだった。今も同じよ。だからずっと登り続けているの。それに、大切なことも山にたくさん教えてもらったしね」

「大切なことって？」

「生きるってことは前に進み続けてゆくってこと」

それから、淳子は女の子に笑いかけた。

「急がなくていいの、ゆっくりでいいの、踏み出すその一歩が、生きている証なんだから」

女の子は手元に目線を落とし、b逡巡するかのようにしばらく口を噤《つぐ》んだ。
②すでに空は朝焼けに染まっている。橙色の光がまだ残る群青の空を凌駕してゆく。それが眼下に広がる雲海に反射して、鮮やかな色彩を溢れさせている。不意に稜線からひと筋の光が伸びたかと思うと、彼女の顔を照らした。女の子ははっと顔を上げた。
ご来光だ。

太陽の光は刻一刻と強さを増し、女の子の顔を輝かせてゆく。その眩しさに目を細めながら、やがて女の子は指先でそっと目尻を拭った。

「きれい……」

「うん、きれいだね」

③彼女は今、何かを得たはずだと淳子は思った。その何かは、今はわからないかもしれないが、いつかきっと答えに繋がる時が来てくれるに違いない。

太陽は徐々に、そして力強く空へと昇ってゆく。

光は強大なエネルギーに満ちていた。冷えた身体の奥までも温まってゆくのが実感できる。淳子もまた、感慨にcヒタりながら太陽を見つめていた。

登った山々が思い出される。千語万語を費やしても形容しがたいあの美しさ。d凄烈に閉ざされた氷の世界。人間を拒否する目も眩《くら》むような岩壁。山は、大切な人に出会わせてくれ、同時に容赦なく奪っていった。それでも山に魅了され、山に生きた同胞たち。淳子の軌跡がそこにある。

淳子は女の子を振り返った。

「まだ登れる？」

「はい、頑張ります」

頑張る。自分の言葉に気づいて、女の子は照れたように肩を竦めた。そしてB太陽さえも霞むような眩しい笑顔を向けた。

「さあ、行こう」

一歩が、また始まった。

（唯川恵『淳子のてっぺん』より）

＊　三春…福島県田村郡三春町。福島県の中通りに位置し、郡山市の北東に隣接する町。

問一　a　エンリョ　c　ヒタり　について、傍線部を漢字に直し、　b　逡巡　d　凄烈　の傍線部の読みを書け。

問二　①難しい質問ね。そうだな、何でだろう　とあるが、淳子がこう答えた理由を書け。

問三　②すでに空は朝焼けに染まっている。～彼女の顔を照らした　とあるが、この情景描写はどのような効果をあげているか、二つ書け。

問四　③彼女は今、何かを得たはずだ　とあるが、「何か」の内容を具体的に書け。

問五　A小さな動物が毛を逆立てて精一杯主張するように、その身体から怒りが発されている　とB太陽さえも霞むような眩しい笑顔を向けた　とでは、女の子の内面はどのように変化したか。変化の過程に言及しながら、「頑張る」という語句を用いて説明せよ。

問六　この本文を教材として「国語総合」の授業を行うとき、干し柿　が果たしている役割を生徒に考えさせるために、どのような発問や学習活動を行うか、書け。また、その指導上のねらいを書け。

(☆☆☆◎◎◎)

【三】次の文章は、『住吉物語』の一節である。大納言の娘である姫君は、継母《ままはは》からのつらい仕打ちに耐えかね、住吉に移り住んだ。その後、大将と結婚して一男一女をもうけたが、世間に素性を隠したまま生活している。本文は、大将が、消息不明の姫君の安否を気に掛ける大納言を、大将と姫君の娘の裳着の腰結(腰ひもを結ぶ役)として招いた場面である。これを読んで、問一から問八に答えよ。

さてその日になりて、むつびたまふ上達部など、参り集まりたる。大納言殿は、少し日暮れ方に参りたまへり。官ある人あまた参りて、いとaゆゆしきさまなり。時酉になりぬれば、大納言の直衣の袖を引きて、X内へ入れたてまつる。母屋の御簾の前に褥《しとね》敷きて、すゑたてまつる。姫君、侍従、几帳の隙よりのぞきたまへば、老い衰へ、まなこも涙に洗はれて、光少なくなりたまへるを見たまひて臥しまろび嘆きたまふこと限りなし。

さても大納言殿は、若君、姫君の御袴の御腰を結ひたまふ中に、姫君の御腰を結ひたまはんとて、袖を顔にあて、俯《うつぶ》しになりたまへり。やや久しくありてのたまふやう、「かやうにはべれば、①御祝ひの所へ参らじと申すなり。この姫君の御ありさま、失ひさぶらふ姫の、をさあい時に違ふところなく見えたまへば、思ひかねてなん。許させたまへ」とありければ、このありさま見たまひて、姫君も侍従も、御祝ひなれども、つつみかねてぞ泣きたまふ。

さても、方々人々に引き出物したまひける。その中に、大納言殿には、小袿《こうちき》のなよらかなるを奉りたれば、あやしながら、肩にかけて帰りたまひAぬ。

大納言、帰るままに、継母に向かひて、「大将の、我をむつましき者におぼして、もてなしたまふ。bうつくしかりつる若君、姫君かな。Ⅰあはれ、あれをわが孫どもと思はば、いかにうれしからまし。*田舎人の娘なれども、幸ひある人かな。さてもその姫君の、わが失ひて思ひ嘆く姫君の幼かりしに、さも似たまへるよ。あはれ、常に見たてまつらばや」とのたまへば、継母、「*三の君のもとへおはせし人なれば、そのゆかりとて、むつびたまふこそ。あはれ、その君達を、三の君の中にまうけたまひたらば、Ⅱここかしこのために目やすかりなんものを。あたら人の」など言へば、*むくつけ女、「*関白殿は、下衆腹《げすばら》の子なればとて、もてなしたまはBぬ」とぞ言ひける。

大納言殿は、小袿の古りたりつるを、あやしと思ひて、取り寄せて見たまへば、対の君*に着せ始めし時の袿に似たり。老いのひが目やらんとて、うち返しうち返し、Yよくよく見たまへば、ただそれにてありける。その時に胸騒ぎて、「いかにして持ちたまへばか。我にしも得させたまへるも、あやし」とて、ただ雑色一、二人ばかりc具して、大将のもとへおはして、寝殿の簀子にゐたまへり。

大将急ぎ出でたまひて、「あしくはべり。これへ」とあれば、大納言申されけるは、「申し出づるにつけて、世にをこがましくなめげにはべれども、よろづにdなつかしくおはしませば、参りつるなり。許させたまへ」とて、「昨日賜りたりし小袿の、わが失ひてさぶらひし者、幼くて着せ初めし袿にてはべるを、老いのひが目にやはべらん、わが心にかかるままに、②人目も知らず走り参りつるなり」と申されければ、このよし、姫君聞きたまひて、いまいまと待ちゐたまひければ、大将のたまはぬ先に、③姫君、侍従急ぎ出でて、臥しまろびつつ泣きたまへば、大納言はこれを見て、目もくれ、涙もせきあへたまはず。

＊ 田舎人の娘…大将は世間に対して、姫君の素性を隠してこのように紹介している。
＊ 三の君…大納言と継母の娘。かつて大将と婚姻関係にあった。
＊ むくつけ女…継母の侍女
＊ 関白殿…大将の父
＊ 対の君…姫君(大納言の娘)

人物関係図

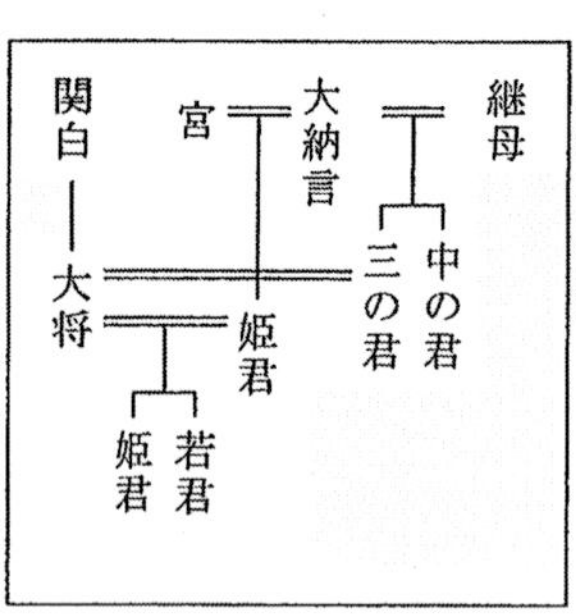

問一　a ゆゆしき　b うつくしかり　c 具し　d なつかしく　の本文における意味を書け。

問二　酉　とは現在の何時頃か。最も適するものを次のア～オから一つ選び、記号を書け。

ア　午前十一時から午後一時頃　イ　午後一時から午後三時頃　ウ　午後三時から午後五時頃

エ　午後五時から午後七時頃　オ　午後七時から午後九時頃

問三　Aぬ　Bぬ　について、それぞれ(例)にならって、文法的に説明せよ。

(例)　三の君のもとへおはせし人なれば　過去の助動詞「き」の連体形

問四　X内へ入れたてまつる　Yよくよく見たまへば　の動作の主体は誰か。次のア～オからそれぞれ一つ選び、記号を書け。

ア　大納言　イ　継母　ウ　大将　エ　姫君(大納言の娘)　オ　関白殿

問五　①御祝ひの所へ参らじと申すなり　とあるが、大納言がこのように述べた理由を書け。

問六　Ⅰ　あはれ、あれをわが孫どもと思はば、いかにうれしからまし　Ⅱ　ここかしこのために目やすかりなんものを　について「あれ」「ここかしこ」が誰を指しているのかを明らかにして、口語訳を書け。

問七　②人目も知らず走り参りつるなり　について、次の問いに答えよ。

(1)　小袿が消息不明の娘のものであると気付いた大納言は、大将を訪問して何を確認しようとしていたのか、本文から読み取れる内容を、二点にまとめて書け。

(2)　このときの大納言の心情を書け。

問八　③姫君、侍従急ぎ出でて　とあるが、ここで姫君が「急ぎ出で」た理由を、裳着の場面での姫君の様子を踏まえて説明せよ。

(☆☆☆◎◎◎)

【四】次の文章は、晋の桓子(荀林父)が、楚との戦いに敗れて帰国し、主君の晋侯と対面した場面である。これを読んで、問一から問九に答えよ。(本文は設問の関係から訓点を省いたところがある。また、新字体に改めたところがある。)

秋、晋《ノ》①師帰《ル》。桓子請《フ》レ死《ヲ》。②晋侯欲《ス》レ許《サント》レ之《ヲ》。③士貞子諫《メテ》曰《ク》、不可《ナリ》。城濮*之役ａ、晋《ノ》師三*日穀《セリ》。文公*猶《ホ》有《リ》二憂色一。左右曰《ク》、有《リテ》レ喜《ビ》而憂《フ》。如《シ》有《リテ》レ憂《ヘ》而喜《ブ》乎《ト》。公曰《ク》、得臣*猶《ホ》在《リ》。憂《ヘ》未《ダ》ルレ歇《つキ》也。④困獣猶闘。況国相乎。及《ビ》三楚殺《スニ》二子玉《ヲ》一、公《ノ》喜《ビ》而《ル》後《ニ》可《キ》レ知《ル》也。曰《ク》、莫《キ》二余《ヲ》毒《スルコト》一也已ｂ。⑤是《レ》晋《ハ》再《ビ》克《チテ》而楚《ハ》再《ビ》敗《レシ》也。楚是以ｃ*再世不レ競《ハ》*。今、天或《ハ》者将ル二大《イニ》警《いましメント》レ晋《ヲ》一也。而《ルニ》又殺《シテ》二林父《ヲ》一以《テ》重《ネバ》二楚《ノ》勝《チヲ》一、其《レ》無《カラン》二乃《チ》久《シク》不《ルコト》レ競《ハ》一乎。林父之事《フル》レ君《ニ》也、進《ンデハ》思《ヒ》レ尽《クサンコトヲ》レ忠《ヲ》、退《キテハ》思《フ》レ補《ハンコトヲ》レ過《チヲ》。社稷之衛《まもり》也。⑥若之何殺之。⑦夫《レ》其《ノ》敗《ルル》也、如《シ》二日月之食《ノ》一焉。何《ゾ》損《アラント》二於明《ニ》一。晋侯使《ム》レ復《セ》二其《ノ》位《ニ》一。

(『春秋左氏伝』による)

＊ 城濮之役…春秋時代、晋を盟主とする連合軍が楚を中心とする連合軍を破った戦い。
＊ 三日穀…晋は大勝して、楚の食料を三日間も食べたということ。
＊ 文公…春秋時代の晋の君主で、春秋の五覇のひとり。

＊得臣…人名。字は子玉。楚の名臣として知られる。
＊再世…その後二代にわたって。
＊競…強く盛んなさま。

問一　a役　b也已　c是以　の本文における読みを現代仮名遣いで書け。ただし必要に応じて送り仮名を適切に補って書くこと。
問二　①師　の意味を書け。
問三　②晉侯欲許之　とあるが、「之」の内容を明らかにして口語訳を書け。
問四　③士貞子諫曰　とあるが、士貞子の言葉はどこまでか。終わりの二字を抜き書きしなさい。（ただし句読点を除く。）
問五　④困獸猶鬪。況國相乎　について、次の問いに答えよ。
(1)　書き下し文を書け。
(2)　口語訳を書け。
問六　⑤是晉再克而楚再敗也　は、「晉は二度勝ったも同然であり、楚は二度負けたも同然である」の意である。晉が二度勝ったと言えるのはなぜか、その理由を書け。
問七　⑥若之何殺之　を、「これをいかんぞこれをころさん」と訓読できるように返り点を施せ。（送り仮名は不要。）
問八　⑦夫其敗也、如日月之食焉。何損於明　とあるが、「日月之食」とは「日食と月食」の意である。士貞子はこの比喩でどのようなことを述べようとしているのか、分かりやすく書け。

問九　「古典B」でこの文章を教材とする授業の指導計画を立てるとき、生徒が学習を進めていく上でどのようなつまずきが予想されるか。また、それに対して具体的にどう対応するか、分かりやすく書け。

（☆☆☆◎◎◎）

【五】次の問一から問三に答えよ。

問一　次の①～④の片仮名の部分を漢字で書け。

①　自然破壊へのケイショウを鳴らす
②　伝統文化をケイショウする
③　イギを申し立てる
④　新たなイギを見いだす

問二　次の文章は、大正時代に活躍したある作家の作品の冒頭部分である。これを読んで、後の問いに答えよ。

> 禅智内供の鼻と云えば、池の尾で知らない者はない。長さは五六寸あって上唇から顋《あご》の下まで下がっている。

①　この作品の作者名を漢字で書け。
②　この作者は、佐藤春夫や久米正雄など、反自然主義文学の立場に立って新しい文学を生み出そうとする新進作家たちの一人であった。この作家たちは、文学史上どう呼ばれるか。次のア～オから一つ選び、記号を書け。

ア　新技巧派　　イ　新感覚派　　ウ　新戯作派　　エ　高踏派　　オ　新興芸術派

問三　次の①～④の説明に該当する語句を後の語群から選び、その読みを現代仮名遣いで書け。

①　大臣以下の官職を任命する儀式

② 格子組みの裏へ板を張り、日光を遮ったり、風雨をしのいだりしたもの
③ 床を切って作った炉
④ 雑木の小枝などで作った、低い垣根
〔語群〕
蔀　脇息　透垣　炭櫃　重陽　端午節会　除目　小柴垣

（☆☆◎◎）

解答・解説

【中学校】

【一】問一　① ひっきょう　② おうよう　③ へいげい　④ こうむ(る)　問二　① 払拭　② 頻繁　③ 胸襟　④ 楼閣　問三　意味…(解答例) 驚いたりあきれたりして、次に言うべき言葉が出てこない。　短文…彼のあまりに無責任な発言に、二の句が継げなかった。　問四　漢字…暮改　意味…(解答例) 法令や命令が次々に変わって定まらない。　問五　(解答例) ①は格助詞であり、事物を列挙するはたらきを持つ。②は接続詞であり、動作と動作とが引き続いて起こることを表す。
問六　(1) ① 社会生活　② 比べながら　③ 尊重　(2) (解答例) 必要な情報があるかどうかを、本の表題や目次、索引等から判断すること。　(3) (解答例) 文章の形態に応じて全体を読み返し、目的に

合った効果的な体裁に整えること。　(4)（解答例）言語の歴史や、作品の時代的・文化的背景とも関連付けながら、古典への興味・関心を高め、古典に親しむ態度を育成するため。

〈解説〉問一～二　難解な漢字については読み、書き、意味をセットで憶えるとよい。なお、問一の①「畢竟」は究極や最終、③「睥睨」は横目でにらみつける、といった意味がある。問三　ことわざや慣用句には誤った意味で使われているものもある。参考書や「国語に関する世論調査」（文化庁）などを参照し、正しい意味を確認しておくとよい。　問四　「朝令」は、その日の朝に命令を出すことであり、「暮改」はその日の夕方に訂正することを意味する。　問六　ここ数年、学習指導要領に関する出題は「学習指導要領解説を踏まえ」た問題となっているため、学習指導要領解説を学習しておくことを要する。(2)以降は記述式であるため、まず概要を把握しておくようにしたい。

【二】問一　a　すわ（って）　b　鉢　c　くろかわ　d　絞（らない）　問二　名詞「光」＋格助詞「を」＋動詞「受ける」の連用形＋接続助詞「て」＋形容詞「明るい」の連用形＋動詞「みえる」の連用形　問三　エ　問四　（解答例）緊張した関係でありながら、相手に親しみを覚えたから。　問五　（解答例）全体に白く細い棘がひろがっているサボテンで、短く刈り込まれた白髪の頭のようでもあり、白カビの生えたおおきなチーズのようにも見えた。　問六　（解答例）歩と一惟は、デッサンという基礎的なことを繰り返していたから。　問七　（解答例）「すごくちゃんと見て、描くのね」　問八　（解答例）一惟は普段は口数が少なく、自分の考えもほとんど述べないのに、ソータツからデッサンの意義を問われた時だけは、興奮気味に自身の意見を口にして気恥ずかしかったから。　問九　（解答例）情景や人物の描写が文章全体の雰囲気を作り上げる効果について考えることをねらいとして、内容や表現の仕方について感想を交流する言語活動を設定する。
〈解説〉問三　傍線部③も肢エも、元の語句の頭に漢字が一字付いて構成されている。　問四　まず、傍線部①と④は同一の状況であることをおさえておくこと。歩と一惟の関係が「微妙に遠ざ」かった状態、つまり全く知らないわけではないが、それだけに少し緊張感があることを踏まえながら考えるとよい。　問五　問題で時と「具体的に」が指定されているので、それらを踏まえて考えること。　問六　歩と一惟はデッサンを続けていたが、他の美術部員は抽象画やポスターに取り組んでいたとある。この違いが持つ意味を説明する。問七　ここでの一惟の発言全体を読んで考えるとよい。写真のピントは物体の一点に限定されるが、デッサンでは物体のあらゆる点にピントが合っている、このことを歩の言葉からさがせばよい。　問八　まず、一惟の描写には「黙る」「無口」というような表現が多く用いられていることに注意したい。そして、顧問の挑発的な問いかけに対抗するという気持ちの高ぶり、そして発言後、冷静になったことを踏まえて考えるとよい。問九　学習指導要領解説においては、「C読むこと」の指導事項イでも、言語活動例でも「説明的な文章」と「文学的な文章」にわけて説明がされている。設問では「この文章を使って」との指定があるので、「文学的な文章」の場合についての説明を答える必要がある。

【三】問一　a　典型　b　徹底　c　揺(るがなかった)　問二　(解答例)　アは副詞「しだいに」の一部であり、イは助動詞「ようだ」の連用形の一部である。　問三　平行線をたどる　問四　(解答例)　伝統回帰主義と文明進歩主義が対立を止め、一体化した新しい考えを形作っていく可能性が出現する新しい流れが生み出されているという背景。　問五　(解答例)　前段落で挙げられた「東洋的な自然環境の理念」の具体的な事例を提示することで、読者に実感を伴って理解してもらう役割。　問六　(解答例)　自然の細かな隅々にまで魂が宿るというもの。　問七　(解答例)　好悪などの感想にとどまらず、これまでに身に付けてきた知識や様々な体験と関連付けて、賛否を明らかにしたり、問題点を指摘したりするなど、具体的なものに基づいて考えを形成すること。

〈解説〉問二　他の「に」としては、場所を指示する際に用いる助詞「に」などが考えられる。　問四　傍線部②を含む段落の内容をまとめればよい。二つの主義の対立から一体化へという流れをおさえる必要がある。　問五　波線の直後に指示語「その」があり、前段落の内容を受けていることがわかる。これを踏まえて考えること。　問六　最後の二段落の内容をまとめればよい。　問七　重要とされているのは、自分のものの見方や考え方を深めていくために、文章に示されている書き手のものの見方や考え方を自分の考えと比較したり置き換えたりして、読み手が自分の問題としてとらえることである。

【四】問一　c　問二　(解答例)　歌書を大切にしてほしいという心情。　問三　文字通りの意味…(解答例)　藤原俊成、藤原定家、藤原為家の三世代の意味。　もう一つの意味…(解答例)　家に代々伝わる歌書を見よの意味。　問四　(解答例)　息子の大人びた振舞いを、今は亡き夫に伝えたいと思ったから。　問五　⑤　エ　⑥　ウ　問六　(解答例)　阿闍梨の君のみは、大夫や侍従の兄のように別れを悲しく思うのではなく、別れに際にして子を思う筆者の親心を嬉しく思っている。　問七　(解答例)　あなたをこそ朝日と思って頼りにしています。朝日が霜を溶かして撫子を枯らさないかのように、どうか家に残る子どもたちから苦難を取り除いてください。

〈解説〉問一　cのみ連体修飾語を表し、a、bは主語を表す。　問二　①②の和歌は、息子に対して「代々に書きおかれける歌の草子ども」を送る際に添えたものである。　問三　藤原俊成、藤原定家、藤原為家と和歌の家系であることを考慮する必要がある。　問四　傍線部④の直前を参照すること。なお、古語「おとなし」は、いかにも大人らしいが一般的であり、現代語のように温和といった意味で用いるのはまれである。
問五　大夫が手習した所に筆者が書き加えたものに、更に侍従の兄が書き加えているのである。　問六　大夫や侍従の兄の和歌には「慕ふ」「涙」などのように、別れを惜しむ言葉が見られるが、阿闍梨の君の和歌のみには「嬉し」という言葉が見られる。　問七　和歌の直前にある通り、筆者は侍従、大夫の世話を頼んでいる。また、「なでしこ」は単に植物を意味するだけでなく、しばしば「撫でし子」、つまり撫でるようにかわいがっている子の意から、愛児を表す。

【五】問一　b　およそ　c　おおく　問二　a　(解答例)反語　d　(解答例)仮定
問三　毋レ下専ラ信ジ二一人ヲ一、而シテ失フコトヲ中其ノ都国ヲ上焉
問四　(解答例)ふくらはぎが大腿部よりも大きいと走りづらいように、臣下が多いと、君主は国を治めることが難しくなるということ。　問五　(解答例)君主が法と刑を信頼にたるだけ十分に運用すること。
問六　(解答例)古典作品の歴史的背景について、作品の理解に役立つ事柄を精選して取り上げるようにすること。
〈解説〉問一　c　「衆寡」という言葉があるように、「衆」は「寡」と対比される意味を持つ。　問二　a　「安」は「いずーくんぞ」と読み、疑問・反語を表す。　d　「苟」は「いやーしくも」と読み、仮定条件を表す。
問三　漢文では、動詞は下の目的語から返って読む。また「毋」は動詞の前に置かれ、「なーかれ」と読んで禁止を表す。　問四　傍線部②の後にある通り、筆者は臣下が多い場合の困難を述べている。　問五　傍線部③の直前にある通り、君主が法と刑をきちんと施すことで、「大虎」に変化が生まれると言っている。

問六　当該項目では、歴史的背景などに注意して古典を読み、その世界に親しむこと。および、古典の一節を引用するなどして、古典に関する簡単な文章を書くこと、が示されているので、該当する内容を示せばよいだろう。

【高等学校】

【一】問一　a　礼儀　b　粗(疎)雑　c　付(附)言　d　朗唱(誦)　e　修復　問二　(解答例)　共同体のリズムの波動が、個人の身体に対して、その全ての行動を暗黙のうちに指導しているということ。　問三　(解答例)　正しい習慣というものは、未熟でぎこちない習慣と、慣れすぎて惰性化した習慣の間にあり、どちらか一方が過剰になるとリズムが壊れるということ。　問四　(解答例)　習慣とは過去と現在を連続させる働きである一方、記憶とは過去と現在を区切る働きであるということ。　問五　(解答例)　記憶している「二二んが四」を改めて分解し、二かける二は四と認識するように、練習では無意識的な行動を再度意識しなおし、新たな行動を形成していかなければならないということ。

〈解説〉問二　共同体と個人の関係を捉えて考えるとよい。　問三　傍線部②中の「両者」を具体的に明示し、その関係を説明するとともに、「危うい」の意味についても補足する必要がある。　問四　傍線部③中に「といいかえてもよい」とあるので、本問では直前の内容を要約すればよい。　問五　筆者は記憶と習慣の対立で、どちらか一方を強調している訳ではなく、二項の関係の有り様を問題にしていることを踏まえて考えるとよい。

【二】問一　a　遠慮　c　浸(漬)　b　しゅんじゅん　d　せいれつ　問二　(解答例)　淳子は山登りを生きることと重ねており、山登りの意義を女の子に見つけてほしかったから。　問三　(解答例)　・女の子の心情の変化を表す効果。　・自然の雄大さを表す効果。　問四　（解答例）生きることは前に進みつづけてゆくことであり、変わるためには一歩踏み出すことが大事であること。　問五　（解答例）元々は人から「頑張れ」という言葉を押し付けられるのを至極嫌っていたが、がんを患いながらも山に登りつづける淳子に接して、主体的に頑張るようになった。　問六　発問・学習活動…（解答例）淳子が干し柿を女の子に渡した理由を本文中の表現から考えさせる。　指導上のねらい…（解答例）文章の読み取りが恣意的にならないように、文や文章、語句などから離れないようにすること。

〈解説〉問二　後文で淳子が山登りの意義を話していることから、女の子の問いかけに対する答えはすでにあることがわかる。また、後文で「答えを探して欲しかった」とあることもヒントになるだろう。　問三　傍線部②の直後で「女の子ははっと顔を上げた」とあるので、今まではうつむいていたと推測できる。そして、この一文を契機に自然の雄大さ等を描写する文章になることを踏まえて考えるとよい。　問四　傍線部③は、傍線部②の情景描写を経て、女の子に変化の契機があり、それを受けた内容となっている。そして、変化の理由は傍線部②の前にあることを踏まえて考えること。　問五　問題文前半にある「頑張れ」と最後にある「頑張ります」を、女の子を主体として比較すること。前半は受動的、後半は能動的に使われている。　問六　「国語総合」の「C 読むこと」の指導事項にある「ウ 文章に描かれた人物、情景、心情などを表現に即して読み味わうこと」を踏まえて考えることになる。淳子が干し柿を出したのはなぜか、といったことを考えさせるとよい。

【三】問一　a　立派な　b　かわいらしい　c　連れ　d　親しみやすく　問二　エ

問三　A　完了の助動詞「ぬ」の終止形　B　打消の助動詞「ず」の連体形　問四　X　ウ　Y　ア

問五　(解答例) 姫君の様子が、失踪した娘の幼い頃にとても似ていたので、そばを離れてほしくなかったから。　問六　Ⅰ　(解答例) ああ、若君と姫君を自分の孫たちだと思ったならば、どんなにうれしいだろう。
Ⅱ　(解答例) 三の君と、若君、姫君の両者にとって見苦しくないだろうになあ。
問七　(1)　(解答例) ・昨日大将からもらった小袿が、私の失踪した娘が幼い時に初めて着たものかということ　・それをどうして大将が持っていたのかということ。　(2)　(解答例) 老人の勘違いかもしれないが、真相が非常に気になっている心情。　問八　(解答例) 大納言が今でも失踪した姫君のことを恋しく思っていると、姫君は気が付いていたから。
〈解説〉問一　d「なつかし」は心がひかれる、親しみやすいといった意味だが、現在のように、過去に心がひかれるといった意味が出て来るのは、中世末からである。　問二　時刻には深夜〇時から順に十二支が割り振られている。酉は十二支の十番目である。　問三　完了の助動詞「ぬ」は上に連用形を、打消の助動詞「ず」は上に未然形を要する。　問四　Xの「たてまつる」は謙譲語なので動作対象への敬意を表す。この場面で敬意を表す必要があるのは大納言である。　問五　大納言の行動の理由は、直後に説明されるので、それを説明すればよい。　問六　Ⅰについては、実際には若宮と姫君は孫であるが、大納言にはその認識がないので反実仮想が用いられている。　問七　大納言の気がかりな点の一つは傍線部②の直前にある。そして、もう一つは大納言が家を出る前に考えていることを踏まえること。　問八　姫君と侍従は、大納言の孫娘への態度を見て、その心中を察していたのである。

【四】問一　a　えき(に)　b　のみ　c　ここをもって　問二　軍隊　問三　(解答例) 晋侯は、桓子が自死するのを許可しようと思った。　問四　於明　問五　(1)　(解答例) 困獣すら猶ほ闘ふ。況んや国相をや。　(2)　(解答例)　追い詰められた獣でさえ闘う。まして国同士ならなおさらのことである。
問六　(解答例)　楚は名臣・子玉を殺し、晉に被害をもたらすことがなくなったから。
問七　若レ之何殺レ之　問八　(解答例)　桓子が破れたのは一時的な珍しいことであり、再び桓子が勝利をもたらすことにはなんら変わらないということ。　問九　予想されるつまずき…(解答例)　漢文独自の句法を理解することができない。　具体的対応…(解答例)　漢和辞典の使い方を指導し、予習、また授業内での使用を促す。

〈解説〉問三　「欲」には、欲求を表すだけではなく、「……しようとする」といった意味もあることをおさえておこう。　問四　一般的に発言の終わりは「…ト」となっていること、士貞子の話の中に文公が登場することに注意しながら読むこと。　問五　「況」は「まして……はなおさらだ」という意味になる。この表現に伴って「猶」を訓読する際には、前の語に「すら」の意味を入れて読むこと。　問六　文公が楚に勝っても得臣がいるとして、憂色を示していたこと等を踏まえて考えるとよい。　問八　「日月之食」と「明」の対比を捉えることが大切である。「暗」と「明」の対比ではない。　問九　解答は「古典B」の指導事項には「ア　古典に用いられている語句の意味、用法及び文の構造を理解すること」を踏まえて作成している。他のつまずきも考えられるので、対応法とともに考えるとよい。

【五】問一　①　警鐘　②　継承　③　異議　④　意義　問二　①　芥川龍之介　②　ア
問三　①　じもく　②　しとみ　③　すびつ　④　こしばがき

〈解説〉問一　同音異義語については漢字と意味の混同に注意しながら、丁寧に学習すること。①「警鐘」は危険の予告、警戒のために鳴らす鐘のこと。②「継承」とは受け継ぐこと。③「異議」とは他人と異なった意見のこと。④「意義」とは意味・価値のことである。　問二　なお、イの「新感覚派」とは、大正末期から昭和初期にかけて興った文学の一流派であり、斬新な感覚と表現技術の工夫とに特色を持つ。横光利一、片岡鉄兵、川端康成らを言う。　問三　日本でもあまり使われなくなった言葉だが、語群にあるものは意味や読みをおさえておきたい。

二〇一八年度　実施問題

【中学校】

【一】次の問一～問六に答えよ。

問一　次の漢字の読み方を平仮名で書け。

①　漸次　②　呵責　③　敷設　④　詳らか

問二　次の片仮名部分を漢字で書け。

①　彼を委員長にスイセンする。

②　出掛けるのがオックウだ。

③　試合後の生徒をイロウする。

④　率先スイハン。

問三　次の語句の意味を書き、状況が分かるようにこの語句を使った短文を書け。

まんじりともしない

問四　次の片仮名部分を漢字に直し、故事成語の意味を書け。

瓜田にクツを納れず

問五　次の①、②の「ある」の文法上の違いについて、品詞名と意味を明らかにして書け。

①　明日は机の上にある書類を整理する。

② ある朝目覚めると、外は一面銀世界であった。

問六 「中学校学習指導要領(平成二十年三月告示)に関する次の(1)～(4)の問いについて、「中学校学習指導要領解説国語編(平成二十年九月文部科学省)」を踏まえて答えよ。

(1) 〔伝統的な言語文化と国語の特質に関する事項〕において書写の指導に配当する授業時数は、どのように示されているか、空欄に当てはまる適切な数字を書け。

・第1学年及び第2学年では年間〔　〕単位時間程度

・第3学年では年間〔　〕単位時間程度

(2) 第1学年「B書くこと」の指導事項「ア　日常生活の中から課題を決め、材料を集めながら自分の考えをまとめること。」を指導する際に、どのような文章を書くことが例として取り上げられているか書け。

(3) 第3学年「C読むこと」の指導事項「ウ　文章を読み比べるなどして、構成や展開、表現の仕方について評価すること。」を指導する際、あなたはどのような学習活動を通して指導するか、用いる題材等を明らかにして具体的に書け。

(4) 「第3　指導計画の作成と内容の取扱い」の1の(6)に「第1章総則の第1の2及び第3章道徳の第1に示す道徳教育の目標に基づき、道徳の時間などとの関連を考慮しながら、第3章道徳の第2に示す内容について、国語科の特質に応じて適切な指導をすること。」と示されているが、国語科の目標と道徳教育との関連性について説明せよ。

(☆☆☆◎◎◎)

【二】次の文章を読んで、あとの問一～問九に答えよ。

外村《とむら》は、新米のピアノの調律師である。今日は久しぶりに由仁《ゆに》と和音《かずね》のふたごが住んでいる佐倉家からの依頼があり、先輩の柳《やなぎ》と一緒に訪れた。

ふたごがどうして僕を呼んだのかわからないまま、a滞りなく進む柳さんの調律を見ていた。①端正な調律だった。ついてまわっているときはわからなかった。ひとりでやるようになってからあらためて見ると、一連の作業が非常に丁寧であることも、柳さんの手先がとても器用なことも、よくわかる。真似をしなくていい。②つくづく、見習い期間中にこの人に教わることができてよかったと思う。誰もがこんな調律ができるわけではない。でも、ひとつのお手本だ。

「終わりました」

ドアを開けて、柳さんが声をかける。すぐに奥さんとふたごが入ってきた。

「前と同じ状態に調律しておきました」

柳さんが簡単に説明すると、由仁は少し不服そうだった。

「あのう、私たちは前と同じじゃないですけど」

まっすぐに柳さんの目を見ながら言う。

「ピアノは同じにしておくほうがいいと思います。あなたたちが変わったのなら、きっと以前とは違う音色になります。それを確かめるのも大事なことだと思います」

由仁はわずかに首を傾けたまま黙っていたが、僕を見て言った。

「外村さんはどう思いますか」

僕がどう思うか聞きたくて呼んだわけではないと思うのに。しばらく由仁のまなざしを感じていたが、

「わかりません」

正直に答えると、視線が外されるのがわかった。

「弾いてもらわないと、わかりません。試しに弾いてみてもらえますか」

和音がうなずいた。

以前は、試しに弾くのも連弾だった。ピアノの前にふたりで並んですわっていたふたご。観る、などと言うと芸か何かのようだけれど、b ツヤのある黒い楽器の前に、ふたごが並んですわったとき、聴くよりもまず観るよろこびが胸の中で弾《はじ》けた。こんなにいいものを僕ひとりで観てしまっていいのか、という思い。どこかの音楽家によってあらかじめ書かれていた曲だとは思えないほど、ピアノから生まれてくるのは彼女たちの音楽だった。

由仁のピアノは魅力的だった。華やかで、c 縦横無尽に走る d 奔放さがあった。人生の明るいところ、楽しいところを際立たせるようなピアノ。対して、和音のピアノは静かだった。静かな、森の中にこんこんと湧き出る泉のような印象だ。これからどうなるのだろう。ふたりのピアノがひとりのピアノになって、それでも泉は泉でいられるのだろうか。

でも、和音がたったひとりでピアノの前にすわったとき、はっとした。背中が毅然としていた。白い指を e ケンバンに乗せ、静かな曲が始まった瞬間に、記憶も雑念も、どこかへ飛んでいってしまった。

音楽が始まる前からすでに音楽を聴いていた気がした。今このときにしか聴けない音楽。和音の今が込められている。でも、ずっと続いていた音楽。短い曲を弾く間に、何度も何度も波が来た。和音のピアノは世界と

つながる泉で、涸《か》れるどころか、誰も聴く人がいなかったとしてもずっと湧き出続けているのだった。

ピアノの向こう側に、和音を見つめる由仁の横顔があった。③頬が紅潮している。由仁は弾けなくなったのに、和音は弾く。耐えられるだろうか、と案じてしまったことが恥ずかしい。由仁こそ和音の泉を一番に信じていたのだろう。

短い曲が終わった。調律の具合を確かめるための軽い試し弾きかと思ったけれど、違った。和音の決意がはっきりと聞こえた。和音は椅子から立ち上がり、こちらに向かってきちんとお辞儀をした。

「ありがとうございました」

こちらこそ、と答える代わりに拍手をした。由仁も、奥さんも、柳さんも、拍手をしていた。

「心配かけてごめんなさい」

和音が言った。そうして、次の言葉を発するために息を吸い込んだときに、僕にはもう和音が何を言おうとしているのかわかってしまった。

「私、ピアノを始めることにした」

和音のピアノはもう始まっている。とっくの昔に始まっている。本人が気づいていなかっただけで。ピアノから離れることなんて、できるわけがなかった。

「ピアニストになりたい」

静かな声に、確かな意志が宿っていた。まるで和音のピアノの音色みたいに。由仁の頭がぴょこんと跳ねた。

「プロを目指すってことだよね」

晴れやかな声だった。うきうきと弾む声。和音はようやく表情を和らげてうなずいた。

「目指す」

「ピアノで食べていける人なんてひと握りの人だけよ」

奥さんが早口で言った。言ったそばから、自分の言葉など聞き流してほしいと思っているのがじんじん伝わってきた。ひと握りの人だけだからあきらめろだなんて、言ってはいけない。だけど、言わずにはいられない。そういう声だった。

「ピアノで食べていこうなんて思ってない」

和音は言った。

「④ピアノを食べて生きていくんだよ」

部屋にいる全員が息を飲んで和音を見た。和音の、静かに微笑んでいるような顔。でも、黒い瞳が輝いていた。きれいだ、と思った。

いつのまに和音はこんなに強くなったんだろう。ほれぼれと和音の顔を見る。きっと前からこの子の中にあったものが、由仁が弾けなくなったことで顕在化したのだと思う。そうだとしたら、悪いことばかりじゃない。

⑤由仁のことはとても残念だけれど。とても、とても残念だけれど。

（宮下奈都『羊と鋼の森』による）

問一　本文中のa、dの漢字部分は平仮名に、b、eの片仮名は漢字に、それぞれ直して書け。

a　滞り　b　ツヤ　d　奔放　e　ケンバン

問二　①端正な調律だったとあるが、これを例にならって、文法的に説明せよ。

（例）千秋公園で遊びます。

固有名詞「千秋公園」＋　格助詞「で」＋　バ行五段法用の動詞「遊ぶ」の連用形　＋　丁寧の助動詞

「ます」の終止形

問三　縦横無尽[c]　の意味を「自分の思いのまま」という意味に捉えたとき、これと同意で縦横無尽とは異なる漢字からなる四字熟語を答えよ。

問四　②つくづく、見習い期間中にこの人に教わることができてよかった　とあるが、外村がこのように思ったのはなぜか、答えよ。

問五　③頬が紅潮している　とあるが、それはなぜか、理由を書け。

問六　④ピアノを食べて生きていくんだよ　とあるが、この言葉に込められている和音の思いを説明せよ。

問七　⑤由仁のことはとても残念だけれど。とても、とても残念だけれど　とあるが、この言葉に込められた外村の思いについて、表現を根拠に具体的に説明せよ。

問八　この文章の表現上の特徴と効果を説明せよ。

問九　この文章を使って、「中学校学習指導要領(平成二十年三月告示)」の第3学年「C読むこと」の指導事項「オ　目的に応じて本や文章などを読み、知識を広げたり、自分の考えを深めたりすること。」を指導する際のねらいと、ねらいに即した学習活動について、「中学校学習指導要領解説国語編(平成二十年九月文部科学省)」を踏まえて具体的に説明せよ。

(☆☆☆◎◎◎)

【三】次の文章を読んで、あとの問一～問九に答えよ。

かつて私たちは、人間たちの時代経過のなかに、ひとつの歴史が貫かれていると教わった。しかしいま考えてみると、この歴史観は「中央[a]」あるいは「中心[b]」の成立によって誕生したのではないかと思われる。

たとえば『古事記』、『日本書紀』は古代王朝という「中央」が成立することによって書かれた歴史である。そしてこの「中央」にとっては、『古事記』、『日本書紀』は、「正史」として機能する。

「中央」の成立は、「中央」の「正史」を、すなわち「中央」が物語った歴史を成立させた。それは古代王朝の時代に限ったことではなく、どの時代にも成立する。いわばそれは「正史」としての「私史」である。

問題はこの「私史」がいつ「日本史」に変わったのかである。それは「中央」の「私史」が「国民の歴史」に変わったことを意味する。

「日本史」、あるいは「フランス史」とか「アメリカ史」のようなものであっても同じことなのだけれど、「国民の歴史」の成立は国民国家の形成と一対のものであった。「中央」史が国民の歴史に転ずるためには、歴史を共有した国民という擬制の誕生が必要であり、その国民が「中央」と結ばれた存在になることによって、中央史が国史、あるいは国民の歴史として機能するようになったのである。

そのとき多様に展開していた歴史は、統合史、統一史へと統合された。歴史はひとつのものになり、国民にとっての客観的事実とみなされるようになった。

そのとき歴史学は、客観的事実の中味をめぐって争った。「①本当の歴史」を、それぞれの視点から書こうとした。しかし、統合された歴史が誕生したという、そのことの意味を問おうとはしアなかった。

国民国家、すなわち人間を国民として一元的に統合していく国家は、国民の言語、国民の歴史、国民の文化、国民のスポーツといったさまざまなものを必要とした。求められたのは国民としての共有された世界である。そのひとつが国民の歴史であり、私たちにとっては日本史である。そして、だからこそその歴史は人間の歴史として書かれた。

かつてさまざまに展開していた「村の歴史」はそのような歴史ではイなかった。それは自然と人間が交錯するなかに展開する歴史であり、生者と死者が相互性をもって展開していく歴史であった。なぜなら「村」とは生きている人間の社会のことではなく、伝統的には、自然と人間の世界のことであり、生の空間と死の空間が重なり合うなかに展開する世界のことだからである。

ところで「中央の歴史」としての「国民の歴史」が書かれるようになると、その「歴史」には共通するひとつの性格が付与された。現在を過去の発展したかたちで描く、という性格である。

「中央の歴史」と「国民の歴史」をダブらせて共有させるためには、歴史は多少の問題はあっても、基本的には良い方向に動いているという、もうひとつの擬制を成立させる必要があった。過去よりは現在の方がマシだという感覚の共有があってこそ、「中央の歴史」、「国民の歴史」は肯定的な合理性を与えられるからである。

それは簡単な方法で達成される。現在の価値基準で過去を描けばよいのである。たとえば現在の社会には経済力、経済の発展という価値基準がある。この基準にしたがって過去を描けば、過去は経済力が低位な社会であり、停滞した社会としてとらえられる。あるいは今日の社会には、科学や技術の発展という価値基準がある。それを基準にするなら、過去はやはり低位な未発達の社会として描かれる。人権という今日の価値基準にしたがって過去を書いても同じことであろうし、市民社会の発展という価値基準から過去をとらえても同じことであろう。なぜなら過去の社会は、今日的な意味での経済力や科学、技術、人権、市民社会といったものに価値をみいださずに展開していたのだから、今日の基準から過去を考察すれば、みえてくるのは「遅れた社会」である。

こうして歴史は②無意識のうちにおこなわれる「悪意」によって書き直されるのである。ところが「私たち」にはこの歴史が正統な歴史のように感じられる。なぜなら「私たち」はその価値基準を共有していて、この価値基準を介して生まれた「実感」と書かれた歴史は合致するからである。

だが③この精神の展開は、現在の価値基準からはとらえられないものを、みえないものにしていく作用を伴う。たとえば自然との結びつきのなかに歴史が展開するというような歴史は、現在の価値基準からは「みえない歴史」に変わるし、生者と死者の相互的結びつきのなかに展開する歴史も同様である。cキツネにだまされながら形成されてきた歴史も、④過去の人々の微笑ましい物語にしかならないだろう。

（内山節『日本人はなぜキツネにだまされなくなったのか』による）

問一　本文中のa中央　b中心　の対義語をそれぞれ漢字で書け。

問二　本文中の〜〜〜線部ア・イの違いについて、文法的に説明せよ。

問三　cキツネにだまされながら　とあるが、「だまされないように用心すること」を表す慣用句を考えて書け。

問四　「国民の歴史」と「村の歴史」について、筆者はそれぞれどのように捉えているか。それぞれについての叙述の特徴にもふれながら、違いを説明せよ。

問五　①「本当の歴史」とあるが、具体的にはどういうことか、説明せよ。

問六　②無意識のうちにおこなわれる「悪意」とはどういうことか。本文中の言葉を用いて説明せよ。

問七　③この精神の展開　とは、具体的にどのようなことか、説明せよ。

問八　④過去の人々の微笑ましい物語にしかならないだろう　とあるが、この表現を用いた筆者の意図について説明せよ。

問九　本文のような種類の文章を用いて、「中学校学習指導要領（平成二十年三月告示）」の第3学年「C読むこと」の指導事項「エ　文章を読んで人間、社会、自然などについて考え、自分の意見をもつこと。」を、第2学年との指導内容の系統性を踏まえて指導するときに留意するべきことについて、「中学校学習指導要領解説国語編(平成二十年九月文部科学省)」を踏まえて、具体的に述べよ。

(☆☆☆◎◎◎)

【四】次のA、Bの文章を読んで、あとの問一～問七に答えよ。

A

むかし、惟喬《これたか》の親王《みこ》と申すみこおはしましけり。山崎のあなたに、*水無瀬《みなせ》といふ所に、宮ありけり。年ごとの桜の花ざかりには、その宮へなむおはしましける。その時、①右の馬の頭《かみ》なりける人を、常に率ておはしましけり。時世《ときよ》経て久しくなりにければ、その人の名忘れにけり。*狩は②ねむごろにもせで、酒をのみ飲みつつ、やまと歌にかかれりけり。いま狩する交野《かたの》の渚の家、その院の桜、ことにおもしろし。その木のもとにおりゐて、技を折りて、かざしにさして、かみ、なか、しも、みな歌よみけり。馬の頭なりける人のよめる。

　世の中にたえてさくらのなかりせば春の心はのどけからまし

となむよみたりける。また人の歌、

　散ればこそいとど桜はめでたけれ憂き世になにか久しかるべき

とて、その木のもとは立ちてかへるに日暮になりぬ。御供なる人、酒をもたせて、野よりいで来たり。この酒を飲みてむとて、よき所を求めゆくに、天の河といふ所にいたりぬ。親王に馬の頭、大御酒《おおみき》まゐる。親王ののたまひける、「交野を狩りて、天の河のほとりにいたる、を題にて、歌よみて盃はさせ」とのたまうければ、かの馬の頭よみて奉りける。

③狩りくらしたなばたつめに宿からむ天の河原にわれは来にけり

親王、歌をかへすがへす誦《ず》じたまうて、返しえしたまはず。紀《き》の有常《ありつね》、御供に仕うまつれり。それが返し、

④ひととせにひとたび来ます君待てば宿かす人もあらじとぞ思ふ

かへりて宮に入らせたまひぬ。夜ふくるまで酒飲み、物語して、あるじの親王、酔ひて入りたまひなむとす。十一日の月もかくれなむとすれば、かの馬の頭《はし》のよめる。

⑤あかなくにまだきも月のかくるか山の端にげて入れずもあらなむ

親王にかはりたてまつりて、紀の有常、

おしなべて峰もたひらになりななむ山の端なくは月も入らじを

B

むかし、水無瀬に通ひたまひし惟喬の親王、例の狩しにおはします供に、⑥馬の頭なるおきな仕うまつれり。日ごろ経て、宮*にかへりたまうけり。御おくりしてとくいなむと思ふに、大御酒たまひ、禄たまはむとて、つかはさざりけり。この馬の頭、心もとながりて、

枕とて草*ひきむすぶこともせじ秋の夜とだにたのまれなくに

とよみける。時は三月《やよひ》のつごもりなりけり。親王おほとのごもらで明かしたまうてけり。かくしつつまうで仕うまつりけるを、思ひのほかに、御ぐしおろしたまうてけり。正月《むつき》におがみたてまつらむとて、小野にまうでたるに、比叡《ひえ》の山のふもとなれば、雪いと高し。しひて御室《みむろ》にまうでておがみたてまつるに、⑦つれづれといともの悲しくておはしましければ、やや久しくさぶらひて、いにしへのことなど思ひいで聞えけり。*さてもさぶらひてしがなと思へど、おほやけごとどもありければ、えさぶらはで、夕暮にかへるとて、

忘れては夢かとぞ思ふおもひきや雪ふみわけて君を見むとは

とてなむ⑧泣く泣く来にける。

（『伊勢物語』による）

［注］

＊馬の頭……馬寮の長官
＊狩……………鷹狩り
＊宮……………京都の御殿
＊草ひきむすぶ…草を引き寄せて結ぶ旅寝
＊さても………そのまま

問一　①右の＊馬の頭《かみ》なりける人　と　⑥馬の頭なるおきな　は同一人物であり、『伊勢物語』の中に「むかし、男ありけり」としてたびたび登場する「男」とも同一人物であると考えられている。この人物名を漢字で書け。

問二　②ねむごろにもせで　の文法的な説明を(例)にならって書き、口語訳せよ。

(例)　かたはらを流れけり

名詞「かたはら」　＋　格助詞「を」　＋　ラ行下二段活用動詞「流る」の連用形　＋　助動詞「けり」の終止形

問三　④ひととせにひとたび来ます君待てば宿かす人もあらじとぞ思ふ　の和歌を、③の和歌の返歌であることを踏まえて口語訳せよ。

問四　⑤あかなくにまだきも月のかくるるか山の端《は》にげて入れずもあらなむ　の和歌にある「月のかくるる」

は、どのようなことをたとえたものと考えられるか、説明せよ。

問五 ⑦つれづれといともの悲しくておはしましければを、動作の主体を明確にして口語訳せよ。

問六 ⑧泣く泣く来にけるとあるが、なぜ「泣く泣く」なのか、Aの文章とBの文章のつながりを踏まえて説明せよ。

問七 この文章を中学校第2学年の国語の授業で扱うことを想定した次の(1)、(2)の問いについて、「中学校学習指導要領解説国語編(平成二十年九月文部科学省)」を踏まえて答えよ。

(1) 〔伝統的な言語文化と国語の特質に関する事項〕(1)「ア 伝統的な言語文化に関する事項」「(イ) 古典に表れたものの見方や考え方に触れ、登場人物や作者の思いなどを想像すること。」について指導する場合、留意すべきことを具体的に述べよ。

(2) Bの文章だけでなく、Aの文章を加えて両方を扱うことによる指導上の効果を述べよ。

(☆☆☆◎◎◎)

【五】次の文章を読んで、あとの問一～問六に答えよ。なお、本文には新字体を用いた漢字と、設問の都合により訓点を省いた部分がある。

古[a]之學《ブ》者《ニハ》必《ズ》有《リ》レ師。師者所二以傳《ヘ》レ道《ヲ》受《ケ》レ業《ヲ》[b]解《ク》一レ惑《ヲ》也。人《ハ》非《ズ》二生《マレナガラニシテ》而知《ル》レ之《ヲ》者《ニ》一。孰[c]能《ク》無《カラン》レ惑。惑《ウテ》而不《レバ》レ從《ハ》レ師《ニ》、其《ノ》爲《ル》レ惑也、終《ニ》不《ルナリ》レ解《ケ》矣。生《マレテ》二乎吾《ガ》前《ニ》一、其《ノ》聞《ク》レ道《ヲ》也、固[d]先《ナラバ》二乎吾《ヨリ》一、吾從《ツテ》而師《トセン》レ之《ヲ》。生《マレテ》二乎吾《ガ》後《ニ》一、其《ノ》聞《ク》レ道《ヲ》也、亦先《ナラバ》二乎吾《ヨリ》一、吾従《ツテ》而師《トセン》レ之《ヲ》。吾《ハ》師《トスル》レ道《ヲ》也。夫《レ》庸《ゾ》知《ラン》三其《ノ》年之先二後-生《ナルヲ》於吾《ヨリ》一乎。是《ノ》故《ニ》無《ク》レ貴《ト》無《ク》レ賤《ト》、無《ク》レ長《ト》無《ク》レ少《ト》、道之所《ハ》レ存《スル》、師之所レ存《スル》也。

嗟乎、師道之不《ル》レ傳《ハラ》也久《シ》矣。欲人之無惑也難矣。古之聖人《ハ》、其《ノ》出《ツル》レ人《ニ》也遠《シ》矣。猶且従《ツテ》レ師《ニ》而問《フ》焉。今之衆人《ハ》、其《ノ》下《ル》二聖人《ニ》一也亦遠《シ》矣。而恥《ヅ》レ學《ブコトヲ》二於師《ニ》一。是《ノ》故《ニ》聖《ハ》益《ますます》聖《ニシテ》、愚《ハ》益《ますます》愚《ナリ》。聖人之所二以《ハ》爲《ル》一レ聖、愚人之所二以《ハ》爲《ル》一レ愚、其《レ》皆出《ツル》二於此《ニ》一乎。

（韓愈『師説』による）

問一　a古　e嗟乎　g猶且　の本文における読みを平仮名(現代仮名遣い)で書け。ただし、送り仮名が必要な場合は送り仮名も書くこと。

問二　c孰　d固　の本文での意味を書け。

問三　b業　の本文での意味を、「業」を用いた漢字二字の熟語で書け。

問四　f欲 人 之 無 惑 也 難 矣　について、次の書き下し文となるように、白文に訓点を施せ。

(書き下し文)　人の惑ふこと無からんと欲するや難し

問五　韓愈が考える師の条件とはどういうことか。次の A 、 B に適切な言葉を入れ、説明を完成させよ。

韓愈が考える師の条件は、［ A ］が重要ではなく、［ B ］。

問六　韓愈がこの文章を書いた理由について、本文の内容から読み取れる当時の世相を踏まえて説明せよ。

（☆☆☆◎◎◎）

【高等学校】

【一】次の文章を読んで、問一から問七に答えよ。

監視装置としての①パノプティコンの根本的な特徴は、次の諸点に要約できるだろう。第一に、慎重な光学的な配慮のゆえに、監視する者の身体は従属者の側からすると、まったく見ることができない。監視者の身体がこのように不可視化されたために、それは、場合によっては、まったく省略することができる。つまり、ときには監視者が塔にいなくてもよい。したがって、第二に、この装置を通じて、独房に収められた者に対する、完全に途切れることのない監視が実現される。収監された者は、原理的に監視の外に逃れることができないのだ。

監獄に閉じ込められるのは、犯罪者などごく一部の特殊な人なのだから、こんな建築物に具体化された権力など、大多数の者には関係がない、と思われるかもしれない。しかし、もちろん、そんなことはない。重要なのは建築そのものではない。建築が強制するような関係が、それの適切なaケイショウ化であるような、恒常的な権力の様式を、一般的な水準で捉え直さなくてはならない。そう考えれば、パノプティコン型の監視は、近代社会の至る所にあり、ほとんどのすべての人が体験していることがわかる。たとえば、学校における、教師と生徒の関係がその典型である。特に試験のことを思うとよい。物理的な壁こそないが、一人ひとりの生徒は、見えない独房に入れられ、常時、監視されている。

このような監視が、どのように、個人を主体として成形するのか。パノプティコン的な監視の最も重要な特徴は二つある。第一に、個人が完全に他者から分離され孤立させられること。第二に、監視が途切れることなく継続的なものになること。この二条件が満たされているとき、監視された個人に対して、次のような効果が生まれる。A・ド・トクヴィルの言葉を借りよう。「孤立状態に投げこまれると受刑者は反省する。自分の犯罪にただひとりで直面すると、その犯罪を憎むことを学ぶのであって、その魂が悪によってまだ無感覚になっていなければ、いずれ後悔がその魂を襲うようになるのは孤立状態においてである」（フーコー　一九七七、二三六頁）。

つまり、このような監視によって実現される権力、つまり②規律訓練型の権力のもとで、個人は不断の反省を強いられる。次のように、である。まず、権力とともに発効している規範がある。個人の任意の行為と体験に関して、その規範に照らしてbダトウだったのか、それとも不適切だったのか。このことをその当の個人は、不断に対自化し、反省せざるをえなくなるのだ。

規範の選択性の帰属先となっている仮想的な身体を、「第三者の審級」と呼ぶ。人々は、（規範的に）望ましい行為を選択しようとする。その際、どの視点から見たとき、その行為が望ましい（あるいは望ましくない）ものとして現れるのか、つまり、どの視点を前提にして、行為の望ましさが判断されているのか、という問題がある。その規範的な判断が前提にしている視点が所属している超越的な身体が、第三者の審級である。第三者の審級は、私に対して、何ごとかを欲しているものとして現れる。③神は第三者の審級の典型だが、第三者の審級は、規範が発効するための論理的な前提条件なので、（狭義の）神には限らない。このcガイネンを用いるならば、パノプティコンでは、もちろん、不可視の監視者が第三者の審級として機能している。

パノプティコンにあっては、監視者が(監視される者にとって)不可視であるがゆえに、恒常的な監視が可能になっている。つまり、規律訓練型の権力とは、第三者の審級が、(可視的・可感的な実体性をもたないという意味で)抽象的であることによって、遍在性(いつでもどこでも監視している)をdカクトクしたときに出現する、権力の様態である。このとき—先に述べたように—個人は不断の自己反省を強いられる。

その際、個人が行ったこと、考えたこと、欲したことが正しかったどうかを判定する規準を与える第三者の審級は、抽象化されていて、外的な実在性をもたない。つまり、抽象化された第三者の審級は、これに従属する個人の外には、実在のための場をもたない。それは、従属する個人とともに、その個人のすぐ脇に存在している。第三者の審級と個人の身体との距離は、eキョクゲンにまで縮まり、ついには無化されてしまうだろう。こうして、④抽象化された第三者の審級は、個人の〈内面〉に完全に収容されてしまう。「反省する超越論的審級／反省される内在的審級」が、個人の(内面)の二つの契機となるのだ。主体化された個人とは、これである。

諸個人がそれぞれ純粋に自己利益を追求したとき、結果として、社会の全体としての善が、公共的な利益がもたらされる。このように主張されるとき、前提とされている個人とは、ここに述べてきたようなプロセスを経て構成された主体である。

以上のメカニズムにおいて、第三者の審級の抽象性が、決定的な働きをしていることがわかる。だから、ここで⑤「抽象性」という存在の様相について、考察しておく必要がある。ここでの抽象性とは、「可能性」ということが、現実的存在以上に、現実に対して効果をもっている状態である、と定義することができる。可能であることによって、言わば、現実以上に現実的なのだ。

(大澤真幸『〈民主主義を超える民主主義〉に向けて』より)

問一　ａケイショウ　ｂダトウ　ｃガイネン　ｄカクトク　ｅキョクゲン　について、傍線部を漢字に直せ。
問二　①パノプティコンの根本的な特徴　とあるが、どのような特徴があるか、書け。
問三　②規律訓練型の権力のもとで、個人は不断の反省を強いられる　とあるが、どういうことか、書け。
問四　③神は第三者の審級の典型　とあるが、そういえるのはなぜか、その理由を書け。
問五　④抽象化された第三者の審級は、個人の〈内面〉に完全に収容されてしまう　とあるが、どういうことか、書け。
問六　⑤「抽象性」という存在の様相　とあるが、どういうことか、書け。
問七　高等学校学習指導要領解説国語編(平成二十二年六月文部科学省)の『現代文B』　3　内容(2)言語活動例イには、「書き手の考えや、その展開の仕方などについて意見を書く言語活動」とあるが、実際の授業でこのような言語活動を行う場合、どのような点に留意して指導するか、具体的に書け。

(☆☆☆◎◎◎)

【二】次の文章を読んで、問一から問八に答えよ。

馬締光也《まじめみつや》は辞書の編集の仕事をしている。馬締は下宿先の大家の孫である林《はやし》香具矢《かぐや》に密かに思いを寄せている。ある日、香具矢に誘われて馬締は遊園地に出かけることになった。

日曜日の遊園地は、家族連れやカップルでにぎわっていた。ヒーローショーのアナウンスが流れ、ジェットコースターが轟音《ごうおん》とともに頭上を通りすぎる。

日はまだまだ高い。遊園地に来るのは小学生のとき以来で、馬締は落ち着かない気分であたりを見まわした。

「最近のジェットコースターは、大きさもひねりも、たいそうなものなんですね。恐そうだな」

「※おばあちゃん、私たちに気をつかったみたいだと思わない？」

噛みあわない。馬締は香具矢を見た。香具矢も馬締を見上げていた。黒い目が、意志となんらかの感情を宿して輝いている。馬締は胸が苦しくなり、なにか言わねばと思ったけれど、どんな大きな辞書を調べても、ふさわしい言葉には行きあえそうもなかった。

「なにに乗りますか」

視線をそらし、馬締は言った。はぐらかされたと感じたのか、①香具矢が小さくため息をついた気がした。

「あれ」

香具矢が指したのはメリーゴーラウンドだった。派手な色合いの馬に乗るのは恥ずかしかったが、ジェットコースターよりはましだ。ひっきりなしに降ってくる絶叫に怖《お》じ気《け》をふるっていた馬締は、②すぐにうなずいた。

馬締と香具矢は、メリーゴーラウンドに三回乗り、合間に園内を③そぞろ歩いた。さして言葉を交わすでもなかったが、気詰まりな感じはしなかった。むしろ、穏やかな気分だ。ベンチに腰掛けた馬締は、香具矢の横顔をうかがった。香具矢も、同じように感じているらしかった。幼い兄弟が両親の手を引っ張り、大きなトランポリンのぼうへ歩いていくのを、サンドイッチをa咀嚼しながら眺めている。

「香具矢さんは、ご兄弟はいますか」

「兄が一人。結婚して、いまは福岡でサラリーマンやってる」

「俺の両親も転勤で福岡に行って、もう長いですよ」

「兄弟はいる？」

「いえ、一人っ子です。親とも年に一度会えばいいほうですね」

「大人になると、そんなもんだよね」

　そこから二人は、それぞれの家族が福岡のどのあたりに住んでいるか、福岡に行ったらなにを食べるのがいいか、おみやげの明太子はどの会社のものがおいしいか、などを語りあった。わりとすぐに話題が尽き、黙った。
　④遊具が作動する音。悲鳴とも歓声ともつかぬ叫び。陽気な音楽。
「あれに乗ろう」

　香具矢は馬締の肘《ひじ》を軽くつかみ、巨大な観覧車へとうながした。香具矢の指はすぐに離れてしまったが、馬締の肘はいつまでもいつまでも、細い指先の感触とやわらかな圧力を覚えていた。

　観覧車は最新式で、中心部分には放射状の支柱がひとつもなかった。外縁だけの大きな輪が、中空に佇立《ちょりつ》しているように見える。

　香具矢が選ぶのは、ゆっくりした動きの遊具ばかりだった。絶叫系が苦手なのか、いかにも絶叫系が苦手そうな馬締を b慮ってくれたのか、どちらなのかわからない。並ぶことなく小さな箱に乗りこんだ二人は、次第にひらけていく空と、足もとに広がる街並を眺めた。

「観覧車を発明したのって、だれなんだろう」

　香具矢は窓の外に視線をやったまま言った。「楽しいけど、少しさびしい乗り物だといつも思う」

　馬締も、ちょうど⑤そう感じていたところだった。こんなに狭い空間に一緒にいるのに、いや、狭い空間にいるからこそなおさらに、触れあえず覗きこめない部分があることを痛感させられる。地上から離れて二人きりになっても、一人と一人だ。同じ景色を見て、同じ空気をわけあっても、融《と》けて交わることはない。

「板前をやってると、たまに、観覧車に乗ってるのと同じ気分になる」

香具矢は窓辺に肘を引っかけ、窓ガラスぎりぎりまで頬を寄せた。

「なぜですか？」

「どんなにおいしい料理を作っても、一周まわって出ていくだけ」

「なるほど」

観覧車を食物のcセッシュと排泄にたとえるとは、変わったひとだ。香具矢の言うむなしさやさびしさは、辞書づくりにも通じることだとも思った。

どれだけ言葉を集めても、解釈し定義づけをしても、辞書に本当の意味での完成はない。一冊の辞書にまとめることができたと思った瞬間に、再び言葉は捕獲できない蠢《うごめ》きとなって、すり抜け、形を変えていってしまう。辞書づくりに携わったものたちの労力と情熱を軽やかに笑い飛ばし、もう一度ちゃんとつかまえてごらんと挑発するかのように。

馬締にできるのはただ、言葉の終わりなき運動、膨大な熱量の、一瞬のありさまをより正確にすくいとり、文字で記すことだけだ。

食べても食べても、生きていれば必ず空腹を感じるのと同じく、捕らえても捕らえても、⑥まるで実体のないもののように言葉は虚空へ霧散していく。

「それでも香具矢さんは、板前という仕事を選ぶのでしょう？」

永遠に持続する満腹がなくとも、おいしい料理を食べたいと願うひとがいるかぎり、香具矢さんは腕を振るいつづける。カンペキな辞書を作ることはだれにもできないとわかっていても、言葉を使って思いを伝えようとするひとがいるかぎり、俺は全力でこの仕事を為し遂げてみせる。

「そうだね、やっぱり選んじゃうと思う」

香具矢はうなずいた。「好きだから」

馬締は、夕暮れの色に変わりつつある空を眺めた。二人を乗せた小さな箱は、頂点を過ぎ、地上を指して徐々に下降しはじめた。

もうすぐもとの場所に戻る。

「俺、遊園地の乗り物のなかで、観覧車が一番好きです」

少しさびしいけれど、静かに持続するエネルギーを秘めた遊具だから。

「私も」

馬締と香具矢は、⑦共犯者のように微笑みあった。

（三浦しをん『舟を編む』より）

※おばあちゃん…香具矢の祖母。馬締の大家でもある。

問一　a咀嚼　b慮って　について、傍線部の読みを書き、cセッシュ　dカンペキ　について、傍線部を漢字に直せ。

問二　①香具矢が小さくため息をついた気がした　とあるが、なぜ馬締はこのように感じたのか、理由を書け。

問三　②すぐにうなずいた　とあるが、なぜか、その理由を二点に分けて書け。

問四　③そぞろ歩いた　の意味を簡潔に書け。

問五　④遊具が作動する音。悲鳴とも歓声ともつかぬ叫び。陽気な音楽　に見られる表現上の特徴と効果を書け。

問六　⑤そう感じていたところだった　とあるが、馬締が感じていた内容を具体的に書け。

問七　⑥まるで実体のないもののように言葉は虚空へ霧散していく　とあるが、馬締は「言葉」をどういうものであると捉えているか書け。

問八　⑦共犯者のように微笑みあった　とあるが、

(1) 二人のどういう様子をたとえているか書け。

(2) 二人はどのような点で「共犯」といえるか書け。

(☆☆☆◎◎◎)

【三】次の文章は、『狭衣物語』の一節である。主人公(狭衣)は、妹同然に育てられた「宮」に思いを寄せている。本文は、狭衣が「宮」の部屋で、「宮」に声を掛ける場面から始まる。これを読んで、問一から問八に答えよ。

「いと暑きに、いかなる御書《おほんふみ》御覧ずるぞ」と聞こえたまへば、「斎院※より絵ども賜はせたる」とて、隈《くま》なき日のけしきには、はなばなとにほひ満ちたまへる御顔に見合せたてまつりたまひて、まばゆげに思して、この御書に紛らはしたまふ御もてなし、まみ、額髪《ひたひがみ》のかかり、つらつきなど、言ひ知らずめでたし。例の、涙も落ちぬべきに、紛らはしに①絵どもを取り寄せて見たまへば、②在五中将の日記《にき》をいとめでたう書きたるなりけりと見るに、aあぢきなく、一つ心なる人に向ひたる心地して、目留まるところに忍びあへで、「これはいかが御覧ずる」とて、さし寄せたまふままに、

よしさらば昔の跡を尋ね見よ我のみ惑ふ恋の道かは

ともえ言ひやらず、涙のほろほろとこぼるるを、あやしと思す。御手をさへ取りて、袖の柵《しがらみ》堰《せ》きやらぬけしきなるに、宮、いと恐ろしうなりたまひて、とらへたまへる腕《かひな》に b やがてうつぶし伏したまへるけはひ、いといみじう恐ろしと思したるも、ただうち見たてまつるよりも、※近《ちか》まさりはいま少し類《たぐひ》なくおぼえたまふに、心もいとど惑ひはてて、ここら思ひ忍びつる心の中をも御覧じはてては、c なかなか心騒ぎのみして、そのA 片端《かたはし》をだに言ひ尽すべうもなければ、ただ涙におぼれて、

③「いはけなくものせさせたまひしより、※心ざしことに思ひきこえさせて、ここらの年月積りぬるは、あまり知らせたまはざらんも誰も後の世までうしろめたうもなりぬべければ、いとかう世に知らぬ物思ふ人もありけりとばかりを、心得させたまへかし」とてなん。

④かくばかり思ひ焦がれて年経《ふ》やと室《むろ》の八島《やしま》の煙《けぶり》にも問へ

まことに堰《せ》きかねたまへるけしきのわりなきを、宮はあさましう、恐ろしき夢におそはるる心地せさせたまへば、「むげに、知らざらん人のやうに、うとましう思しめしたるにこそ心憂けれ。よし御覧ぜよ。身は d いたづらになりはべるとも、あるまじき心ばへとは、よも御覧ぜられじ。※殿や宮などの一方《ひとかた》ならず思し嘆かんも、御心の中、みなこの年月思ひたまへ知りたれば、遂には、世にかやうにても見えまゐらせじ。B かかる心ありけり、と世に侍らん限りは、これよりうとうとしく思しめし変るな。かかる心を思し知りて、年月よりもあはれを添へて思しめさんぞ、身のいたづらにならん代りには、この世の思ひ出でにしはべるべきと、今は限りと思すとも、思しめしつる年頃に変る心はよも見えまゐらせじぞ。心の中、げにいかに苦しかりつらん、と思し知るや、いかに」とのたまへど、恐ろしうわびし、と思したるより外事《ほかごと》なきに、人近く参れば、絵に紛らはして少し居《ゐ》退《の》きたまふ。顔のけしきもいかがと思せば、立ち退きたまひぬ。

※斎院…今上帝の第一皇女
※近まさり…離れて見ているよりも、近づいて見る方が優れて見えること
※心ざし…愛情や厚意
※殿や宮…宮の父殿と母宮

問一　a あぢきなく　b やがて　c なかなか　d いたづらになり　の本文における意味を書け。
問二　②在五中将の日記　は、ある歌物語の別名として知られている。その作品名を漢字で書け。
問三　たまへ　について、(1)活用の種類を書け。(2)「たまふ」が謙譲の補助動詞として使われる場合の特徴を二つ書け。ただし、活用の種類を除く。
問四　①絵どもを取り寄せて見たまへば　とあるが、狭衣は何のためにこのように振る舞ったのか書け。
問五　(1) A片端をだに言ひ尽すべうもなければ　について、副助詞「だに」に留意しながら、言葉を補って口語訳を書け。
　(2) Bかかる心　とは、どのような心か。「かかる」の内容を明らかにして書け。
問六　③いはけなくものせさせたまひし　とあるが、誰のどのような様子かが分かるように口語訳を書け。
問七　④かくばかり思ひ焦がれて年経やと室の八島の煙にも問へ　とあるが、
(1) 和歌に用いられている修辞について、次のように板書で示すとき、空欄ア、イ、ウには適する語句を書け。また、空欄エ、オには和歌の中から適する語句を抜き書きせよ。

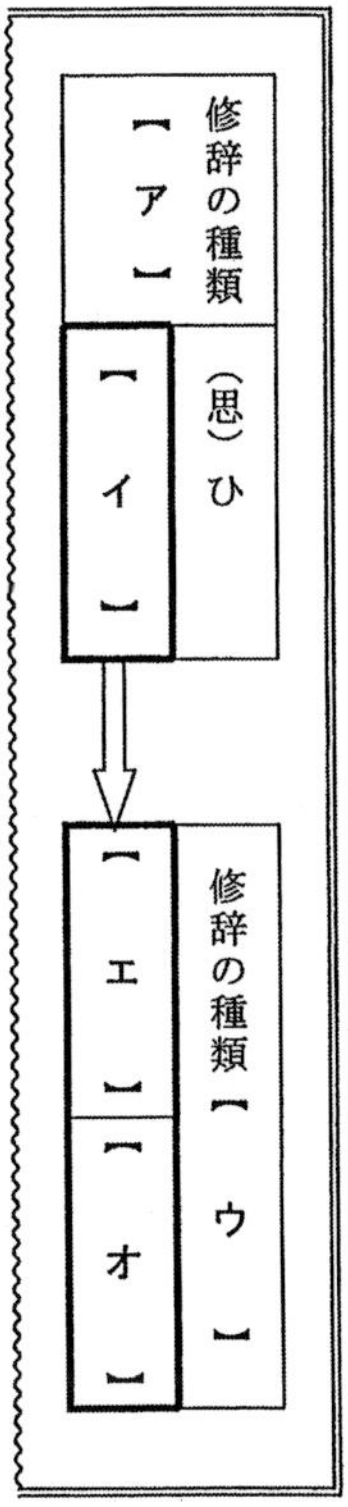

(2) この和歌を詠み掛けられた後、「宮」はどのような心理状態になったか書け。

問八　古典Aの授業でこの文章を扱うとき、すれ違う狭衣と「宮」のそれぞれの心情を深めるために、どのような言語活動を設定するか、言語活動の内容と設定した理由をそれぞれ具体的に書け。

（☆☆☆◎◎◎）

【四】次の文章を読んで、問一から問八に答えよ。（本文は設問の関係から訓点を省いたところがある。また、新字体に改めたところがある。）

楚人《ニ》有二《リ》直躬一《トイフモノ》、其《ノ》父窃レ《ぬすミ》羊《ヲ》、而《シテ》謁二《つグ》之《ヲ》吏一《ニ》。*令尹曰《ク》、①「殺レ《セト》之《ヲ》。」a以為直二《ナレドモ》於君一《ニ》、而曲二《ナリト》於父一《ニ》。報《ジテ》而罪レ《セリ》之《ヲ》。以レ《テ》是《ヲ》観レ《レバ》之《ヲ》、②夫《ノ》君之直臣《ハ》、父之暴子也。魯人従レ《ヒテ》君《ニ》戦《ヒ》、三《タビ》戦《ヒテ》三《タビ》北《グ》b。A仲尼問二《フ》其《ノ》故一《ヲ》。対曰《ハク》、「吾《ニ》有二《リ》老父一、身死《セバ》莫二《カラムト》之《ヲ》養一《フモノ》也。」仲尼以《テ》為レ《シ》孝《ト》、挙《ゲテ》而上レ《セリ》之《ヲ》。以レ《テ》是《ヲ》観レ《レバ》之《ヲ》、③夫《ノ》父之孝子《ハ》、君之背臣也。故《ニ》令尹誅《シテ》而楚*姦不二上聞一《セ》、仲尼賞《シテ》而魯民易二《かろンズ》降北一《ヲ》。

上下之利、若レ是其《レ》異也。而人主兼《ネテ》挙《ゲテ》二匹夫之行一《ヲ》、而求《モ》レ致《ム》二社稷《サンコトヲ》之福一《ヲ》、必《ズ》不レ幾《セラレ》矣。

古者*蒼頡之作《ル》レ書《ヲ》也、自《ラ》営《スル》者謂《二》之《ヲ》私一《ト》、背《ク》レ私《ニ》謂二之《ヲ》公一《ト》。公私之相背《ク》也、乃蒼頡固以《スデニ》知《ル》レ之《ヲ》矣。今以《テ》為《スハ》レ同《ジクスト》レ利《ヲ》者、不《ル》レ察《セ》之患也。然則為《ニ》二匹夫一《ノ》計《ルニ》者、莫如修仁義、而習文学。行義修《マリテ》則見レ信《ゼ》。見レ信《ゼ》則《チ》受《ク》レ事《ヲ》。文学習《ヒテ》則《チ》為《ル》二明師一《ト》。為《リテ》二明師一《ト》則顕栄《ナリ》。此《レ》匹夫之美也。然則無《クシテ》レ功而受《ケ》レ事《ヲ》、無《クシテ》レ爵而顕栄《ナリ》。為《ス》レ政《ヲ》有《ラバ》レ如《キ》レ此《ノ》、則国必《ズ》乱《レ》、主必《ズ》危《フカラン》矣。

（『韓非子』による）

※令尹…楚の首相　※姦…罪悪　※蒼頡…黄帝の史官で文字を創造したという伝説上の人物

問一　a以為　b北　c若是　d固　e然則　f見　の本文における読みを現代仮名遣いで書け。ただし必要に応じて送り仮名を適切に補って書くこと。

問二　①殺之　とあるが、「之」は誰をさしているか、本文から抜き書きさせよ。

問三　②夫君之直臣、父之暴子也　と言えるのはなぜか、理由を書け。

問四　③魯民易降北　とあるが、「魯民」がこのように考えるようになったのはなぜか、理由を書け。

問五　④莫如修仁義、而習文学　を、「仁義を修め、文学を習ふに如くは莫し」と訓読できるように、返り点を施せ（送り仮名は書かないこと）。

問六　仲尼　という人物について説明した次の文章の空欄に適語を書け。

春秋時代、魯の国の人。仁・礼を説いた（　1　）家の祖である（　2　）のこと。仲尼は彼の字《あざな》である。（　3　）主義の政治を主張。弟子とともに諸国を遊説した。その言動は彼の死後、彼の教えを受けた弟子たちによって『（　4　）』にまとめられた。

問七　社稷　について、次の問いに答えよ。

(1)　意味を書け。

(2)　本文において「社稷」と対比して用いられる語を漢字二字で抜き書きせよ。

問八　⑤国必乱、主必危矣　とあるが、なぜそのように言えるのか。「公」と「私」の二語を必ず用いて、理由を書け。

（☆☆☆◎◎◎）

【五】次の問一から問三に答えよ。

問一　次の空欄に漢字一字で適語を書け。

『新古今集』所収の次の歌を、三（　　）の歌という。

寂しさはその色としもなかりけり槇立つ山の秋の夕暮れ（寂蓮）
心なき身にもあはれは知られけり鴫立つ沢の秋の夕暮れ（西行）
見渡せば花も紅葉もなかりけり浦の苫屋の秋の夕暮れ（定家）

問二　次の空欄に漢字一字で適語を書き、四字熟語又は慣用表現を完成させよ。
① 危機一（　）…きわめてあぶなくさし迫った状態。
② 六日の菖蒲、十日の（　）…時季に遅れて役に立たないもののたとえ。
③ 一（　）帯水…一筋の帯のように狭い川。転じて、二つのものの間が非常に近いこと。
④ 一陽（　）復…陰が尽き陽になる冬至のことから、苦難の後に幸福・良事がくること。

問三　次に挙げる作品名と作者名を、例に従って正しく組み合わせて記号を書け。なお、正しい組み合わせは「例」以外に五組あるが、解答の順序は問わない。

作品名

a　奥の細道	b　土佐日記	c　玉勝間	d　日本永代蔵	e　蜻蛉日記	f　雨月物語
g　戯作三昧	h　斜陽	i　山の音	j　高野聖	k　春と修羅	

作者名

ア　松尾芭蕉	イ　菅原孝標女	ウ　本居宣長	エ　紀貫之	オ　宮沢賢治
カ　川端康成	キ　阿仏尼	ク　太宰治	ケ　志賀直哉	コ　島崎藤村
サ　田山花袋				

例

作品名…a　作者名…ア

（☆☆☆◎◎◎）

解答・解説

【中学校】

【一】問一　①　ぜんじ　②　かしゃく　③　ふせつ　④　つまび(らか)　問二　①　推薦　②　億劫　③　慰労　④　垂範　問三　意味…一睡もしない　短文…床に入ってもまんじりともしないで、合格発表の朝を迎えた。　問四　漢字…履　意味…疑いをかけられるような行為はしないほうがよい。
問五　①の「ある」は、動詞で「置いてある」の意。②の「ある」は、連体詞で特定させずに用いる。
問六　(1)　第1学年及び第2学年…年間〔20〕単位時間程度　第3学年…年間〔10〕単位時間程度
(2)　日常生活の中の課題の何について、だれに向けて、何のために書くのかを具体的な文章にすること。例えば、本、新聞、雑誌、テレビなどを活用し、芸術的な作品を鑑賞したことや行事等の案内や報告、図表を用いて説明や記録等が取り上げられている。　(3)　教科書に限らず、新聞や広告、パンフレットやポスター等の様々な形態の文章を読み比べ、文章の形式についての特徴や効果などについて評価する活動を行う。
(4)　国語科の目標は、国語による表現力と理解力を育成し、人間と人間との関係で互いの立場や考えを尊重しながら、言葉で伝え合う力を高めることを示している。このことは学校の教育活動全体で道徳教育を推進する基盤となる。さらに、思考力や判断力を養うことは道徳的判断力の基本となり、国語を尊重する態度は、我が国の伝統文化尊重の態度や我が国と郷土を愛する精神の育成につながる。
〈解説〉問一　①～④は、いずれも読み違いが多い漢字である。①「だんだん。しだいに。」の意。②「厳しくとがめてしかること。」の意。良心の呵責などと使う。③「(水道・ガス管・鉄道などを)しくこと、設けること。」の意。④「詳しく明らかなこと。」の意。　問二「薦」、「億」、「慰」は字形や偏に注意して書くこと。　問三　「まんじりと」で「ちょっと眠る」の意である。否定表現を伴って「一睡もしない。少しも眠らない。」という意味で使われることが多い。　問四　「瓜田に履を納れず」は「李下に冠を正さず」と対句の故事成語である。「瓜畑を通っているときは、靴が脱げても瓜を盗むと思われるといけないから、うつむいて靴を履き直すことをしない。」また、「李(すもも)の木の下で手をあげて冠のまがっているのを正すと、李を盗むと疑われるので、そうした行為をしない。」である。ここから転じて、人から嫌疑をかけられやすい行為はすべきではない、というたとえ。　問五　「ある」の識別。連体詞は活用しない連体修飾語。連体修飾語というと「『…の』の形」の「この・本」「その本」「あの・本」「どの・本」があるが、それ以外に、「ある・朝」や「あらゆる・国」「きたる・8月」など「『…る』の形」がある。　問六　(1)「書写」の配当時数について、第1学年と第2学年の年間の配当時数は同程度で、二年間を見通した系統的で計画的な指導が行いやすくなっている。　(2)「日常生活の中の課題」には、日常生活で体験したこと、他教科で学習したこと、芸術鑑賞、友人や家族から聞いたこと、などがある。この課題を明確にするためには、何について、だれに向けて、何のために書くのか、を具体化する必要がある。課題が決まったら、それに対して材料を集めながら自分の考えをまとめることになる。材料収集には、本、新聞や雑誌、テレビ、コンピュータや情報通信ネットワークなどの活用が考えられる。「中学校学習指導要領解説　国語編　第3章　第1節　「B書くこと」(2)②言語活動例」などを参照。　(3)　第3学年の「C読むこと」の指導事項のウは、「文章の構成や展開、表現の仕方」等、主として文章の形式について評価する指導事項である。一つの文章では気が付かなくても、複数の文章を比較しながら読むことによって構成や展開、表現の仕方等の違いが分かってくることがある。そのことを通して、様々な文章の形式、特徴、効果などについて評価することが必要である。その対象として、新聞や広告、パンフレットやポスター等が考えられる。　(4)　国語科の指導では、その特質に応じて道徳について適切に指導する必要がある。国語科の目標には、国語による表現力と理解力を育成するとともに、人間と人間との関係の中で、互いの立場や考えを尊重しながら言葉で伝え合う力を高めることが示されている。伝え合う力は、学校の教育活動全体で道徳教育を進めていく基盤となる。

【二】問一　a　とどこお(り)　b　艶　d　ほんぽう　e　鍵盤　問二　形容動詞「端正だ」の連体形＋普通名詞「調律」＋断定の助動詞「だ」の連用形＋過去・完了の助動詞「た」の終止形　問三　自由自在　問四　調律師柳さんの作業が非常に丁寧で巧みであることが、自分の仕事の手本になっているから。問五　ピアノを弾けなくなった由仁だが、和音の弾くピアノを聴き、和音のピアノから湧き出続ける泉に興奮している。　問六　一流のピアニストになって食べていこうとするのではなく、ピアノを弾くことでピアノとともに世界につながる固有の生き方を貫いていくということ。　問七　由仁がピアノを弾けなくなったことを「残念だ」と二度も強調して無念に思うと同時に、その事件を契機として、逆説的に和音のピアノに向かう強い意欲が引き出されたことを喜んでいる。　問八　短い文と会話を重ねることによって、読み手にリズム感を感じさせている。　問九　「作品を鑑賞し、その感想文を書く」をねらいとする。このねらいに即した学習活動として、少人数のグループによる「感想文の交流」やグループ相互の意見交換などを行い、読書への関心と意欲を深める活動を行う。この取り組みで、私は「書く能力」と「読む能力」の両者の育成を図りたい。

〈解説〉問一　漢字は字形に注意し楷書で丁寧に書くこと。dは「伝統や常識にとらわれず、思うままにふるまうこと。」という意味。　問二　自立語の活用語と非活用語、付属語の活用語(助動詞の意味と活用形)を正しく答えること。助動詞相互の接続では、接続される語の活用形に注意すること。　問三　漢字の表意性による四字熟語である。「色々な方向(に)」という意味で使われる場合は、「四方八方」が類語である。　問四　外村の②の感想は、柳さんの手際のいい調律の作業に対するもので、これが今の自分の仕事の参考になっているというのである。　問五　③の前の段落の「和音のピアノは世界とつながる泉で、涸れるどころか～湧き出続けている」という表現に注目する。ピアノを弾けなくなった由仁だが、和音のピアノに興奮しているのである。問六　「ピアノを食べて生きる」は、「ピアノを手段にして生きる」という意味である。④の前の「ピアノで食べていこうなんて思ってない」という和音の言葉も踏まえて考える。　問七　由仁がピアノが弾けなくなったことが原因で和音のピアノが上達した、逆説的にいえば、和音のピアノの上達は由仁がピアノが弾けなくなったことに起因する。それは由仁には気の毒だが、和音のピアニストとしての成長への喜びでもある。問八　短く飾り気のない会話と明快な文の流れがリズミカルである。さらに、外村の心理が丁寧に描かれている。和音や由仁の人物像も推測しやすい表現で描かれている。　問八　会話が短く文章も簡潔である。テンポが速く、リズミカルである点に特徴がある。　問九　第3学年の「C読むこと」の指導事項オは、日常生活における読書活動を「知識を広げたり、自分の考えを深めたりすること」につなげ、継続的な読書を促すようにすることがねらいである。そのためには、様々な本や文章などを読み、書き手のものの見方や考え方と自分のそれらとを対比させて新しい考え方を知ったり、自分の考えを再構築したりすることが大切である。また、その成果を発表するための感想文の発表や意見交換、ディスカッションは、読書への興味・関心をさらに高める。特に感想文の作成では、「書く力」の育成にも連動し、一挙両得のプラス面がある。

【三】　a　地方　b　周辺　問二　アは、助動詞の連用形、イは、形容詞の連用形。　問三　眉に唾をつける　問四　国民の歴史とは、国民国家の形成と一対であり、そのために、中央の歴史を全国民が共有したという擬制のもとに統合したものである。一方、村の歴史とは、自然と人間が交錯する世界であり、生と死の空間が重なり合うなかに展開する世界の歴史である。　問五　中央の「私史」を国民共有の客観的な統合史とする擬制に対して、歴史学はそれぞれの視点で正しいと思う歴史をもとめたものの、歴史の統合の意味を問わないため、本来の多様化した「村の歴史」が見えなくなっているということ。　問六　中央の歴史を共有した国民という擬制、さらに問題があっても歴史が基本的に良い方向に動いているという擬制を成立させるため、そうした歴史は、現在の価値基準を自明視して、過去の時代をすべて否定的に捉えるものになっているということ。　問七　現代人は「発展」を軸にした現在の価値基準で生きているため、現在の価値基準に基づいて過去の時代を見ると、低位な未発達な社会と否定的に捉えるものを正統な歴史だと感じてしまい、現代の価値基準に適合しないものを切り捨ててしまいがちであるということ。　問八　キツネにだまされることは、現在の科学合理主義的な価値基準では、統合された歴史に記載するに値しない遅れた社会の架空の出来事だと見下しがちだが、自然との結びつきのなかに歴史が展開するかつての村においては、村の歴史に明確に位置づけられる重要な出来事であり、そうした歴史を軽視すべきではないということ。〔別解　自然との結びつきのなかに歴史が展開するかつての村においては、キツネにだまされることも村の歴史に明確に位置づけられる出来事だが、自然との結びつきを切り捨てる現在の一方的な価値基準では、統合された歴史に記載するに値しない遅れた社会の架空の出来事として見下しがちだということ。〕　問九　文章を読んで「人間、社会、自然などについて考える」では、本文のような文章を読むことを通して、そこに表れている筆者のものの見方や考え方から、人間、自然、社会などについて思いを巡らせる指導を行う。「自分の意見をもつ」では、ある事柄について自分の立場や根拠を明確にした考えをもつ点に留意して指導を行う。

〈解説〉問一　歴史観での「中央」「中心」以外に、「中核」「中枢」等の熟語の対義語や類語も調べておくこと。

問二　アの「なかった」の「なかっ」は、サ変動詞「する」の未然形「し」が前にあるので、打消の助動詞「ない」の連用形。後に過去の助動詞「た」が接続している。　イの「なかった」の「なかっ」は「形容詞」で、「では」(連語・格助詞「で」＋係助詞「は」)に接続している。　問三　キツネやタヌキにだまされないためには、眉につばをつければよい、という俗信から、だまされないように用心するという意味。「眉に唾をする」「眉に唾を塗る」ともいう。　問四　「国民の歴史」について筆者は、「中央の歴史(私史)」が「国民の歴史」に変わった理由を、本来中央のみの歴史であった私史が「国民の歴史に属するためには、歴史(私史)を共有した国民という擬制が必要であった、と第五段落で述べている。一方、「村の歴史」は、自然と人間が交錯する中に展開していく歴史であり、生と死の重なり合う共生の歴史、だと第九段落で述べている。　問五　「国民の歴史」は擬制により成立したものであるが、もとは「中央」の「私史」である。一方、自然と結びついた人間の歴史はみえない歴史である。人間の生きる世界は多様であり、そういうみえない「村の歴史」を含めたものが本当の歴史である。　問六　②の「悪意」とは、「中央」の「私史」を国民国家形成のために、擬制を設けて「国民の歴史」に転ずる意図である。その一つは、「中央」史を国民共有の歴史に擬制すること」。他の一つは、この擬制が過去より現在の方がプラスアルファだという感覚の共有である。　問七　「中央」の「私史」を国民共有の歴史という擬制と過去より経済的に発展しているという肯定的感覚の共有の擬制のもとに成立つ「国民の歴史」は、現在の価値基準から、自然との共生による「村の歴史」を経済的に遅れた未発達な社会、遅れた社会として正統な歴史から疎外され消えていく。　問八　④「過去の人々の微笑ましい物語」は、「キツネにだまされた」「物語」である。「中央」の「私史」を国家形成の手段として統治者が「国民の歴史」に擬制し、「村の歴史」も統合したこと、現在の価値基準で過去の停滞した社会(遅れた社会)を低く評価し、現在の発展状況に国民が満足させられる感覚的擬制の物語である。この擬制を回顧するとき、「過去の人々は、見事にキツネ(中央・国家統治者)にだまされたものだ」というのである。　問九　第三学年「C読むこと」の指導事項エは、「自分の考えの形成に関する」指導事項で、第2学年の同領域の指導事項エでは「文章に表れているものの見方や考え方について、知識や体験と関連づけて自分の考えをもつこと」を指導している。これを踏まえての指導が設問であるが、文章を読むことにより、筆者のものの見方や考え方からなどを踏まえ、人間、社会、自然に対しての思索をさせる。そこから確かな思想が形成され、豊かな心情が表われ、人間としての成長が期待される。「意見を持つ」とは、ある事柄についての自分の立場や根拠を明確にした考えをもつことをいう。第1学年の(1)のオと第2学年の(1)エを踏まえ、系統的に第3学年では、主として文章全体を受けて自分の意見をもつことが求められている。

【四】問一　在原業平　問二　文法的な説明…形容動詞「ねむごろなり」の連用形＋係助詞「も」＋サ行変格活用動詞「す」の未然形＋接続助詞「で」　口語訳…熱心にもしないで　問三　織女は、一年に一度おいでになる方(牽牛)をお待ちしているのですから、いくらここが天の河だといっても、おめあての人でもなければ、そうやすやすと宿を貸してはくれますまいと思いますよ。　問四「月のかくるる」の「月」に、寝所にお入りになろうとなさる親王をたとえている。　問五　親王は所在なげに大変悲しい様子でいらっしゃったので　問六　AとBは、親王と業平が、水無瀬離宮で桜の鑑賞や狩りをしたときの話で、Bの後半はお慕いしていた親王の思いがけない出家で、業平が隠棲地に参上し、昔の思い出を語り合い楽しい時を過ごしたが、公務のため以前のように側にいることはできず、やむをえず帰路に着かなければならなかった悲しみから。　問七　(1)　・古典についての現代語訳や古典について解説した文章を用いた学習を行う。　・VTR等の映像メディアを活用する。　・古典社会の皇族・貴族の生き方と現代を比較させ、自分の考えを発表したり、話し

(2) 親王と馬の頭の人間関係、および馬の頭の出家した親王への思いの理解、さらに当時の風流の世界や、月や桜などの自然とのふれ合いが中心であり、それら自然鑑賞による感興を和歌にして互いに交流を深めたことを理解させ、古典への関心と古典への親みをもたせる効果がある。

合いをさせたりしてそのあと、ディスカッションをする場を設ける。

〈解説〉問一 「伊勢物語」は、歌物語の祖で、歌を中心とする独自の世界が実現されている。十世紀初めから中ごろに成立。この物語は百二十五段前後の章段から成り、各段ほとんど「昔男ありけり」で始まり、在原業平＝宮が右近衛権中将であったことから、在五中将と呼ばれた。妻の父は紀有常といわれており、有常の妹静子は惟喬親王の生母である。Aは有常の歌である。業平が、出家した親王を小野の庵に訪ねた際のストーリーがBである。 問二 ②の「ねむごろに」は、「ねむごろなり」(形動)の連用形で、「心がこまかく行き届くさま。熱心なさま。」をいう。「せ」は、「す」(サ変動詞)の未然形で、後に「で」(打消の助動詞「ず」)がついている。文法的な説明のときは、活用語の活用形の接続について正しく理解しておく必要がある。 問三 ③の歌意は、「狩をして日を暮らし、今夜は織女に宿を借りることをお願いしましょう。うまいぐあいに、天の河原にわたしは来たのですよ。」である。これに対して、紀有常は、織女は年に一回の(七月七日に)牽牛との逢瀬を待つことから、牽牛以外に宿を貸してはくれまいと返歌したのである。 問四 ⑤の歌の「あかなくに」は、「まだ満足していないのに。もっと見ていたいのに。」の意。「まだき」は、「まだその時刻にならないうちに」。「月のかくるるか」の「月」を親王にたとえ、「もう山の端(奥の部屋)に隠れるのですか」と詠んでいる。そして「山の端にげて入れずもあらなむ」と述べている。「入れずもあらなむ」の「なむ」は誂え望む意の助詞。(山の端が逃げ去って、月を入れないようにしてほしい)と訳す。 問五 ⑦「つれづれと」は、「所在なさに」の意の副詞。「いともの悲しくて」の「いと」は、「大変。非常に。」の意の副詞。「もの悲しく」は、

「もの悲し」(形・シク)の連用形で「なんとなく悲しい」意。「おはしましければ」の「おはしまし」は、「おはします」(サ・四)の連用形で、「あり」の尊敬語。「けれ」は、過去の助動詞「けり」の已然形。「ば」は、確定条件を表す接続助詞。主語は、親王である。　問六　親王と在原業平は、A・Bの文章にあるように、水無瀬離宮近くの交野で鷹狩りを共にし、狩りの後は離宮での酒宴で一夜語り明かし風流に浸っていたことから、互いに敬愛し合い、風雅の交わりを共にする関係にあったことがわかる。　Bの和歌の後に「思ひのほかに、御ぐしおろしたまうてけり」(思いがけなく親王は剃髪してしまわれたのであった)とあり、業平にも思いがけないことだったと推測できる。Aの後半にあるように「夜ふくるまで酒飲み、物語して」一緒に風流に浸った世界を回想・懐古しながら出家した親王と語り合い、親王の出家遁世に痛恨の極みの涙を流しながら業平は帰るのである。　問七　中学校第2学年(1)〔伝統的な言語文化と国語の特質に関する事項〕(1)「ア　伝統的な言語文化に関する事項」の「(イ)　古典に表われたものの見方や考え方に触れ」とは、例えば、「古典の易しい現代語訳や古典について解説した文章を用いること」、「関連する本や文章等を紹介すること」、「音声や映像メディアの活用」等に留意し、「登場人物や作者の思いなどを想像する」ように指導することが大切である。

(2)　Bの後半は親王の思いがけない出家が書かれている。風雅の世界に互いに浸り合い、共に狩りをし、互いに敬愛して温めた人間関係の深まりの中で、親王の出家に心を痛める業平の心情理解をポイントに読解指導することが大切である。また、文中の和歌が物語の中で、どういう役割を果たしているかを検討させることも古文理解のためには重要なことである。

【五】問一　a　いにしえ　c　ああ　g　なおかつ　問二　c　誰が　d　本来　問三　学業

問四　欲スル二人之無カラントレ惑フコト也難シ矣　問五　A　年齢の先か後か、身分の有無

B　道理を師とする　問六　当時、一般に人を師として道義を学ぶことを恥じる風があった。そのため、師については、道理を学ぶことの必要を説いている。また、師は道理であるから、道理を知るための、師の条件としては、年齢の先後や身分の有無の差別はない。

〈解説〉問一　a「古」は「古代」の意。　e「嗟乎」は「嘆く声」。　g「猶且」は「それでもやはり」の意。問二　c「孰」は「たれか」と読む。疑問詞で「誰が」の意。　d「固」は「もとより」と読む。「元来」の意。　問三　b「業」は「学業、学問」の意。　問四「欲」(述語)と返読文字「無」、置き字「矣」に注意する。　問五　韓愈は、第一段落の後ろから三文目で「吾師道也」と述べ、後の文で「其年之先後生於吾乎」と生まれの先後は考えず、「是故無貴無賤」と貴賤の差別を問題にしていない。　問六　韓愈は、第二段落冒頭で「嗟乎、師道之不傳也久矣」、段落後半で「恥學於師」と、当時の民衆が、人を師として道義を学ぶことを恥じる風があったと述べている。これらが当時の世相であり、韓愈の嘆きでもあった。道を師とすること、人としてのあり方を学ぶためには、師である人の年齢や身分など関係ない、ということを伝えるために韓愈はこの文章を書いたのである。

【高等学校】

【一】問一　a　形象　b　妥当　c　概念　d　獲得　e　極限　問二　監視者の身体が従属者からは見えないよう光学的に配慮された監視装置により、監視者の存在にかかわりなく完全に途切れることなく従属者を監視できるという特徴。　問三　個人が孤立した状態で継続的に監視されることで、個人は、権力とともに発効されている規範に照らして自分の言動が妥当か否かの反省を、不断に強いられるということ。問四　人々が望ましい行為を選択しようとするときの規範的な判断の前提となる超越的な立場が第三者の審級だが、恒常的で超越的な監視者として想定される神はその代表的存在だと考えられるから。　問五　パノプティコンでは第三者の審級として機能する不可視の監視者が、外的な実在性をもたないため、個人はその権力的な規範を自分の内部に取り込んでしまうということ。　問六　規範的な判断をもたらす存在が、外的な実在性をもたず、その存在の可能性が想定されるものだからこそ、現実に対して強い影響力を及ぼすということ。
問七　文章の中で述べられている主張の根拠や適否の判断および意見を書くとき、事実と意見を明確に書き分けること。また、適切な論拠に基づくことなどに注意するように指導する。

〈解説〉問一　漢字は表意文字である。そのために文中での漢字は文脈に整合する必要がある。同音異義語や類似の字形に注意すること。　問二　①の後で二点があげられている。監視者が不可視であること、また監視が常時であること。それらをまとめる。　問三　②の前半と後半をそれぞれ説明する。②の前に「つまり」とあるので、前半部については、前段落の内容をまとめる。後半部については、②の直後に「次のように」とあることから、その後の内容をまとめればよい。　問四　筆者は、③を含む段落の冒頭で、「規範の選択性の帰属先となっている仮想的な身体」を「第三者の審級」と称している。そして、人々が規範的に生きようとして、規範的な判断をするときの前提となる超越的な身体が第三者の審級の典型である「神」だ、というのである。なお、③の直後でも断られている通り、神以外の存在も第三者の審級となりうる。　問五　④の前半の「抽象化された第三者の審級」と後半の「個人の〈内面〉に完全に吸収されてしまう」をそれぞれ詳述する。
問六　抽象という言葉は問五でも説明が要求されているが、ここでは「抽象性」と括弧がついている。⑤の後にある通り、ここでの「抽象性」とは実際のものとは限らず、可能性に過ぎないものなのである。この点がもつ意味について説明をまとめる。　問七　「論理的な文章を読んで、意見を書く」という指導では、文章で述べている主張が、確実な根拠に基づいたものかどうか、その適否の判断をするなど、文章の内容と、論理の構成や展開との相関が文章全体の明晰さにどのようにかかわっているかを考えさせることが大切である。また、意見を書く際には、事実と意見とを明確に書き分けることや論拠に基づくこと、文章の構成や展開にも工夫を凝らすことなどを指導することが必要である。

【二】問一　a　そしゃく　b　おもんぱか(おもんばか)って　c　摂取　d　完璧

問二　香具矢が、祖母が馬締と自分の関係について気配りしていると話したのに対し馬締は気づいたものの、他の話をしたので香具矢を失望させたと感じたから。　問三　一点目…香具矢の気持を他に向け、この話題から離れたいと思ったから。　二点目…ジェットコースターの轟音の恐怖から、その場を離れたかったから。

問四　あてもなくのんびりと歩くこと。　問五　特徴…簡潔な体言止めの表現。　効果…体言止めにより、遊園地独自の音の動的な世界にリズムと余韻を持たせ、馬締と香具矢の沈黙という静的な世界を調和させている。　問六　観覧車という狭い空間で二人きりになって同じ景色や空気をわけあっていても、一人と一人のままで、融けて交わることがないというさびしさ。　問七　言葉は終わりなき運動、膨大な熱量をもっているもので、どれだけ解釈し定義づけても、言葉は形を変えて捕獲できないものだと捉えている。　問八　(1)　互いの心が観覧車について共通の理解をもった喜び。　(2)　香具矢は「板前」の仕事を、馬締は「辞書づくり」の仕事を為し遂げるという、目標に向けた同一の生き方をもっている点。

〈解説〉問一　読みでは、音訓の読みに、書き取りでは漢字の表意性と同音異義語や類似の字形に注意し、楷書で書くこと。　問二　遊園地で香具矢が、馬締との関係を祖母が気づかっていることを彼に尋ねかけたのに、馬締がわざと話をそらしたため香具矢が失望してため息をついたことに気づいたのである。　問三　馬締にとって香具矢の祖母のことは耳にしたくない話であり、早くこの話題から離れたいという気持ちがある。さらに、頭上をジェットコースターが轟音をあげて通り過ぎ、その恐怖から逃れたかったのである。　問四　「そぞろ歩いた」の「そぞろ」は、「漫ろ」と書く。「漠然と」の意で、慣用句で「漫ろ歩き」という。　問五　文の表現上の特徴として、簡潔な体言止めが余韻を生み、聴覚を刺激する物的な音や陽気な音楽が入り混じる中、二人の男女の沈黙の時間と心の触れ合いの情景が巧みに描かれている。　問六　観覧車を「楽しいけど、少しさびしい乗り物だ」と馬締も感じていたのである。⑤の後の表現からまとめる。　問七　言葉は終りなき運動である。文字は人間の精神活動であり、心の膨大な熱量を文字にし、言葉を創造する。馬締は言葉の無限性を⑥で比喩的に述べたのである。永遠の言葉の創造がある以上、「辞書にも本当の意味の完成はない」と馬締は考え、言葉を使って思いを伝えようとする人のために辞書づくりに専念することを述べている。　問八　⑦の「共犯者」は、比喩表現であり、馬締と香具矢の共通理解による心の触れ合いが笑みとなったものである。(1)は、観覧車に関しての好感の共有。(2)は、両者ともに、料理の世界と辞書の世界で、その専門性のために生きる同一の目標がある。

【三】問一　a　やりきれない気分になって　b　そのまま　c　かえって　d　死ぬ　問二　伊勢物語　問三　(1)　ハ行下二段活用　(2)　・会話文に用いられること。　・「思ふ・見る・知る・聞く」という動詞につくこと。　問四　源氏の宮恋しさに涙もこぼれそうになり、それを隠すため。　問五　(1)　思っていることの一端でさえも存分に言うこともできないので　(2)　出家しようという下心(て)　オ　煙　(2)　意外で悪夢に襲われたような気分。　問七　(1)　ア　掛詞　イ　火　ウ　縁語　エ　焦がれ　問六　源氏の宮が幼くていらっしゃった頃。　問八　言語活動…他の古典を読み比べて、そこに描かれている人物の心情について感じたことや考えたことについて話し合う言語活動を設定する。設定の理由…古典における男女の関係について、そこに描かれた人間の生き方や恋愛感情を読み比べ、グループで話し合う活動を通して本文の狭衣と源氏の宮の心理について読み深めさせる。

〈解説〉問一　a「あぢきなく」は、「あぢきなし」(形・ク)の連用形で、「物事が行きづまり、どうにも仕方がないと投げやりな気分になって」の意。b「やがて」は、「そのまま」の意の副詞。c「なかなか」は、「かえって。むしろ。」の意の副詞。d「いたづらになり」は、「死ぬ」こと。　問二　②の「在五中将」は官名。筆者(在原業平)が、右近衛権中将であったことから、在五中将と呼ばれた。伝奇的物語の「竹取物語」に対し、「伊勢物語」は和歌を中心に形成された歌物語で、百二十五段からなり、各段ほとんど「昔男ありけり」で始まっている。　問三　(1)　波線部の「たまへ」は、「たまふ」(ハ行下二段活用)の連用形である。(2)「たまふ」には、四段活用の尊敬語があるほか、下二段活用で、謙譲の補助動詞がある。下二段活用の「たまふ」は、会話文に用いられ、「思ふ・見る・聞く・知る」という話し手または話し手側の人物を主語とする動詞につけて、謙譲することによって聞き手に対する敬意を表す。　問四　①の直前に「例の、涙も落ちぬべきに、紛らはしに」とある。狭衣は、源氏の宮恋しさに涙もこぼれそうになり、それを紛らはそうとして、いくつかの絵を手にしたのである。　問五　(1)　副助詞「だに」は、「〜でさえ」の意。「片端だに」は、「思っていることの一端でさえも」と訳す。「言ひ尽すべうもなければ」の「べう」は、可能の助動詞「べし」の連用形「べく」の音便。「存分に言うこともできないので」と訳す。(2)「かかる」は、「かくある」の音変化で、「このような。こういう。」の意。「遂には、世にかやうにても見えまゐらせじ」(いずれは、俗世を捨てて、決してこのようにお目にかかることもございますまい)を指す。出家する、というのである。　問六　③「いはけなく」は、「いはけなし」(形・ク)の連用形で、「あどけなく。幼く。」の意。「ものせ」は、「ものす」(サ変)の未然形で、「いる。ある。」の意味。「させたまひ」は、尊敬の助動詞「さす」の連用形＋尊敬の補助動詞「たまふ」の連用形の二重敬語で源氏の宮への敬意。「し」は、過去の助動詞「き」の連体形で下に「頃」が省略されている。「(幼くて)いらっしゃった頃」と訳す。　問七　(1)　掛詞は、同訓異義の語を用い、上・下に掛けて、一語に二つ以上の意味をもたせたもの。イは、「思ひ」の「ひ」に「火」を掛ける。縁語は、意味の上で、歌や文中のある語に、互いに関係をもつ語を用いて、両者を順応させる修辞法。「焦がれ」と「煙」が「火」の縁語である。　(2)　「宮はあさましう、恐ろしき夢におそはるる心地せさせたまへば」とある。「おそはるる」は、物の怪などにとりつかれたときにいう表現であるため、悪夢に襲われた宮の心情が推し量ることができる。「あさましう」は、「あさまし」(形・シク)の連用形のウ音便で、「意外で」と訳す。　問八　「古典A」の指導事項アは、「思想や感情を読み取り、人間、社会、自然などについて考案することに関する指導事項」である。古人の心に触れ、古典を読むことの意義を理解させる上で大切な科目である。言語活動例のウに「読み比べたことについて、文章にまとめたり話し合ったりする言語活動」が示されている。古典を読み比べることによって、「そこに描かれた人物、情景、心情」を的確に把握することは、文章読解の基本である。設問の作中人物の心情を読み深めるため、グループによるアクティブラーニングの導入を考え、意見交換やディスカッションを行ったり、文章にまとめて文集づくりをしたりして、古典に対する関心とともに生徒相互の交流を図る内容で論じてみよう。

【四】問一　a　おもえらく　b　にぐ　c　かくのごとく　d　もとより　e　しからばすなわち　f　らる　問二　直躬　問三　罪を犯した父を役人に通告した点では、国を治める君主にとって忠臣だが、一方、父親にとっては自分を罪に陥れる親不孝者だから。　問四　戦場から三度逃亡した魯人に仲尼がその理由を尋ねたところ、老父を養う必要があるので死ぬわけにはいかず逃亡したということを聞き、仲尼がその人を孝行者と賞賛し、朝廷に推挙したために、魯の民は降伏逃亡することを恥と思わなくなったから。

問五　解答例　莫レ如下修二仁義一、而習中文学上　問六　1　儒　2　孔子(孔丘)
3　徳治　4　論語　問七　(1)　国(家)　(2)　匹夫　問八　公私は利害一致するものではないので、
国家のために何の功も立てなくとも、個人が自分の利益だけのために地位や名誉を得られるような政治が行われたら、国は必ず乱れ、君主は必ず危険な目にあうことになるから。
〈解説〉問一　a「以為」は「以て～と為す」の省略形で「～と見なす。～と思う」の意。b「北」は「脱走した。」の意。c「若是」は「このように」と訳す。d「国」は「元来」の意。e「然則」は、「それならば」と訳す。f「見」は、「受身」の意。問二「殺之」(之を殺せ)の「之」は、指示代名詞で「直躬」を指す。問三　②の「直臣」は「忠臣」と同じ。「暴子」は「不孝者」の意。父の罪を役人に通告したことは、国の秩序を乱したことを正直に伝えた点で、楚の君主の忠臣といえるが、父親を罪人にした点では、親不孝な人間である。問四　③の「易降北」は、戦わずに降伏したり逃亡することが平気になったことの意。第一段落六文目に「魯人従君戦、三戦三北」とあるように、魯の人で戦いで三度脱走した人がいる。その人に仲尼(孔子)が理由を尋ねたところ「吾有老父、身死莫之養也。」と答えている。老父がいるために死ぬわけにはいかない、というのである。仲尼は、「仲尼以為孝、挙而上之。」とその人を評価し、朝廷に推挙している。このように、仲尼が逃走者を賞してから魯の民は、「降伏・逃亡」に抵抗を感じなくなった、というのである。
問五　返読文字「莫」「如」および「述語(修)＋目的語(仁義)」と置き字「而」および「述語(習)＋目的語(文字)」に注意し、一・二点と上・中・下点およびレ点をつける。問六「孔子」は「儒家」の祖である。「主義」としては、「仁」を中心とする思想によって平和な社会を実現することを理想とした。その教えは「仁義」を基に「修己」「治人」を使命とする「徳地主義」である。孔子の言行は、「論語」(二十巻)に収められている。
問七　(1)「社稷」は、「しゃしょく」と読む。「土地の神と五穀の神。昔、天子・諸侯は宮殿の右にこの二神を、左に宗廟(先祖の御霊を祭った)。転じて「国家」のことをいう。(2)「国家」(公)に対する個人(私)が対義語として用いられているのは、「匹夫」である。　問八　「国必乱、主必危矣」は、その前の「為政有如此」(政を為す此の如き有らば)の仮定を踏まえている。「此の如き」とは、「匹夫」(個人)が自分の利を計り、「仁義の得を深め、学問を習得すれば、「無功而受事、無爵而顕栄」(国家に対する功績もなく、官爵はなくても、社会的な地位と名誉を手に入れることができる)、もしこのような個人の利による政治(民風に支配された政治)があるとしたら、ということを指す。筆者は⑤を含む段落の冒頭で、蒼頡が、「私」と「公」が相反することを文字にしたように、「公私」は相反する関係にあることを例示したあと、「今以為同利者、不察之患也。」と述べ、今の人が、公私を利害一致するものと考えるのはその本質を察知できないための誤りだとしている。

【五】問一　夕　問二　①　髪　②　菊　③　衣　④　来　問三　(1)　b　エ　c　ウ　h　ク
i　カ　k　オ

〈解説〉問一　「新古今和歌集」(一二〇五)中の秋の夕暮れを詠んだ三首の歌を三夕の歌という。　問二　①「危機一髪」は、間に髪の毛一本しかはさむ余地のないほどの、ごく近いところまで危険が迫っている状態。②　五月五日(端午の節句)　九月九日(重陽の節句)に遅れて役に立たないこと。　③「一衣帯水」の「衣帯」は、「帯」のこと。一筋の帯のように細長く続く狭い川や海峡。　④(易で陰暦十月に陰気が終わり、陽気が始まることから、冬が終わり春が来ること。新年が来ること。の意もある。　問三　dの「日本永代蔵」(江戸時代中頃)は井原西鶴、eの「蜻蛉日記」(平安時代)は藤原道綱母、fの「雨月物語」(江戸時代後期)は上田秋成、gの「偽作三昧」(大正時代初期)は芥川龍之介、jの「高野聖」(明治時代後半)は泉鏡花である。

●書籍内容の訂正等について

弊社では教員採用試験対策シリーズ（参考書，過去問，全国まるごと過去問題集），公務員試験対策シリーズ，公立幼稚園・保育士試験対策シリーズ，会社別就職試験対策シリーズについて，正誤表をホームページ（https://www.kyodo-s.jp）に掲載いたします。内容に訂正等，疑問点がございましたら，まずホームページをご確認ください。もし，正誤表に掲載されていない訂正等，疑問点がございましたら，下記項目をご記入の上，以下の送付先までお送りいただくようお願いいたします。

① **書籍名，都道府県（学校）名，年度**
（例：教員採用試験過去問シリーズ　小学校教諭 過去問　2025 年度版）
② **ページ数**（書籍に記載されているページ数をご記入ください。）
③ **訂正等，疑問点**（内容は具体的にご記入ください。）
（例:問題文では“ア～オの中から選べ”とあるが,選択肢はエまでしかない）

〔ご注意〕
○ 電話での質問や相談等につきましては，受付けておりません。ご注意ください。
○ 正誤表の更新は適宜行います。
○ いただいた疑問点につきましては，当社編集制作部で検討の上，正誤表への反映を決定させていただきます（個別回答は，原則行いませんのであしからずご了承ください）。

●情報提供のお願い

協同教育研究会では，これから教員採用試験を受験される方々に，より正確な問題を，より多くご提供できるよう情報の収集を行っております。つきましては，教員採用試験に関する次の項目の情報を，以下の送付先までお送りいただけますと幸いでございます。お送りいただきました方には謝礼を差し上げます。
（情報量があまりに少ない場合は，謝礼をご用意できかねる場合があります）。

◆あなたの受験された面接試験，論作文試験の実施方法や質問内容
◆教員採用試験の受験体験記

送付先
○電子メール：edit@kyodo-s.jp
○FAX：03-3233-1233（協同出版株式会社　編集制作部 行）
○郵送：〒101-0054　東京都千代田区神田錦町2-5
協同出版株式会社　編集制作部 行
○HP：https://kyodo-s.jp/provision（右記のQRコードからもアクセスできます）

※謝礼をお送りする関係から，いずれの方法でお送りいただく際にも，「お名前」「ご住所」は，必ず明記いただきますよう，よろしくお願い申し上げます。

教員採用試験「過去問」シリーズ

秋田県の
国語科 過去問

編　集　© 協同教育研究会
発　行　令和6年3月25日
発行者　小貫　輝雄
発行所　協同出版株式会社
〒101-0054　東京都千代田区神田錦町2 - 5
電話　03−3295−1341
振替　東京00190−4−94061
印刷所　協同出版・POD工場

落丁・乱丁はお取り替えいたします。